कम्प्यूटर क्या है

कम्प्यूटर क्या है

गुणाकर मुळे

राजकमल प्रकाशन

ISBN : 978-81-267-1986-0

मूल्य : ₹495

पहला संस्करण : 1986
संशोधित एवं परिवर्द्धित संस्करण : 2011
तीसरा संस्करण : 2018

प्रकाशक : राजकमल प्रकाशन प्रा. लि.
1-बी, नेताजी सुभाष मार्ग, दरियागंज
नई दिल्ली-110 002

शाखाएँ : अशोक राजपथ, साइंस कॉलेज के सामने, पटना-800 006
पहली मंजिल, दरबारी बिल्डिंग, महात्मा गांधी मार्ग, इलाहाबाद-211 001
36 ए, शेक्सपियर सरणी, कोलकाता-700 017

वेबसाइट : www.rajkamalprakashan.com
ई-मेल : info@rajkamalprakashan.com

मुद्रक : बी.के. ऑफसेट
नवीन शाहदरा, दिल्ली-110 032

COMPUTER KYA HAI
by Gunakar Muley

दो शब्द

कम्प्यूटर बड़ी तेजी से आधुनिक जीवन के अभिन्न अंग बनते जा रहे हैं, अब हमारे देश में भी। इस क्रान्तिकारी बुद्धि-सहायक साधन की अब हम उपेक्षा नहीं कर सकते।

कम्प्यूटर केवल गणना का ही नहीं, केवल सूचनाओं को ग्रहण करके उनका विश्लेषण करनेवाला ही नहीं, यह संचार और नियंत्रण का भी एक शक्तिशाली साधन है। मानव-समाज बड़ी तेजी से कम्प्यूटरमय बनता जा रहा है।

बहुतों के लिए कम्प्यूटर आज भी एक करिश्मा है। कम्प्यूटर का विकास प्रमुख रूप से अंग्रेजी माध्यम में होने के कारण इसकी कार्यप्रणाली को समझने में बहुतों को आज भी बड़ी कठिनाई होती है। लेकिन कम्प्यूटर के लिए दुनिया की सभी भाषाएँ समान महत्त्व की हैं। कम्प्यूटर की अपनी एक स्वतंत्र मशीनी भाषा है। इसलिए कम्प्यूटर के बुनियादी सिद्धान्तों को किसी भी भाषा में समझा जा सकता हैं।

मेरी मान्यता है कि कम्प्यूटर की कार्य-प्रणाली को मातृभाषा में आसानी से समझा जा सकता है। इसी उद्देश्य से मैंने 'साप्ताहिक हिन्दुस्तान' में कम्प्यूटर पर एक लम्बी लेखमाला लिखी थी। लेखमाला खूब पसन्द की गई, और पाठक इसकी पुस्तकाकार माँग करते रहे। यह माँग अब पूरी हो रही है।

मुझे विश्वास है कि विद्यार्थी-वर्ग, अध्यापक-गण और जिज्ञासु पाठक-समुदाय इस पुस्तक को उपयोगी पाएँगे, इससे कम्प्यूटर का प्रथम परिचय प्राप्त कर सकेंगे। यह छोटी-सी पुस्तक कम्प्यूटर पर से रहस्य का आवरण हटा देने में सफल हो जाए, तो मैं समझूँगा कि मेरा प्रयास सार्थक रहा।

—गुणाकर मुळे

'अमरावती'
सी-210, पांडव नगर
दिल्ली-110092

नोट :

यह पुस्तक पहली बार 1986 में प्रकाशित हुई थी। कम्प्यूटर सम्बन्धी कुछ लेख जो अन्यत्र पत्र-पत्रिकाओं में प्रकाशित थे, उन्हें भी इस पुस्तक में शामिल कर दिया गया है। यह संशोधन मेरे द्वारा ही किया गया है। त्रुटियों के लिए मैं ही जिम्मेदार हूँ।

—शान्ति गुणाकर मुळे

अनुक्रम

दो शब्द *5*

कम्प्यूटर : आपका एक अन्तरंग साथी 11
कम्प्यूटर : एक नई क्रान्ति की दस्तक 17
गिनतारे से कम्प्यूटर तक 22
कम्प्यूटर की पाँच पीढ़ियाँ 26
कम्प्यूटर गाणित : सिर्फ 'शून्य' और 'एक' 30
कम्प्यूटर का गणित : 1 + 1 = 10 34
कम्प्यूटर सोचते कैसे हैं? 41
सिलिकन चिप्पड़ पर हजारों 'हाँ'-'नहीं' 45
कम्प्यूटर का स्मृति-भंडार 49
कम्प्यूटर-प्रोग्राम 53
कम्प्यूटरों की विभिन्न भाषाएँ 57
सूचनाओं का दृश्य-प्रदर्शन 61
ऑफिस कम्प्यूटर 67
फोटो-कम्पोजिंग 72
इलेक्ट्रॉनिक वोटिंग मशीन 76
कम्प्यूटर नेटवर्क 80
देवनागरी कम्प्यूटर 84
हिन्दी कम्प्यूटर के नए साधन 89
महिलाएँ और कम्प्यूटर 93
अनुवादक कम्प्यूटर 101
कम्प्यूटर-रोबोट 106
सुपरकम्प्यूटर 110

कम्प्यूटर-शिक्षा : कितनी सार्थक? 116
कम्प्यूटर और हिन्दीप्रयोग और सम्भावनाएँ 124
तीसरी क्रान्ति यानी सुपरकंडक्टर 130
भविष्य के कम्प्यूटर 138
भारत में कम्प्यूटर विकास एवं अनुसंधान 143
अनुसारक : कम्प्यूटर-अनुवाद की भारतीय पद्धति 160
सुपरकम्प्यूटर के बड़े-बड़े काम 165
क्रे सुपरकम्प्यूटर 171
परम है हमारा सुपरकम्प्यूटर 174
ज्योतिष-कम्प्यूटर 180
होगी कम्प्यूटरों के आदेश से धरती की तबाही 185
हिन्दी कम्प्यूटर : प्रयोग और सम्भावनाएँ 191
दूसरी कम्प्यूटर क्रान्ति जापान में होगी 199
आर्यभट और आधुनिक कम्प्यूटर 204
शब्दावली 209

कम्प्यूटर क्या है

कम्प्यूटर : आपका एक अन्तरंग साथी

लेखन के साधनों का इतिहास बहुत पुराना है, काफी दिलचस्प है। वस्तुतः लिपियों और लेखन के साधनों के आविष्कार के साथ ही ऐतिहासिक युग का आरम्भ होता है, करीब छह हजार साल पहले। लेखन के पुराने साधन थे : पत्थर, मिट्टी के फलक, चर्मपट, वस्त्र, पेपीरस, धातुपत्र, भोजपत्र, ताड़पत्र, छेनी, शलाका, कलम, स्याही इत्यादि। फिर कागज सुलभ हुआ। लकड़ी व धातु के टाइप बने, छापाखाने

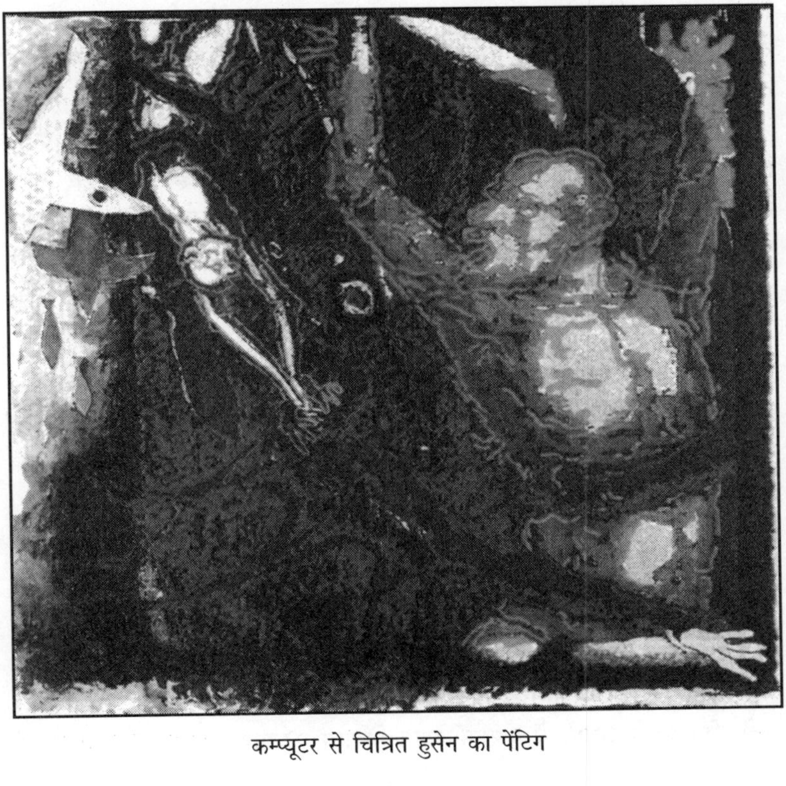

कम्प्यूटर से चित्रित हुसेन का पेंटिग

का आविष्कार हुआ। लेखन के लिए टाइपराइटरों का इस्तेमाल होने लगा। मुद्रण के अधिकाधिक उन्नत साधन उत्पलब्ध हुए।

अब, हमारे समय में, लेखन का एक नया साधन अस्तित्व में आया है : कम्प्यूटर। यह लेखन का ही नहीं, चित्रण, मुद्रण, गणना, संचार आदि का भी समर्थ साधन है। महत्त्व की बात यह है कि कम्प्यूटर पहले के साधनों से एक नितान्त भिन्न स्तर का साधन है। यह एक सक्रिय व समझदार साधन है, एक बुद्धिसम्पन्न मशीन है। इस नए साधन की सम्भावनाएँ अपार हैं। कम्प्यूटर मानव-जीवन के विभिन्न व्यापारों को बड़े पैमाने पर प्रभावित करने जा रहा है।

लेखन व मुद्रण के व्यवसायों से जुड़े हर व्यक्ति के लिए विशेषतः लेखक के लिए, कम्प्यूटर की क्षमता तथा उपयोगिता को समझना जरूरी है। यह भी जानना आवश्यक है कि यह क्रान्तिकारी साधन लिपि, भाषा, साहित्य और समाज को किस रूप में और किस सीमा तक प्रभावित करने जा रहा है, परन्तु सर्वप्रथम लेखन के पुराने साधनों के प्रभावों पर एक नजर डाल ली जाए तो कम्प्यूटर के वैशिष्ट्य को समझने में काफी सहूलियत होगी।

लेखन के पुराने साधनों ने लिपियों को बदला, अक्षरों को नए आकार प्रदान किए। अशोक के ब्राह्मी शिलालेखों के अक्षर शिरोरेखारहित हैं, अधिकतर सीधी रेखाओंवाले हैं। आज की सभी भारतीय लिपियाँ, अरबी-फारसी लिपि को छोड़कर ब्राह्मी से विकसित हुई हैं। फिर भी हम देखते हैं कि उत्तर भारतीय लिपियों के अक्षर अधिकतर सीधी रेखाओंवाले हैं तो दक्षिण भारतीय लिपियों के अक्षर (सिंहल अक्षर भी) गोलाकार हैं।

वजह है लेखन-सामग्री की भिन्नता। उत्तर भारत में प्रमुखतः भोजपत्र का इस्तेमाल हुआ तो दक्षिण भारत में ताड़पत्र का। भोजपत्र पर स्याही व कलम से बड़े मजे में सीधी रेखाओंवाले अक्षर लिखे जा सकते हैं, परन्तु ताड़पत्र पर लोहे की शलाका से अक्षरों को गोलाकार में उकेरना पड़ता है, ताकि वह फटे नहीं। लेखक या लेखन शब्द संस्कृत की जिस 'लिख' धातु से बने हैं, उसका मूल अर्थ है—उकेरना, कोरना या चित्रित करना।

मुद्रण के साधनों ने लिपियों को स्थायित्व प्रदान किया। कागज और छापाखाने ने साहित्य को सर्वसाधारण के लिए सुलभ बना दिया, ज्ञान-विज्ञान के प्रचार-प्रसार में महान भूमिका अदा की। हस्तलिपियाँ सीमित संख्या में ही तैयार होती थीं। पुराने जमाने में पुस्तक-लेखन कितना कष्टप्रद था, यह इस श्लोक से

पता चलता है : भग्न पृष्ठकटिग्रवस्तब्धदृष्टिरधोमुखः। कष्टेन लिखितं ग्रंथं यत्नेन परिपालयेत।

लेखन के साधनों ने सामाजिक जीवन को भी प्रभावित किया है। टाइपराइटर का उदाहरण लीजिए। इस साधन ने लेखन-कर्म को सहज, सुगम और सुन्दर बनाने में काफी योग दिया। मगर आज कम्प्यूटर की तुलना में टाइपराइटर की वही स्थिति है, जो कि वायुयान की तुलना में बैलगाड़ी की है। फिर भी, हमें स्वीकार करना होगा कि टाइपराइटर ने नारी को घर की चारदीवारी से बाहर निकालने में, आत्मनिर्भर बनाने में, एक महान भूमिका अदा की है। कम्प्यूटर उस भूमिका को अधिक व्यापक और गौरवशाली बनाने जा रहा है।

दरअसल, लेखन के सभी पुराने साधनों में और कम्प्यूटर में एक बहुत बड़ा बुनियादी अन्तर है। पुराने साधन, लेखक के सक्रिय सहयोग के बिना, स्वयं कुछ भी नहीं कर सकते। टाइपराइटर की एक कुंजी दबाने से कागज पर सिर्फ एक ही संकेत टंकित होता है, परन्तु कम्प्यूटर-कुंजी-पटल की केवल एक ही कुंजी स्पर्श-टंकित की जाए तो लेखन व मुद्रण से सम्बन्धित कई तरह के कार्य स्वयमेव सम्पन्न हो सकते हैं, कुशलता से, तीव्र गति से। इसीलिए हम कहते हैं कि कम्प्यूटर एक बुद्धिसम्पन्न साधन है। यह साधन लिपि, लेखन व मुद्रण, भाषा व साहित्य और समाज को भी, बड़े व्यापक पैमाने पर प्रभावित करने जा रहा है।

लिपि को लीजिए। कम्प्यूटर के लिए सभी भारतीय लिपियों के मानक कुंजी-पटल अस्तित्व में आ गए हैं। सभी भारतीय लिपियों की वर्णमाला एकरूप होने के कारण एक ही कम्प्यूटर-कुंजी-पटल पर भारत की सभी प्रमुख लिपियों को स्थापित कर देना सम्भव हुआ है। इसलिए अब एक ही कुंजी-पटल पर भारत की दस प्रमुख लिपियों में काम किया जा सकता है, इनमें आपस में लिप्यंतरण किया जा सकता है। दो-तीन भाषाएँ—लिपियाँ जानने वाले लेखक के लिए यह एक बहुत बड़ी सुविधा है। टाइपराइटरों में ऐसी कोई सुविधा उपलब्ध नहीं है, न हो सकती है।

टाइपराइटरों ने भारतीय लिपियों के अक्षरों और संयुक्ताक्षरों को त्रुटिपूर्ण बनाया है। इनके कुंजी-पटलों में सारे पूर्ण अक्षरों का समावेश सम्भव नहीं है, मगर अब मानक कम्प्यूटर-कुंजी-पटल में भारतीय वर्णमाला के सारे अक्षरों के लिए स्वतंत्र कुंजियाँ हैं, देवनागरी कुंजी-पटल में दक्षिण भारतीय और अन्य

कुछ विशिष्ट ध्वनियों के अक्षरों की व्यवस्था है, और संयुक्ताक्षर दोषरहित बनते हैं। सबसे महत्त्व की बात यह है कि कुंजी-पटल की योजना इस प्रकार है कि जिस क्रम में उच्चारण होता है, ठीक उसी क्रम में स्पर्श-टंकन करना पड़ता है।

ये सब प्रमुखतः जिस्ट टेक्नोलॉजी की उपलब्धियाँ हैं। इसका श्रीगणेश करीब दो दशक पहले कानपुर के आई.आई.टी. संस्थान में हुआ था और पिछले करीब पाँच साल से पुणे के सी-डैक संस्थान में इसका तेजी से विकास होता आ रहा है। इस दौरान जिस्ट टेक्नोलॉजी ने भारतीय लिपियों-भाषाओं में कम्प्यूटर-कार्य करने के लिए और भी कई महत्त्वपूर्ण साधन विकसित किए हैं। विभिन्न भारतीय लिपियों में, और कुछ विदेशी लिपियों में भी, कार्य करने के लिए कार्ड बनाए हैं, शब्द-संशोधन के लिए स्पेल-चेकर तैयार किए हैं, इलेक्ट्रॉनिक शब्दकोश बन रहे हैं, डेस्क टॉप पब्लिशिंग के लिए देवनागरी तथा अन्य कुछ लिपियों के खूबसूरत फांट बनवाए हैं, शब्द-संसाधन के लिए कई किस्म के पैकेजेज उपलब्ध हुए हैं।

सारांश यह कि भारतीय भाषाओं के शब्द-संसाधन के लिए वे सभी उन्नत साधन उपलब्ध होने जा रहे हैं, जो कि अंग्रेजी के लिए उपलब्ध हैं। ये कम्प्यूटर-साधन लिपि, भाषा और लेखन-कर्म को निश्चय ही काफी प्रभावित करेंगे।

कम्प्यूटर का प्रयोग करने में लेखक के लिए अनेक सुविधाएँ हैं। वह शब्दों

को, वाक्यों को, मनमर्जी से बदल सकता है, स्थानांतरित कर सकता है। वह अपने लेखन को संशोधित व सम्पादित कर सकता है, कम्प्यूटर से जुड़े टेलीप्रिंटर से उसकी प्रतियाँ प्राप्त कर सकता है, भविष्य के उपयोग के लिए कम्प्यूटर के स्मृति-भंडार में उसे सुरक्षित रख सकता है, फ्लापी, सी.डी. और पेन ड्राइव पर उतारकर उसे दूसरे स्थान पर भेज सकता है।

कई चित्रकार भी अब कम्प्यूटरों का उपयोग करने लगे हैं, हालाँकि वे स्वीकार करते हैं कि यह साधन उनके सृजन को बेहतर नहीं बनाता, मगर लेखन-कर्म की बात निराली है, कम्प्यूटर लेखन-कार्य में निखार पैदा करता है, लेखक को अधिक समर्थ बनाता है। आधुनिक पत्रकारिता के लिए तो कम्प्यूटर उसी तरह अपरिहार्य बनते जा रहे हैं, जैसे कि अब तक टाइपराइटर रहे हैं, या कहीं-कहीं आज भी हैं। मगर वस्तुस्थिति यही है कि यांत्रिक टाइपराइटरों के दिन अब लद चुके हैं।

कम्प्यूटर से चित्रित मनु पारिख की पेंटिंग

आज से बीस-बाईस साल पहले जब भारतीय लिपियों और भाषाओं के लिए कम्प्यूटर-साधन उपलब्ध नहीं थे, तब इनके विकास के लिए खूब हो-हल्ला मचाया गया था। स्वदेश में ही विकसित वे साधन अब उपलब्ध हैं। मगर भारतीय भाषाओं के लिए इन कम्प्यूटर-साधनों को अपनाने में कोई विशेष उत्साह कहीं दिखाई नहीं देता, प्रशासन के क्षेत्र में भी नहीं।

महान अकबर बहुश्रुत था, काफी दूरदर्शी भी था। उसे मालूम था कि टाइपों का इस्तेमाल करके किताबें छापी जाती हैं, पुर्तगाली पादरियों ने उसे बाइबल की मुद्रित प्रति भी भेंट की थी, और गोवा में छापाखाना भी स्थापित हो चुका था। फिर भी उसने छापाखाने में दिलचस्पी नहीं ली। नतीजा यह हुआ कि भारत में मुद्रित पुस्तकों के माध्यम से ज्ञान-विज्ञान का व्यापक प्रचार-प्रसार करने में काफी विलम्ब हुआ, हम पिछड़ गए।

यह सही है कि कम्प्यूटर के उपयोग के बारे में बहुतों के मन में एक प्रकार का आतंक है, भय है। समझा जाता है कि कम्प्यूटर पर लेखन-कार्य करना काफी कठिन काम है। मगर यह भय निराधार है। कम्प्यूटर—जैसे शक्तिशाली साधन पर नियंत्रण प्राप्त करने में आरम्भ में कुछ कठिनाई अवश्य होती है, मगर इस मशीन को एक अन्तरंग मित्र बनाने में ज्यादा देर नहीं लगती।

लेखकों, साहित्यकारों, पत्रकारों और सम्पादकों का बौद्धिक वर्ग कम्प्यूटर को सहजता से अपना सकता है, इस बुद्धि-सहायक साधन की सबसे ज्यादा जरूरत इन्हीं को है। कम्प्यूटर—जैसे युगान्तरकारी साधन को अपनाकर निज भाषा, साहित्य और संस्कृति को समुन्नत बनाना भी मुख्यतः इसी बौद्धिक वर्ग का दायित्व है।

कम्प्यूटर : एक नई क्रान्ति की दस्तक

आज से करीब दस हजार साल पहले आदमी ने जब खेती करना आरम्भ किया, तब मानव-समाज के एक नए ढाँचे ने जन्म लिया था। औद्योगिक क्रान्ति—मशीनों से वस्तुओं का बेशुमार उत्पादन—मानव के इतिहास में दूसरी बड़ी क्रान्ति थी। इस क्रान्ति ने मानव-श्रम को बहुगुणित बनाया, समाज में श्रमिकों के एक शक्तिशाली वर्ग को जन्म दिया।

अब तीसरी क्रान्ति यानी कम्प्यूटर-क्रान्ति का श्रीगणेश हो चुका है। भारत भी अब इस क्रान्ति की लपेट में आ चुका है। फिलहाल, कम्प्यूटर एक विशेष किस्म की महज एक मशीन है। पर इसकी क्षमताएँ और सम्भावनाएँ बड़ी व्यापक हैं। यह मशीन मानव-जीवन को बदल रही है, समूचे सामाजिक ढांचे में रद्दोबदल कर रही है, एक नए युग का निर्माण कर रही है। कम्प्यूटर की क्रान्ति को अब कोई नहीं रोक सकता—परिणाम अच्छे-बुरे जो भी हों!

कम्प्यूटर के रूप में मानव को अब एक नए किस्म की बहुआयामी शक्ति उपलब्ध हुई। सरल शब्दों में, कम्प्यूटर एक बौद्धिक मशीन है। कम्प्यूटर तरह-तरह की जानकारी को, सूचनाओं को, ग्रहण करते हैं, इन्हें संचित रखते हैं, इनका विश्लेषण करते हैं, और इनके आधार पर ही इच्छित हल प्रदान करते हैं, तेज गति से।

फिर भी कम्प्यूटर मात्र एक मशीन है—एक निर्जीव यंत्र। मानव-बुद्धि से जुड़कर ही इसमें 'बुद्धि' जागृत होती है, और तभी यह मानव-बुद्धि को बहुगुणित बनाने में समर्थ होता है। और, यही है कम्प्यूटर का करिश्मा!

कम्प्यूटर के इस करिश्मे का असर सर्वव्यापक होगा, तेजी से होगा। हमारे अपने समय में ही इस असर के परिणाम हमें देखने को मिलेंगे, और भोगने भी पड़ेंगे। कम्प्यूटर निश्चय ही सूचनाओं को सँभालनेवाले एक बड़े मानव-समुदाय को जन्म देने जा रहा है। इस समुदाय को कम्प्यूटर-शिक्षा देना एक बहुत बड़ा व्यवसाय बन रहा है। कम्प्यूटर के माध्यम से मानव-ज्ञान सही अर्थ में एक महाशक्ति बन गया है।

बच्चे कम्प्यूटर की सहायता से गणित और शब्दों के हिज्जे सीख रहे हैं।

इसलिए कम्प्यूटर को पहचानना, इसे ठीक से समझना, इसकी क्षमताओं तथा सम्भावनाओं को आंकना और इसके सामाजिक प्रभावों का भवितव्य देखना समय का बहुत बड़ा तकाजा है। और हमारा प्रयास भी यही होगा।

एक विद्यार्थी टाइपराइटर-नुमा 'की-बोर्ड' के सामने बैठा है। इससे जुड़ा हुआ है कम्प्यूटर का टेलीविजन-स्क्रीन। कम्प्यूटर से आवाज आती है–"लिखो, संडे (रविवार)।" विद्यार्थी की-बोर्ड पर 'संडे' शब्द के हिज्जे टाइप करता है। शब्द स्क्रीन पर उभरता है। कम्प्यूटर कहता है–"हिज्जे गलत हैं।" इसके बाद सही हिज्जे स्क्रीन पर उभरते हैं। विद्यार्थी सही हिज्जे जान लेता है।

यही बात 'वर्ड-प्रोसेसर' (शब्द-संसाधक) कम्प्यूटर पर भी लागू होती है। ये कम्प्यूटर टाइपराइटरों का स्थान ले रहे हैं। इनमें एक टाइपराइर-नुमा 'की-बोर्ड' होता है, एक छपाई की मशीन होती है, और जो चीज टाइप की जाती है उसे दर्शानेवाला टी.वी. स्क्रीन होता है। जो कुछ भी टाइप किया जाता है वह जादू की तरह स्क्रीन पर उभरता है। यदि आप किसी पैरा के बीच में कोई वाक्य जोड़ना चाहें, तो उसके लिए स्वयमेव जगह बन जाएगी; दूसरे शब्द आगे सरक जाएँगे।

मान लीजिए कि आपने किसी शब्द के हिज्जे गलत लिखे हैं और टाइप किए हुए पाठ में वह शब्द कई बार आया है तो केवल एक आदेश देने पर वे सारे शब्द सही हो जाएँगे। कम्प्यूटर उन सभी शब्दों की पाठ में खोज करेगा और उन्हें सही

शब्द में बदल देगा—चन्द सेकंड के भीतर! कुछ कम्प्यूटर ऐसे भी हैं जिनमें 'शब्दकोश' स्थापित किए गए हैं, और जो स्वयमेव गलत हिज्जेवाले शब्दों को ठीक करते जाते हैं।

इस प्रकार स्क्रीन पर उभरा हुआ संशोधित मजमून तत्काल प्रिंट किया जा सकता है, उसकी अनेकानेक हूबहू प्रतिलिपियाँ बन सकती हैं। और यदि एक ही मजमून की चिट्ठियाँ कई व्यक्तियों को भेजनी हों, तो उनमें अलग-अलग पते भी कम्प्यूटर ही जोड़ देगा।

इतना ही नहीं, इस किस्म के कम्प्यूटर से जो पत्र या दस्तावेज तैयार होंगे उन्हें रिकार्ड-नुमा खास चकतियों पर लम्बे अरसे के लिए सुरक्षित भी रखा जा सकता है। ऐसी एक चकती पर टाइप किए हुए कई सौ पृष्ठों की सामग्री संचित रखी जा सकती है, और महीनों या सालों बाद प्रिंट के रूप में तत्काल पुनः प्राप्त की जा सकती है।

अब हमारे देश के बड़े-बड़े ऑफिसों में ऐसे कम्प्यूटर स्थापित होने लगे हैं। स्पष्ट है कि ये कम्प्यूटर ऑफिसों की मौजूदा व्यवस्था को बदल रहे हैं, स्थान घटा रहे हैं, क्षमता बढ़ा रहे हैं और टाइपिस्टों का स्थान कम्प्यूटर-सेक्रेटरी ने ले लिया है।

अनेक कार्यालयों के लेखा-विभाग में कम्प्यूटर स्थापित हो गए हैं। कर्मचारियों का वेतन, उनकी भविष्य-निधि, उनका आयकर आदि बातों से सम्बन्धित तमाम विवरण कम्प्यूटर से तैयार होते हैं। बैंकों में कम्प्यूटर का इस्तेमाल हो रहा है।

मान लीजिए कि किसी बड़े होटल में 1000 कमरे हैं। क्या कमरा नं. 572 खाली है? क्या नं. 718 साफ-सुथरा है? नं. 353 का अब तक का बिल कितना हुआ? कम्प्यूटर से ऐसे अनेकानेक सवालों के उत्तर तत्काल प्राप्त हो जाएँगे।

अब हमारे देश में भी विमान-सेवाओं में कम्प्यूटर का उपयोग शुरू हो गया है। कम्प्यूटर की सहायता से अब दिल्ली से ही आपको तत्काल जानकारी मिल जाएगी कि बंबई-गोवा हवाई-यात्रा की टिकट उपलब्ध है या नहीं। यदि है, तो तत्काल घर-बैठे बुकिंग हो जाएगी।

पश्चिम के देशों में ही नहीं हमारे देश में भी अब कम्प्यूटर अधिकाधिक संख्या में 'मोडेम' नामक एक उपकरण के जरिए, घरेलू टेलीफोन के साथ जुड़ रहे हैं। और इंटरनेट का इस्तेमाल हो रहा है।

अमेरिका और यूरोप में घरेलू कम्प्यूटर का प्रसार बड़ी तेजी से हो रहा है। मासिक बजट तैयार करने में इनका इस्तेमाल होता है। गृहिणियाँ भोजन-सामग्री

से सम्बन्धित सूचनाएँ अपने इन घरेलू कम्प्यूटरों में संचित रख सकती हैं। अब कुछ देशों में इन घरेलू कम्प्यूटर को टेलीफोन के जरिए बड़े केन्द्रीय कम्प्यूटरों के साथ जोड़ने की व्यवस्थाएँ भी अस्तित्व में आ रही हैं। तब घरेलू कम्प्यूटर पर ही दुनिया-भर की सूचनाएँ तत्काल प्राप्त हो जाएँगी, जैसे, मौसम, बाजार-भाव, खेलों की ताजा स्थिति आदि के बारे में।

अब हजारों कामों में कम्प्यूटरों का इस्तेमाल होने लगा है। सबकी गिनती करना कठिन है। वास्तुविद कम्प्यूटर-स्क्रीन पर अपनी योजनाओं के मॉडल तैयार कर रहे हैं। भौतिकविद क्रिस्टलों और अणु-परमाणुओं के मॉडलों का कम्प्यूटर के जरिए अध्ययन कर रहे हैं। दरअसल, कम्प्यूटर-ग्राफिक्स नाम का एक स्वतंत्र अध्ययन ही अस्तित्व में आ गया है।

अब हमारे देश में भी कम्प्यूटर-प्रेस तेजी से स्थापित होने लगे हैं। ऐसे प्रेसों में अक्षरों के टाइपों के इस्तेमाल से छुटकारा मिल गया है। बिजलीघरों, तेलशोधक कारखानों, रासायनिक उद्योगों आदि में नियंत्रण-प्रणालियों के लिए व्यापक रूप से कम्प्यूटर का इस्तेमाल होने लगा है। और, छोटे हिसाबी कम्प्यूटर तो पंसारी की दुकान में भी देखने को मिल जाते हैं!

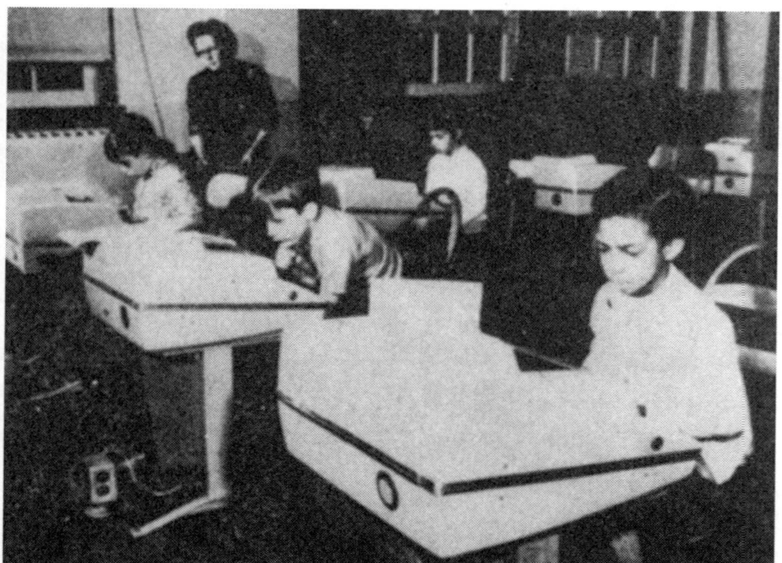

बच्चों की कम्प्यूटर-शिक्षा

कम्प्यूटर के बिना अन्तरिक्ष-यात्रा कतई सम्भव नहीं थी। आदमी को चन्द्रमा पर उतारना और वहाँ से सुरक्षित वापस लाना कम्प्यूटरों के जरिए ही सम्भव हुआ है। रॉकेटों और अन्तरिक्ष-यानों के यात्रा-पथों की अचूक और तेज गणनाएँ शक्तिशाली कम्प्यूटरों से ही सम्भव हैं।

और, यही कारण है कि आज के सर्वाधिक शक्तिशाली कम्प्यूटर दूर-दूर तक मार करनेवाली नाभिकीय प्रक्षेपास्त्रों की युद्ध-व्यवस्था के लिए विकसित किए जा रहे हैं। अमेरिका की 'स्टार वार्स' की भयावह योजना शक्तिशाली कम्प्यूटरों के विश्वव्यापी जाल के बिना बेजान है।

फिलहाल, कम्प्यूटर हमारी भाषाएँ समझने में समर्थ नहीं है। कम्प्यूटरों के लिए प्रोग्राम कुछ विशिष्ट भाषाओं (जैसे, फोरट्रॉन, कोबोल, बैसिक व पास्कल) में तैयार किए जाते हैं। ऐसी ही एक अतिविशिष्ट कम्प्यूटर भाषा है 'एडा'। अमेरिकी रक्षा-विभाग ने खासतौर से परमाणु-प्रक्षेपास्त्रों और सैनिक उपग्रहों का संचालन करनेवाली शक्तिशाली कम्प्यूटरों के प्रोग्रामों के लिए इस एडा भाषा का विकास किया है। इस एडा भाषा का प्रयोग अमेरिका के सैनिक कम्प्यूटरों तक ही सीमित है। यदि महाविनाशक परमाणु-युद्ध छिड़ता है, तो यह एडा भाषा उसमें प्रमुख भूमिका अदा करेगी।

जानते हैं यह एडा किसका नाम है? एडा आधुनिक कम्प्यूटर के प्रथम प्रवर्तक चार्लेस बैबेज (1792-1871) की शिष्या थी। लेडी एडा अगस्टा को गणित से लगाव था, बैबेज के कम्प्यूटरों में उसकी गहरी दिलचस्पी थी। उसने पहला कम्प्यूटर प्रोग्राम तैयार किया था। एडा अंग्रेजी के मशहूर कवि लॉर्ड बायरन की बेटी थीं।

गिनतारे से कम्प्यूटर तक

इलेक्ट्रॉनिक कम्प्यूटर भले ही एक आधुनिक करिश्मा हो, परन्तु हिसाब को सुगम बनानेवाले साधनों का इतिहास काफी पुराना है। दरअसल, पहला संगणक हमें प्रकृति से ही प्राप्त हुआ है। यह है—हमारे दोनों हाथों की दस अंगुलियाँ। दस अंगुलियों के जरिए गिनती होती थी, इसलिए हमारी अंक-पद्धति दाशमिक है।

आज से करीब पाँच हजार साल पहले **बेबीलोनवासियों** ने तख्ती पर धूलि बिछाकर और अंक-संकेत लिखकर तेजी से गणनाएँ करने का तरीका खोज निकाला। प्राचीन भारत में भी शायद ऐसा ही होता था। भास्कराचार्य ने अंकगणित को **पाटीगणित** और **धूलिकर्म** भी कहा है।

आगे जाकर धूलिपट्ट का स्थान रेखांकित तख्ती ने ले लिया। इन रेखाओं पर कंकड़ (काल्कुली) सरका कर गणनाएँ की जाती थीं। फिर इन कंकड़ों के लिए रेखाओं पर खाँचे बनाए गए—यही था रोमन ऐबेकस (गिनतारा)। इसी से आगे जाकर मनकेवाले गिनतारे (चौखटे) का विकास हुआ।

कम्प्यूटर के इतिहास की चर्चा चलती है तो उसमें आमतौर पर भारतीय योगदान का कोई जिक्र नहीं होता। परन्तु वास्तविकता यह है कि आधुनिक इलेक्ट्रॉनिक कम्प्यूटर अस्तित्व में आने के पहले जिस आविष्कार ने हिसाब को सत्वर व सुगम बनाया और गणित के बहुमुखी विकास में योग दिया, वह है **शून्य पर आधारित दाशमिक स्थानमान अंक-पद्धति**। आज सारे संसार में इसी भारतीय अंक-पद्धति का इस्तेमाल होता है। अन्तर्राष्ट्रीय अंक-संकेत भी भारतीय मूल के ही हैं। मध्ययुगीन यूरोप में भारतीय अंक-पद्धति का प्रसार हुआ, तब वहाँ ऐबेकस का प्रचलन धीरे-धीरे बन्द हो गया। आज के इलेक्ट्रॉनिक कम्प्यूटरों में केवल दो स्थितियों का या केवल दो अंकों (1 और 0) का इस्तेमाल होता है, परन्तु पुराने सभी यांत्रिक संगणक भारतीय दाशमिक स्थानमान अंक-पद्धति पर ही आधारित थे।

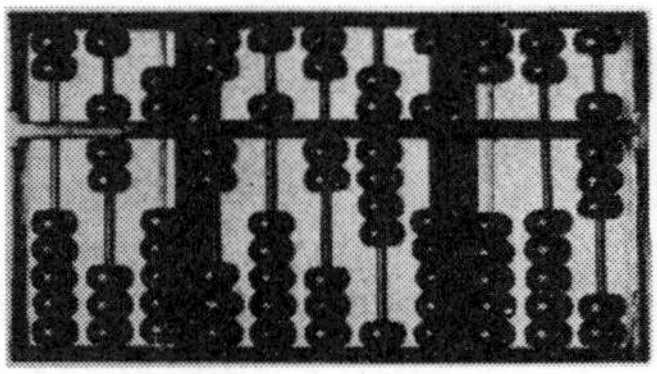

गिनतारा और पास्कल का संगणक

ऐसा पहला गणक-यंत्र फ्रांस के गणितज्ञ **पास्कल** ने 1642 ई. में बनाया था। पास्कल के पिता को लम्बे-चौड़े हिसाब रखने पड़ते थे। उन्नीस साल के पास्कल ने संख्याएँ जोड़नेवाली एक मशीन बना कर पिता का काम आसान कर दिया। बक्से के आकार की इस मशीन में प्रत्येक अंक के लिए एक दान्तेदार चक्र है, और हर चक्र पर दस स्थान हैं। यह मशीन केवल जोड़ और घटा की क्रियाएँ कर सकती थी।

जर्मन दार्शनिक व गणितज्ञ **लाइबनिट्ज** (1646-1716) ने पास्कल की मशीन में सुधार करके एक नया गणक-यंत्र बनाया था। इस यंत्र से गुणा और भाग की क्रियाओं के अलावा वर्गमूल प्राप्त करना भी सम्भव था। लाइबनिट्ज ने रूस के पीटर-महान को सुझाव दिया था कि वह उनकी यह मशीन चीन के सम्राट को भेंट करें। न्यूटन के साथ ही लाइबनिट्ज भी कलन-गणित के संस्थापक माने जाते हैं। इसके अलावा, उन्होंने केवल दो संकेतों (0 व 1) की **द्वि-आधारी** अंक-पद्धति का विकास किया और प्रतीक-तर्कशास्त्र (सिम्बोलिक लाजिक) की भी नींव रखी। आधुनिक कम्प्यूटर के लिए ये दोनों ही बुनियादी चीजें हैं। बाद में गणितज्ञ **जार्ज बूले** (1815-64) ने प्रतीक-गणित का पूर्ण विकास किया।

पिछली दो-तीन सदियों में यूरोप में और भी कई किस्म के गणक-यंत्र बने हैं। लघुगणक (लॉगरिथम) के आविष्कारक **जोन नेपियर** ने 1617 में एक गणक-यंत्र (नेपियर्स बोन्स) बनाया था। **स्लाइड-रूल** भी एक प्रकार का गणक-यंत्र ही है। पिछली सदी के पहले दशक में फ्रांसीसी इंजीनियर **जोजेफ जाकवार** ने अपने स्वचालित करघे की नक्काशीदार बुनाई के लिए **पंच-कार्डों** का आविष्कार किया। इन पंच-कार्डों का पहली बार 1890 में अमेरिकी इंजीनियर **हरमान होल्लेरिथ** ने अपने गणक-यंत्र में इस्तेमाल किया था। अब तो ये पंच-कार्ड कम्प्यूटर के लिए एक बुनियादी चीज बन गए हैं।

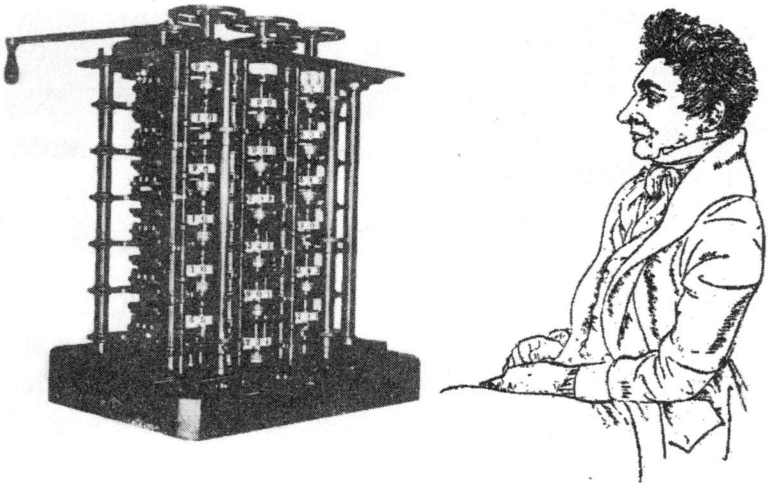

चार्लेस बैबेज और उनका 'डिफरेंस इंजन'

आंग्ल-गणितज्ञ **चार्लेस बैबेज** (1792-1871) की संगणकों की भव्य योजना भी पंच-कार्डों पर ही आधारित है। बैबेज ने 1822 में एक छोटा गणक-यंत्र तैयार किया था। इसे उन्होंने 'डिफरेंस इंजन' का नाम दिया। ऐसा एक बड़ा गणक-यंत्र तैयार करने की योजना उन्होंने रॉयल सोसायटी के सामने पेश की। **हम्फ्री डैबी** के प्रयासों से **बैबेज** को इसके लिए एक सरकारी अनुदान भी मिला। इंजीनियर **जोसेफ क्लिमेन्ट** के सहयोग से बैबेज अपना संगणक बनाने में जुट गए।

बैबेज के दिमाग में नए-नए विचार आते गए और वह अपनी योजना में निरन्तर सुधार करते गए। उन्होंने प्रायः सभी गणितीय परिकर्म (मैथेमेटिकल आपरेशंस) कर सकने में समर्थ एक भव्य **'एनेलिटिकल इंजन'** की योजना बनाई। लेकिन यह योजना पूरी नहीं हो पाई। शासन के 17 हजार पौंड खर्च हुए। इतने ही बैबेज के अपने भी खर्च हुए होंगे। अन्त में शासन ने अनुदान रोक दिया। बैबेज के जीवन के अन्तिम दिन बड़ी कटुता और निराशा में गुजरे। कवि बायरन की बेटी **एडा अगस्टा** ने बैबेज की योजना को सक्रिय सहयोग दिया था।

बैबेज की कम्प्यूटर की समूची योजना सिद्धान्ततः सही थी, आधुनिक कम्प्यूटर के अनुरूप थी। लेकिन उस समय विद्युत या इलेक्ट्रॉनिक उपकरणों के

बिना, केवल यांत्रिक बल के जरिए उसे कार्यान्वित कर पाना कतई सम्भव नहीं था। बैबेज अपने समय के सौ साल आगे की बात सोच रहे थे। बैबेज की योजना के अनुरूप 1930 में अमेरिका में डॉ. बेन्नेवर बुश ने एक भव्य संगणक बनाया। फिर इसी मशीन के एक विकसित (विद्युत स्विचों पर आधारित) मॉडल का दूसरे महायुद्ध में तोप के गोलों के अचूक निशानों की गणना करने के लिए इस्तेमाल हुआ।

कम्प्यूटर की पाँच पीढ़ियाँ

आंग्ल-गणितज्ञ चार्लेस बैबेज (1792-1871) आधुनिक कम्प्यूटर के प्रथम सिद्धान्तकार थे। ज्योतिष और गणित की सूक्ष्म सारणियाँ तैयार करने के लिए वह एक भव्य कम्प्यूटर का निर्माण करना चाहते थे। पर उस समय समुचित तकनीकी साधन उपलब्ध न होने के कारण वह अपनी योजना को साकार रूप नहीं दे पाए।

बैबेज के कोई सौ साल बाद उनके सिद्धान्तों को पहली बार साकार रूप देने का श्रेय अमेरिका के हार्वर्ड विश्वविद्यालय के प्रो. होवार्ड आइकेन को दिया जाता है। आइकेन ने इन्टरनेशनल बिजनेस मशीन्स कार्पोरेशन (आई.बी.एम.) के सहयोग से 1937-44 के दौरान एक कम्प्यूटर तैयार किया। हार्वर्ड मार्क-1 नामक यह कम्प्यूटर 15 मीटर लंबा, ढाई मीटर ऊँचा और दो टन भार का था। प्रमुख रूप से विद्युत-यांत्रिकीय रिले और स्विचों पर आधारित यह कम्प्यूटर एक पूरी गणना के लिए चन्द सेकंडों का समय लेता था।

जिस समय प्रो. आइकेन अमेरिका में उपर्युक्त कम्प्यूटर का निर्माण कर रहे थे, उसी समय नाजी जर्मनी में इंजीनियर कोनराड जूस एक बेहतर कम्प्यूटर के विकास में जुटे हुए थे। महायुद्ध की समाप्ति के बाद ही जूस के प्रयासों की जानकारी मिली है। जूस ने 1936 से 1944 के बीच चार कम्प्यूटरों का विकास किया। इनमें उन्होंने दो अंकों (0 व 1) पर आधारित गणना के लिए 'चालू' और 'बन्द' रिलेज का उपयोग किया। अपने कम्प्यूटरों के प्रोग्राम के लिए जूस ने एक भाषा का भी निर्माण किया था। इस प्रकार कहा जा सकता है कि कोनराड जूस ने ही पहली बार बैबेज के सपनों को साकार रूप दिया।

वर्तमान सदी के आरम्भ में निर्वात नलिका (वैक्यूम ट्यूब या वाल्व) का आविष्कार हो चुका था। यह स्विच या रिले की तरह करेंट चालू और बन्द करनेवाला एक इलेक्ट्रॉनिक उपकरण है। पुराने रेडियो-सेट इन्ही वाल्वों पर आधारित थे। रिले की तुलना में वाल्व बहुत कम जगह घेरता है और बहुत तेजी

से काम करता है। दूसरे महायुद्ध के दौरान पहली बार इन इलेक्ट्रॉनिक वाल्वों के आधार पर कम्प्यूटर बने। यही है पहली पीढ़ी के इलेक्ट्रॉनिक कम्प्यूटर।

इस पहली पीढ़ी का पहला कम्प्यूटर है 'इनिएक' (इलेक्ट्रॉनिक न्यूमैरिकल इंटैग्रेटर एंड कैलकुलेटर) अमेरिकी सेना के सहयोग से 'इनिएक' का निर्माण हुआ, और सैनिक कार्यों के लिए इसका इस्तेमाल हुआ। पैन्सिलवेनिया विश्वविद्यालय के भौतिकविद जौन मौकले और इंजीनियर प्रेस्पर एक्केर्ट ने 1944 में इस कम्प्यूटर का निर्माण किया। बताया जाता है कि एटम-बम से सम्बन्धित गण्नाओं के लिए भी इस कम्प्यूटर का उपयोग हुआ।

इनिएक एक दैत्याकार कम्प्यूटर था। 30 टन भार का यह कम्प्यूटर 150 वर्गमीटर जगह घेरता था। इसमें 18000 वाल्वों, 70000 रेजिस्टरों और 6000 स्विचों का इस्तेमाल हुआ था। औसतन हर सातवें मिनट में एक वाल्व जल जाता था और कम्प्यूटर बन्द पड़ जाता था। यह गरमी भी काफी पैदा करता था। हर नई समस्या के हल के लिए इसमें नए सिरे से तार जोड़ने पड़ते थे। यह कम्प्यूटर एक सेकंड में जोड़ या घटा की करीब 500 क्रियाएँ करने में समर्थ था। फिर भी आज के कम्प्यूटर की तुलना में इनिएक एक मन्दबुद्धि बालक ही माना जाएगा।

रेडियो-वाल्वों पर आधारित पहली पीढ़ी के कम्प्यूटरों का दौर 1944 से 1956 तक चला। इस बीच कम्प्यूटरों की भाषा, इनके प्रोग्राम आदि के बारे में अनेक सिद्धान्त पेश किए गए। लेकिन जिस एक बुनियादी तकनीकी आविष्कार ने इलेक्ट्रॉनिक कम्प्यूटर को पहली पीढ़ी से दूसरी पीढ़ी में पहुँचा दिया, वह है सेमी-कंडक्टर पर आधारित **ट्रांजिस्टर**।

ट्रांजिस्टर का आविष्कार 1948 में हुआ, परन्तु इलेक्ट्रॉनिक उपकरणों में इनका व्यापक उपयोग इसके करीब सात-आठ साल बाद ही शुरू हुआ। ट्रांजिस्टर एक प्रकार से रेडिया-वाल्व का लघु रूप ही हैं। वाल्व की तुलना में यह बहुत कम जगह घेरता है, बहुत कम ऊर्जा इस्तेमाल करता है, और बहुत अधिक समय तक टिकता है।

ट्रांजिस्टर और इसके सहयोगी इलेक्ट्रॉनिक उपकरणों ने कम्प्यूटर को न केवल छोटा और सस्ता बनाया, बल्कि इसकी क्षमता में हजारों गुना वृद्धि भी की।

दूसरी पीढ़ी के कम्प्यूटरों में ट्रांजिस्टर, टनल-डायोड आदि को एक बोर्ड पर तारों के जरिए जोड़ दिया जाता था। फिर यह भी स्पष्ट हुआ कि इन तारों को

बोर्ड से सीधे 'प्रिंट' भी किया जा सकता है। इसी से आगे जाकर, सातवें दशक के मध्य मे, अमेरिका की सुप्रसिद्ध सिलिकन घाटी के एक तरुण इंजीनियर के दिमाग में विचार कौंधा कि सिलिकन के एक छोटे चिप्पड़ पर कई सारे ट्रांजिस्टरों को और उनके जोड़ों को सीधे उकेरा जा सकता है।

एक आधुनिक कम्प्यूटर

यह एक क्रान्तिकारी आविष्कार था। सिलिकन चिप्पड़ पर स्थापित इन **अंगीभूत परिपथों** (इंटेग्रेटेड सर्क्यूट्स) के साथ ही तीसरी पीढ़ी के कम्प्यूटर अस्तित्व में आए। इन अंगीभूत परिपथों ने कम्प्यूटर को बहुत छोटा और बहुत शक्तिशाली बना दिया। अब सिलिकन के एक छोटे-से चिप्पड़ पर तार्किक परिपथ (लॉजिक सर्क्यूट्स) या स्मृतिकोश (मैमोरी रजिस्टर)—जैसे समूचे कम्प्यूटर अवयव स्थापित करना सम्भव हुआ। 1965 में सिलिकन चिप्पड़ पर आधारित तीसरी पीढ़ी के कम्प्यूटर बनने लगे। तभी पहली बार मार्केट के लिए भी कम्प्यूटर बनने शुरू हुए।

इसके बाद छोटे-से-छोटे सिलिकन चिप्पड़ पर अधिक-से-अधिक अंगीभूत परिपथ करने की दिशा में एक जबर्दस्त होड़ शुरू हुई। अन्त में 1971 में अमेरिका के एक तरुण इन्जीनियर टेड होफ्फ को डाक-टिकट के आकार के एक छोटे-से सिलिकन चिप्पड़ पर कम्प्यूटर की केन्द्रीय संसाधक इकाई (सेंट्रल प्रोसेसिंग यूनिट) के समूचे बृहद अंगीभूत परिपथों को स्थापित करने में सफलता

मिली। इस नए आविष्कार को **माइक्रोप्रोसेसर** का नाम दिया गया। इसी के साथ चौथी पीढ़ी के कम्प्यूटरों का युग शुरू हुआ। वृहद् अंगीभूत परिपथों पर आधारित चौथी पीढ़ी के कम्प्यूटर के एक चिप्पड़ पर साठ हजार से अधिक ट्रांजिस्टर स्थापित किए जाते हैं।

इस समय आधुनिक कम्प्यूटर की चौथी पीढ़ी का दौर चल रहा है। पहली बार तीसरी पीढ़ी के कम्प्यूटर मार्केट में पहुँचे थे और सरकारी कामों के लिए उपलब्ध हुए थे। माइक्रोप्रोसेसर ने पश्चिम के धनी देशों में कम्प्यूटर को व्यक्ति और परिवार के लिए भी सुलभ बना दिया है लेकिन आज भी चौथी पीढ़ी के सर्वाधिक शक्तिशाली कम्प्यूटरों का इस्तेमाल सैनिक कार्यों के लिए ही होता है। अमेरिका की सितारों के युद्ध (स्टार वार्स) की योजना शक्तिशाली कम्प्यूटरों पर आधारित है।

अब जल्दी ही कम्प्यूटरों की पाँचवीं पीढ़ी भी जन्म ले रही है–अमेरिका और जापान में। दोनों देशों में जबर्दस्त होड़ लगी हुई है। पाँचवीं पीढ़ी के कम्प्यूटर अति वृहद् अंगीभूत परिपथों पर आधारित हो रहे हैं और काफी हद तक मानव-बुद्धि की बराबरी कर रहे हैं।

कम्प्यूटर गाणित : सिर्फ 'शून्य' और 'एक'

हमारे दोनों हाथों में कुल दस अंगुलियाँ हैं। इसलिए हमारी अंक-पद्धति दशाधारी हैं लेकिन गणना के लिए आठ, बारह, सोलह या अन्य किसी भी आधार को चुना जा सकता है। बेबीलोनवाले दस के अलावा साठ के आधार का भी प्रयोग करते थे। मध्य-अमेरिका की मय सभ्यता की अंक-पद्धति का आधार बीस था।

केवल दो अंक-संकेतों से भी सारी गणनाएँ की जा सकती हैं। यह जानकारी देने वाले यूरोप के पहले गणितज्ञ गॉटफ्रीड हैं विलहेल्म लाइबनिट्ज (1646-1716)। द्वि-आधारी यानी दो अंकों की अंक-पद्धति के लिए किन्हीं भी दो संकेतों को चुना जा सकता है। पर लाइबनिट्ज दार्शनिक भी थे। उन्होंने मूलतः भारतीय अंक-पद्धति के शून्य (0) और एक (1) को इसके लिए पसन्द किया।

चूँकि 1 और 0 के सहयोग से सारी गणनाएँ की जा सकती हैं इसलिए लाइबनिट्ज ने इस द्वि-आधारी अंक-पद्धति का बड़ा गुणगान किया है। उनके अनुरोध पर इस द्वि-आधारी अंक-पद्धति के सम्मान में एक पदक (मेडल) भी ढाला गया था, जिसके घेरे में अंकित लेख था–'एकत्व के जरिए शून्य से समस्त का सृजन सम्भव है!'

दर्शन की सांध्य भाषा में लाइबनिट्ज कहा करते थे कि ईश्वर एक (1) है और शून्य 'कुछ नहीं'। जिस प्रकार 'एक' और 'शून्य' के सहयोग से सारी संख्याएँ व्यक्त की जा सकती हैं, उसी प्रकार 'एक' विधाता ने 'कुछ नहीं' से समस्त सृष्टि का सृजन किया है।

परन्तु चीनी लोगों के लिए यह द्वि-आधारी अंक-पद्धति नई चीज नहीं थी। लाइबनिट्ज के भी कोई दो हजार साल पहले वे इसकी खोज कर चुके थे।

द्वि-आधारी अंक-पद्धति को समझने में कोई खास कठिनाई नहीं है। दशाधारी पद्धति की आरम्भ की दस संख्याओं को द्वि-अधारी अंक-पद्धति में निम्न प्रकार से व्यक्त किया जाएगा–

दशाधारी	द्वि-आधारी
1	1
2	10
3	11
4	100
5	101
6	110
7	111
8	1000
9	1001
10	1010

लाइबनिट्ज

जिस प्रकार दशाधारी अंक-पद्धति में प्रत्येक अंक के एक निजी मान के अलावा अनेकानेक स्थानमान होते हैं, उसी प्रकर द्वि-आधारी अंक-पद्धति में 1 और 0 के अपने निजी मानों के अलावा अलग-अलग स्थानमान भी होते हैं। दशाधारी अंक-पद्धति में दाईं ओर से बाईं ओर क्रमशः यह स्थान-दशगुणित होता जाता है, तो द्वि-आधारी पद्धति में यह द्वि-गुणित होता जाता है। जैसे द्वि-आधारी संख्या 1010 में दाईं ओर से बाईं ओर क्रम से मान होंगे–शून्य, 1 गुना 2 अर्थात् 2, 0 गुना 4 अर्थात् 0, 1 गुना 8 अर्थात् 8। कुल योग 10। अतः द्वि-आधारी संख्या 1010 दशाधारी 10 की द्योतक है।

द्वि-आधारी अंक-पद्धति में संख्याएँ निश्चय ही काफी बड़ी बनती हैं। 1017 के लिए द्वि-आधारी संख्या होगी 1111111001। परन्तु कम्प्यूटर के लिए यही अंक-पद्धति सुविधाजनक है। इस अंक-पद्धति में जोड़, गुणा, भाग आदि की क्रियाएँ काफी आसान हैं। दरअसल, द्वि-आधारी अंक-पद्धति में सभी गणितीय

परिकर्म (आपरेशंस) जोड़ की सरल क्रिया से सम्पन्न होते हैं। कम्प्यूटर के लिए यह भी एक सुविधा की चीज है।

द्वि-आधारी अंक-पद्धति का आविष्कार भले ही बहुत पहले हुआ हो, पर कम्प्यूटर के लिए इसका उपयोग 1930 के बाद ही सम्भव हो पाया है। पहले के सभी कम्प्यूटरों में, यहाँ तक कि 'चालू' व 'बन्द' स्विचों पर आधारित 'इनिएक' कम्प्यूटर में भी, दशाधारी अंक-पद्धति का ही इस्तेमाल हुआ है।

लेकिन वर्तमान सदी के चौथे दशक में गणितज्ञों और इंजीनियरों ने जान लिया कि कम्प्यूटर की गणना के लिए द्वि-आधारी अंक-पद्धति ही सर्वोतम है। विद्युत और चुम्बक से सम्बन्धित अनेक बातें केवल दो अवस्थाओं में होती हैं। बल्ब 'चालू' हो सकता है या 'बन्द' हो सकता है। स्विच 'ऑन' हो सकता है या 'ऑफ' हो सकता है। किसी चुम्बक का चुम्बकत्व दक्षिण से उत्तर दिशा में या उत्तर से दक्षिण दिशा में हो सकता है। इसी प्रकार, किसी इलेक्ट्रॉनिक परिपथ (सर्क्यूट) में बिजली का आवेश 'उपस्थित' हो सकता है या इसका 'अभाव' हो सकता है। और इसलिए बिजली के आवेश की उपस्थिति को 1 और इसकी अनुपस्थिति को 0 मान लिया जा सकता है। इलेक्ट्रॉनिक कम्प्यूटर में अब यही व्यवस्था होती है।

द्वि-आधारी अंक-पद्धति के 1 और 0 में से प्रत्येक अंक को अंग्रेजी में 'बाइनरी डिजिट' कहते हैं। यहाँ आरम्भ के दो और अन्त का एक अक्षर लेकर एक नया संक्षिप्त शब्द बनाया गया है।–**बिट**। अतः **'बिट'** का अर्थ है 1 या 0 में से कोई भी एक अंक। 'बिट' इकाई का सूचक है।

वर्णमाला के अक्षरों को भी द्वि-आधारी संख्याओं से व्यक्त किया जा सकता है। अंग्रेजी के 26 अक्षरों के लिए ऐसी 26 संख्याओं की आवश्यकता पड़ेगी। द्वि-आधारी संख्या 111111 का अर्थ है 63। इसलिए इन छह बिटों से विभिन्न प्रकार के 63 अक्षर या चिन्ह व्यक्त किए जा सकते हैं। लेकिन यदि अंग्रेजी के छोटे और बड़े अक्षरों तथा भाषा के साथ प्रयुक्त होनेवाले विविध चिन्हों को मिलाया जाए, तो इनकी कुल संख्या सौ से ऊपर पहुँच जाती है। अतः सभी अक्षरों और चिन्हों को व्यक्त करने के लिए कम-से-कम 7 बिटों के 'कोड' की आवश्यकता होगी। अन्य शब्दों में, द्वि-आधारी 7 अंकीय विभिन्न संख्याओं से 128 विभिन्न अक्षर तथा संकेत व्यक्त किए जा सकते हैं।

आधुनिक इलेक्ट्रॉनिक कम्प्यूटरों में अंग्रेजी वर्णमाला के अक्षरों और चिन्हों के लिए 7 की बजाए 8 बिटों का उपयोग होता है। यहाँ एक अतिरिक्त बिट का

इस्तेमाल सम्भावित गलती खोज निकालने के लिए होता है। आधुनिक कम्प्यूटरों के लिए उपयुक्त पाए गए इन 8 बिटों के समूह को एक 'बाइट' कहते हैं। 'बाइट' की संख्या कम्प्यूटर की क्षमता की परिचायक होती है।

कम्प्यूटर का गणित : 1 + 1 = 10

आदमी चन्द्रतल पर उतरकर वापिस लौट आया है। पृथ्वी से भेजे गए मानव-रहित अन्तरिक्षयान नजदीक के शुक्र तथा मंगल ग्रहों तक पहुँच चुके हैं। परन्तु एक ऐसा भी मानव-रहित अन्तरिक्षयान है, जो इस समय दूर के बृहस्पति ग्रह के परे पहुँच गया है और कुछ साल की यात्रा के बाद सौर मंडल के बाहर निकल जाएगा। आशा की जाती है कि सुदूर भविष्य में यह यान किसी तारे के किसी ग्रह के बुद्धिमान प्राणियों के हाथ लग जाएगा। इसलिए इस यान के साथ एक प्लेट जोड़ दी गई है, जिस पर नर-नारी की आकृतियाँ उकेरी हुई हैं और संकेतों से ब्रह्मांड में हमारे सौर मंडल की स्थिति स्पष्ट की गई है।

कल्पना कीजिए कि किसी दूर के ग्रह के प्राणी इस प्लेट को देखते हैं। तब वे कैसे जानेंगे कि इस पर उत्कीर्ण नर या नारी की वास्तविक ऊँचाई कितनी है, या कि हमारी पृथ्वी सूर्य से कितनी दूर है? अवश्य ही समझ जाएँगे क्योंकि उस प्लेट पर एक विशिष्ट अंक-पद्धति में दूरियों को अंकित किया गया है। जैसे, नारी की आकृति के दाईं ओर खड़ी तथा आड़ी रेखाओं के जो संकेत हैं वे संख्या 8 के द्योतक हैं और इस संख्या को 21 सेंटीमीटर–हाइड्रोजन का तरंग दैघूर्य–से गुना करने पर संख्या मिलती है–168 सेंटीमीटर, जो उस नारी की ऊँचाई होगी।

उस प्लेट पर जिस विशिष्ट अंक-पद्धति में दूरियाँ दर्शायी गई हैं, उसमें केवल दो संकेत हैं। सिर्फ दो संकेत या चिह्न। इनमें से एक संकेत संख्या 1 का द्योतक है और दूसरा संकेत 0 (शून्य) का द्योतक। हम इनके लिए क्रमशः आड़ी तथा खड़ी लकीर का इस्तेमाल न करके सीधे इन्हीं दो संख्याओं का इस्तेमाल कर सकते हैं। संकेत कोई भी हो सकते हैं। महत्त्व की बात यह है कि केवल दो संकेतों से भी सारी गणनाएँ हो सकती हैं। दो संख्याओं पर आधारित इस अंक-पद्धति को हम द्वि-आधारी अंक-पद्धति कहते हैं।

अब अधिकांश वैज्ञानिक इस बात को स्वीकार करते हैं कि सुदूर अन्तरिक्ष के बुद्धिमान प्राणियों के साथ सम्पर्क स्थापित करने के लिए यह द्वि-आधारी अंक-पद्धति एक बढ़िया साधन है। इस द्वि-आधारी अंक-पद्धति के आधार पर कई प्रकार की ब्रह्मांडीय भाषाओं का निर्माण हो रहा है। आधुनिक कम्प्यूटरों में भी इसी द्वि-आधारी अंक-पद्धति का इस्तेमाल होता है। भविष्य में ये कम्प्यूटर मानव समाज के अभिन्न अंग बन जाएँगे। अतः कम्प्यूटरों में प्रयुक्त इस द्वि-आधारी अंक-पद्धति का महत्त्व स्पष्ट है। बड़ी सरल अंक-पद्धति है। संसार के अनेक देशों में माध्यमिक स्कूलों के विद्यार्थियों को भी अब यह अंक-पद्धति पढ़ाई जाती है।

सवाल पूछा जा सकता है कि, सुदूर अन्तरिक्ष के बुद्धिमान प्राणियों के साथ सम्पर्क स्थापित करने के लिए या कम्प्यूटरों की द्रुतगति गणनाओं के लिए केवल दो संकेतों वाली इस अंक-पद्धति को ही क्यों अपनाया गया है? हमारी वर्तमान अंक-पद्धति में क्या न्यूनताएँ हैं? वर्तमान दशाधारी अंक-पद्धति से यह द्वि-आधारी अंक-पद्धति किन बातों में श्रेष्ठ हैं? वर्तमान अंक-पद्धति के उद्‌गम पर थोड़ा विचार करने से इन प्रश्नों के समाधानकारक उत्तर मिल जाएँगे।

आदिम युग का मानव सिर्फ एक संकेत से सारी संख्याओं को व्यक्त करता था। यह एक संकेत था—एक आड़ी या खड़ी रेखा। जितनी वस्तुएँ, उतनी रेखाएँ। यह हुई एकाधारी अंक-पद्धति। आज के कई आदिवासी समाज इस सरल अंक-पद्धति का इस्तेमाल करते हैं। सभ्य समाज के बच्चे भी स्कूलों में वर्तमान दशाधारी अंक-पद्धति सीखने के पहले इन खड़ी या आड़ी रेखाओं का उपयोग करके गिनती के कई खेल खेलते हैं।

मानव समाज का भौतिक जीवन विकसित हुआ तो उसे कुछ विकसित अंक-पद्धतियों की आवश्यकता महसूस हुई। इन विकसित अंक-पद्धतियों के निर्माण में हाथ-पैर की अँगुलियों का बड़ा हाथ रहा है। जैसे, हाथों की अँगुलियों से गणनाएँ होती थीं और हमारे दोनों हाथों में कुल दस अँगुलियाँ हैं, इसलिए कई प्राचीन सभ्यताओं में दशगुणोत्तर संख्याओं के लिए विशिष्ट संकेत अस्तित्व में आए। जैसे, प्राचीन मिस्र की अंक-पद्धति में 1 से 9 तक की संख्याओं के लिए क्रमशः इतनी ही खड़ी रेखाओं का इस्तेमाल होता था। 10 के लिए स्वतंत्र संकेत था। इस संकेत को दोहराकर 20, 30, 40 आदि को व्यक्त किया जाता था। इसी प्रकार सौ, हजार, दस हजार तथा लाख के लिए स्वतंत्र संकेत थे। प्राचीन मिस्र की यह अंक-पद्धति दशगुणोत्तर थी, परन्तु यह स्थानमान अंक-पद्धति नहीं थी। इसमें शून्य नहीं था।

हमारी वर्तमान अंक-पद्धति स्थानमान अंक-पद्धति है। इसमें स्थान के अनुसार अंक-संकेत का मान निर्धारित होता है। जैसे, संख्या 1231 में पहले 1 का मान एक हजार है और अन्तिम 1 का मान सिर्फ 1 है। इस अंक-पद्धति में शून्य सहित कुल दस संकेत हैं। इन्हीं दस संकेतों से सारी संख्याओं को व्यक्त किया जाता है। आज सारे संसार में इसी दशाधारी अंक-पद्धति का व्यवहार होता है। इस अंक-पद्धति का आविष्कार हमारे देश में हुआ।

हमारे दोनों हाथों की कुल अँगुलियाँ दस हैं, इसीलिए यह दशाधारी अंक-पद्धति अस्तित्व में आई है। मध्य अमरीका की प्राचीन मय सभ्यता के लोग गिनती के लिए हाथ की अँगुलियों के साथ पैर की अँगुलियों का भी इस्तेमाल करते थे, इसलिए उन्होंने बीस की गणना पर आधारित एक अंक-पद्धति को जन्म दिया था। मय सभ्यता की अंक-पद्धति में शून्य के लिए भी एक चिह्न था। सुमेर-बेबीलोन की प्राचीन अंक-पद्धति मुख्यतः 60 की गणना पर आधारित थी। इस अंक-पद्धति के अवशेष आज भी मौजूद हैं। हम घंटे को 60 मिनटों में और एक मिनट को 60 सेकंडों में बाँटते हैं।

प्राचीन काल में हमारे देश में गणना दशगुणोत्तर थी, परन्तु शून्य पर आधारित दशाधारी स्थानमान अंक-पद्धति का आविष्कार ईसा की आरम्भिक सदियों में हुआ है। सम्राट अशोक के समय में पुरानी अंक-पद्धति का ही प्रचलन था। अशोक के लेखों में संख्या 256 का 200, 50 तथा 6 के संकेतों के क्रम से लिखा गया है। गुप्तकाल के लेखों में भी पुरानी अंक-पद्धति का ही प्रयोग हुआ है। परन्तु ईसा की छठी सदी से हमें नई अंक-पद्धति के उल्लेख मिलने लग जाते हैं।

सबसे पहले अरबों ने भारतीय अंक-पद्धति को अपनाया। फिर उन्होंने ही ईसा की 11वीं-12वीं सदी में इस अंक-पद्धति का यूरोप के देशों में प्रचार-प्रसार किया। ईसा की सत्रहवीं सदी में इस अंक-पद्धति को यूरोप में पूरी तरह अपना लिया गया। आज संसार के सारे देशों में इसी भारतीय अंक-पद्धति का प्रचलन है।

बचपन से हम इस दशाधारी अंक-पद्धति के आदी हो जाते हैं, इसलिए सोचते हैं कि यही सर्वोत्तम अंक-पद्धति है। परन्तु गणितज्ञ जानते हैं कि इसमें अनेक न्यूनताएँ हैं। 10 को हम 1, 2 तथा 5 से ही पूरा भाग कर सकते हैं, परन्तु 12 को हम 1, 2, 3, 4 तथा 6 से पूरा भाग कर सकते हैं। अतः स्पष्ट है कि गणना के लिए दस की अपेक्षा बारह का आधार बेहतर है। हमारे दोनों

हाथों की अँगुलियाँ दस है, इसलिए यह दशाधारी अंक-पद्धति अस्तित्व में आई। हमारे दोनों हाथों में 12 अँगुलियाँ होतीं तो निश्चय हमारी अंक-पद्धति द्वादशाधारी होती। वस्तुतः इस दशाधारी अंक-पद्धति में कोई खास बात नहीं है। इसके स्थान पर किसी भी अन्य आधार वाली अंक-पद्धति को अपनाया जा सकता है।

दशाधारी अंक-पद्धति में शून्य सहित कुल दस संकेत हैं और इनकी सहायता से जब हम कोई संख्या लिखते हैं तो इसमें बाईं ओर के समीप के स्थान का मान दस गुना अधिक होता है। जैसे, 23465 का अर्थ होता है–

$$(2 \times 10^4) + (3 \times 10^3) + (4 \times 10^2) + (6 \times 10) + 5$$

अब कल्पना कीजिए कि यही 23465 संख्या द्वादशाधारी अंक-पद्धति में हैं, तो इसका अर्थ होगा–

$$(2 \times 12^4) + (3 \times 12^3) + (4 \times 12^2) + (6 \times 12) + 5$$

दशाधारी अंक-पद्धति में शून्य सहित कुल दस अंक-संकेत होते हैं, द्वादशाधारी अंक-पद्धति में कुल बारह संकेत रहेंगे और द्वि-आधारी अंक-पद्धति में सिर्फ दो संकेत रहेंगे–1 और 10। द्वि-आधारी अंक-पद्धति में केवल इन्हीं दो संकेतों से बड़ी से बड़ी संख्या को व्यक्त करना सम्भव है। इसमें 1 का मूल अर्थ है 'एक' और 0 का अर्थ है 'कुछ नहीं'। परन्तु स्थानमान पद्धति का उपयोग करके 1 को द्विगुणोत्तर मान दिए जा सकते हैं। जैसे, द्वि-आधारी अंक-पद्धति में–

$$11011 = (1 \times 2^4) + (1 \times 2^3) + (0 \times 2^2) + (1 \times 2) + 1$$
$$= 27 \text{ (दशाधारी अंक-पद्धति में)}$$

दशाधारी संख्याओं को द्वि-आधारी संख्याओं में बदलने में कोई दिक्कत नहीं है। नीचे हम 1 से 15 तक की संख्याओं को द्वि-आधारी अंक-पद्धति में दे रहे हैं–

दशाधारी	द्वि-आधारी
0	0
1	1
2	10
3	11
4	100

5	101
6	110
7	111
8	1000
9	1001
10	1010
11	1011
12	1100
13	1101
14	1110
15	1111

इसी प्रकार सारी दशाधारी संख्याओं को द्वि-आधारी संख्याओं में बदला जा सकता है। जैसे, 1017 = 1111111001 और 1727 = 11010111111। स्पष्ट है कि द्वि-आधारी अंक-पद्धति में संख्याएँ लम्बी होती हैं। परन्तु पुरानी अंक-पद्धतियों में भी संख्याएँ इसी प्रकार लम्बी होती थीं। प्राचीन मिस्र की अंक-पद्धति में 1727 संख्या को लिखने के लिए कुल 17 संकेतों का उपयोग होता था, जबकि द्वि-आधारी पद्धति में यह संख्या 11 संकेतों से ही लिखी जाती है।

द्वि-आधारी अंक-पद्धति में संख्याएँ लम्बी होती हैं, परन्तु इसमें केवल दो प्रकार के संकेतों–0 तथा 1–का ही इस्तेमाल होता है, इसलिए कई दृष्टियों से यह अंक-पद्धति बड़ी उपयोगी सिद्ध होती है। आधुनिक कम्प्यूटरों में गणनाएँ विद्युत गति से होती हैं, इसलिए इनकी गणनाएँ द्वि-आधारी अंक-पद्धति से ही सम्भव हैं। विद्युत धारा की केवल दो ही स्थितियाँ सम्भव हैं–'चालू' या 'बन्द'। 'चालू' को '1' और बन्द को '0' मानकर विद्युत की गति से गणनाएँ हो सकती हैं। इसलिए कम्प्यूटरों में, संख्याएँ लम्बी होने पर भी, बड़ी तेजी से गणनाएँ होती हैं। जिन गणनाओं के लिए कई गणितज्ञों को मिलकर कई दिन या महीने लग सकते हैं, उन्हें कम्प्यूटर चंद घंटों या मिनटों में पूरा कर देते हैं। आधुनिक विज्ञान तथा टेक्नोलॉजी के ऐसे अनेक क्षेत्र हैं, जिनमें अब कम्प्यूटरों की सहायता के बिना हमारा काम चल ही नहीं सकता। कम्प्यूटरों के बिना अन्तरिक्ष-यात्रा सम्भव नहीं है। अन्तरिक्ष-यानों से जो संदेश या चित्र धरती की ओर भेजे जाते हैं, वे द्वि-आधारी अंक-पद्धति के संकेतों में होते हैं। आजकल की अनेक फैक्टरियों के

संयंत्रों का नियंत्रण कम्प्यूटरों से होता है। आज बहुत-से काम इन कम्प्यूटरों के जिम्मे सौंप दिए गए हैं। अतः इस द्वि-आधारी अंक-पद्धति का महत्त्व स्पष्ट है।

इस द्वि-आधारी अंक-पद्धति की एक और विशेषता है। इसमें जोड़ तथा गुणन जैसे परिकर्म बड़े सरल हैं। दशाधारी अंक-पद्धति में जहाँ हमें लम्बे पहाड़े याद करने पड़ते है, वहाँ इस द्वि-आधारी अंक-पद्धति में जोड़ तथा गुणन के लिए केवल चार क्रियाओं को स्मरण रखना पड़ता है। यथा–

जोड़	गुणन
$0 + 0 = 0$	$0 \times 0 = 0$
$0 + 1 = 1$	$0 \times 1 = 0$
$1 + 0 = 1$	$1 \times 0 = 0$
$1 + 1 = 10$	$1 \times 1 = 1$

द्वि-आधारी अंक-पद्धति में जोड़ का एक उदाहरण लीजिए–

$$\begin{array}{r} 10011 \\ +\ 11011 \\ \hline 101110 \end{array}$$

और अब गुणन का एक उदाहरण लीजिए–

$$\begin{array}{r} 11011 \\ \times\ 1101 \\ \hline 11011 \\ 00000 \\ 11011 \\ 11011 \\ \hline 101011111 \end{array}$$

हम जानते हैं कि अंक-गणित में मूल परिकर्म केवल दो ही है–जोड़ना और घटाना। गणित के किसी भी सूत्र को इन दो परिकर्मों में तथा द्वि-आधारी पद्धति के 1 तथा 0 संकेतों में सरल बनाया जा सकता है। सरल करने पर यह सूत्र बड़ा अवश्य बनता है, परन्तु कम्प्यूटर में बड़ी द्रुतगति से गणनाएँ होती हैं। दशाधारी अंक-पद्धति की संख्याओं को पहले द्वि-आधारी अंक-पद्धति की संख्याओं में बदलकर उन्हें कम्प्यूटरों में भरा जाता है। द्वि-आधारी पद्धति में जो उत्तर प्राप्त

होते हैं, उन्हें फिर दशाधारी पद्धति में बदला जाता है।

यह द्वि-आधारी अंक-पद्धति कितनी पुरानी है? किसने इसकी खोज की? स्कूल-कॉलेजों में इस अंक-पद्धति की पढ़ाई पिछले कुछ दशकों से ही हो रही है, परन्तु इसकी खोज तीन-चार हजार साल पहले हुई थी। इस अंक-पद्धति के बारे में एक किस्सा प्रसिद्ध है। यूरोप के प्रख्यात गणितज्ञ एवं दार्शनिक लाइबनिट्ज (1646-1716 ई.) को जब इस द्वि-आधारी अंक-पद्धति की जानकारी मिली तो वे उछल पड़े। उन्होंने 1 को 'ईश्वर' माना और 0 को 'कुछ नहीं' और फिर तर्क लगाया कि इसी प्रकार केवल दो धारणाओं से सृष्टि की रचना हुई है, यानी अकेले 'ईश्वर' ने 'कुछ नहीं' से इस संसार को बनाया है। लाइबनिट्ज ने सोचा कि नास्तिक बौद्धधर्म को माननेवाले चीन के सम्राट को आस्तिक बनाने के लिए यह द्वि-आधारी अंक-पद्धति बड़ी प्रभावशाली सिद्ध होगी। परन्तु जब से उन्हें पता चला कि चीन के गणितज्ञों को पिछले करीब तीन हजार साल से इस द्वि-आधारी अंक-पद्धति की जानकारी है, तो उनका जोश ठंडा पड़ गया।

तर्क के घोड़े दौड़ाकर इस द्वि-आधारी अंक-पद्धति से किसी ईश्वर द्वारा सृष्टि की रचना सिद्ध करना सचमुच ही सम्भव नहीं है। परन्तु आज हम जानते हैं कि यह द्वि-आधारी अंक-पद्धति नए युग की अंक-पद्धति है। यह एक सार्वभौमिक अंक-पद्धति है। अंक-पद्धति से हम ब्रह्मांड के अन्य बुद्धिमान प्राणियों के साथ सम्पर्क स्थापित कर रहे हैं।

कम्प्यूटर सोचते कैसे हैं?

विज्ञापनों में अकसर देखने को मिलता है कि कम्प्यूटर के 'कुंजी-पटल' के सामने कोई युवा सुन्दरी विराजमान है। बताया जाता है कि वह हजारों गणकों का काम अकेली कर सकती है, और कठिन-से-कठिन सवाल को बिजली की रफ्तार से ठीक-ठीक हल कर सकती है।

ये सचाई पर पर्दा डालनेवाले विज्ञापन हैं। असली चीज न तो मशीन है, न ही उसके आपरेटर। कम्प्यूटर की 'बुद्धि' अनेकानेक गणितज्ञों और इंजीनियरों की प्रतिभा का चमत्कार है।

हमने देखा है कि लाइबनिट्स के जमाने से यूरोप के गणितज्ञों को दो अंकों पर आधारित अंक-पद्धति की जानकारी थी। करीब ढाई सौ साल तक यह खोज उपेक्षित रही, 'निरुपयोगी' रही। पहली बार 1945 के आसपास **नॉबर्ट वाइनेर** और **जोन फोन न्यूमान** जैसे चोटी के गणितज्ञों ने ही सुझाया कि कम्प्यूटर के लिए द्वि-आधारी अंक-पद्धति उपयुक्त रहेगी। अब तो यह द्वि-आधारी अंक-पद्धति माध्यमिक स्कूलों में भी पढ़ाई जाने लगी है।

परन्तु हमारे देश में गणितीय तर्कशास्त्र के अध्ययन को अभी भी समुचित स्थान नहीं मिल पाया है। कम्प्यूटर के लिए गणितीय तर्कशास्त्र एक बुनियादी चीज है। गणितीय तर्कशास्त्र इस धारणा पर आधारित है कि कोई भी कथन तार्किक दृष्टि से या तो 'सत्य' होता है या 'मिथ्या'। अन्य शब्दों में 'हाँ' या 'नहीं' (1 या 0) होता है। स्पष्ट है कि 'हाँ' या 'नहीं' का यह गणित कम्प्यूटर के लिए उपयुक्त है।

दो अंकों की गणना-पद्धति, दो संकेतों पर आधारित गणितीय तर्कशास्त्र और इनके अनुरूप तैयार की गई इलेक्ट्रॉनिक परिपथों (सर्क्यूट्स) और द्वारों (गेट्स) की विशिष्ट योजना—इन्हीं के मेल से कम्प्यूटर में सोचने या सवालों को हल करने की क्षमता पैदा होती है।

द्वि-आधारी अंक-पद्धति की तरह गणितीय तर्कशास्त्र भी पहले से ही तैयार था। तार्किक वाक्य-रचना को गणितीय प्रतीकों द्वारा व्यक्त करने के प्रयास यूरोप में अरस्तू के जमाने से होते आ रहे हैं। परन्तु इस प्रतीकात्मक तर्कशास्त्र (सिम्बोलिक लॉजिक) को गणितीय तर्कशास्त्र में बदलना पिछली सदी में ही सम्भव हुआ। इसका श्रेय महान आंग्ल-गणितज्ञ **जार्ज बूल** (1815-64) को है।

जार्ज बूल की जीवन-कथा दूसरे महान गणितज्ञों से काफी भिन्न है। बचपन गरीबी में गुजरा। गुजारे के लिए बीस साल की उम्र में अपना एक स्कूल खोला और गणित पढ़ाना जरूरी हो गया, तभी जाकर उनके गणित के अध्यन की शुरुआत हुई। आगे जाकर बूल ने एक नए गणित की, प्रतीकात्मक बीजगणित की, नींव डाली। इस विषय पर उनका पहला प्रबन्ध 1848 में प्रकाशित हुआ, और फिर 1854 में 'द लॉज ऑफ थॉट' (चिन्तन के नियम) के नाम से पूरा ग्रन्थ प्रकाशित हुआ। बूल की प्रतिभा को पहचाना गया, तभी उन्हें कैम्ब्रिज विश्वविद्यालय में प्राध्यापक का पद मिला। उनके द्वारा संस्थापित प्रतीकात्मक बीजगणित आज बूलीय बीजगणित के नाम से जाना जाता है। कम्प्यूटरों के इलेक्ट्रॉनिक परिपथों ओर प्रोग्रामों के लिए बूलीय बीजगणित एक बुनियादी चीज है।

बूल सर्वप्रथम इस निष्कर्ष पर पहुँचे थे कि अनेक कथन हालाँकि विभिन्न आशयों के होते हैं, परन्तु इनका ढाँचा एक ही प्रकार का होता है। इसलिए इन कथनों को बीजगणित की अज्ञात राशियों (क्ष, य) की तरह व्यक्त किया जा सकता है। दो उदाहरण लीजिए :

1. यदि पानी का तापमान 100 डिग्री सेन्टीग्रेड के ऊपर जाता है, तो पानी उबलने लगता है।
2. यदि मुझे टिकट मिलती है, तो मैं फुटबाल-मैच देखने जाऊँगा।

दोनों कथन भिन्न-भिन्न आशय के हैं, पर इन्हें एक ही तरह के ढांचे में प्रस्तुत किया जा सकता है—'यदि क्ष, तो य'। इस प्रकार बूल ने कथनों की विषय-वस्तु को नहीं, बल्कि इनके ढांचे या स्वरूप को महत्त्व दिया। आगे बूल ने यह स्पष्ट किया कि ऐसे कथनों को व्यक्त करनेवाली इन राशियों को बीजगणित में बाँधा जा सकता है।

एक उदाहरण लीजिए—'यदि मुझे टिकट मिलती है, 'या' कोई दोस्त आमंत्रित करता है, 'और' बारिश 'नहीं' होती, तो मैं निश्चय ही फुटबाल-मैच देखने जाऊँगा।'

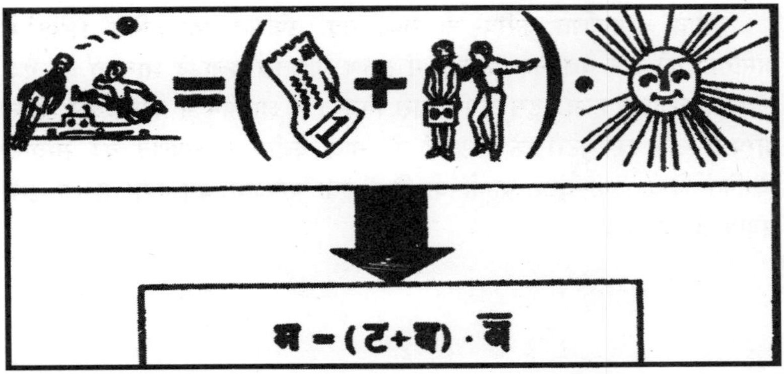

तार्किक कथनों को बीजगणित की अज्ञात राशियों में व्यक्त किया जा सकता है।

यहाँ तीन निर्णायक को 'या', 'और' तथा 'नहीं' शब्दों से जोड़ा गया है। तर्कशास्त्र में—इन शब्दों का वही महत्त्व है जो कि गणित में जोड़, घटा, गुणा और भाग का है। गणितीय तर्कशास्त्र में आमतौर पर 'या' को जोड़ के चिन्ह से, 'और' को गुणा के चिन्ह (या बिन्दु) से, और 'नहीं' को अक्षर के ऊपर आड़ी लकीर से दर्शाया जाता है। मान लीजिए कि उपर्युक्त कथन के घटकों को हम निम्न अक्षरों से व्यक्त करते हैं।

मुझे टिकट मिलता है—ट

दोस्त आमंत्रित करता है—द

बारिश होती है—ब

फुटबाल-मैच देखने जाऊँगा—म

तब हमें एक प्रतीकात्मक सूत्र (देखिए चित्र) प्राप्त होता है जिसमें 'ब' के ऊपर खींची गई आड़ी लकीर बारिश नहीं होने की सूचक है।

इस प्रकार, तार्किक कथनों को बीजगणितीय सूत्रों में बाँधा जा सकता है। इस गणितीय तर्कशास्त्र में केवल दो स्थितियाँ हैं—सत्य और मिथ्या। सत्य कथन को 1 और मिथ्या कथनों को 0 मानकर गणनाएँ की जा सकती हैं। बूलीय बीजगणित के आधार पर सत्य की गणना के लिए सारणियाँ तैयार की गई हैं। कम्प्यूटर के प्रोग्राम तैयार करने में इनका इस्तेमाल होता है।

बूलीय बीजगणित करीब सौ साल तक उपेक्षित रहा। फिर 1838 में अमेरिका की एक वैज्ञानिक पत्रिका में तरुण गणितज्ञ **क्लाउदे शान्नोन** का एक निबन्ध प्रकाशित हुआ। इस क्रान्तिकारी निबन्ध में शान्नोन ने पहली बार विद्युत परिपथों और कम्प्यूटरों के प्रोग्रामों के साथ बूलीय बीजगणित का सम्बन्ध स्थापित किया। कम्प्यूटर बहुतों के लिए एक करिश्मा बन गया है तो इसी संयोग के कारण।

सिलिकन चिप्पड़ पर हजारों 'हाँ'-'नहीं'

कल्पना कीजिए कि किसी करिश्मे से न्यूटन, लियोनार्दो द विंची या भास्कराचार्य हमारे बीच पुनः अवतरित होते हैं, और एक इलेक्ट्रॉनिक कम्प्यूटर अध्ययन के लिए उन्हें सौप दिया जाता है। क्या वे कम्पयूटर की कार्य-प्रणाली को स्वयमेव समझ पाएँगे?

कतई नहीं! अतीत के ये महान वैज्ञानिक एक मोटर-कार को समझ लेंगे, जेट-विमान या रॉकेटयान के सिद्धान्त को भी समझ लेंगे, लेकिन आधुनिक कम्प्यूटर उनके लिए एक रहस्य ही बना रहेगा। कम्प्यूटर या टेलीविजन में इस्तेमाल होनेवाले डायोड, ट्रायोड आदि इलेक्ट्रॉनिक उपकरणों के बारे में वे अपने-आप कुछ भी नहीं जान पाएँगे।

और यही कारण है कि पिछले करीब सौ सालों में अन्तरिक्ष-यात्रा के बारे में तो कई सारे कल्पित कथानक लिखे गए, परन्तु दूसरे महायुद्ध के समय तक इलेक्ट्रॉनिक कम्प्यूटर के बारे में कोई वैज्ञानिक कथानक नहीं लिखा गया था।

इलेक्ट्रॉनिक कम्प्यूटर है ही ऐसी चीज। इसमें सारा खेल इलेक्ट्रॉनों का है। इस परमाणु-कण को हम अपनी आँखों से देख नहीं सकते। ऐसी कोई खुर्दबीन नहीं बनी है जो हमें इलेक्ट्रॉन का दर्शन करा सके। इलेक्ट्रॉन की आन्तरिक रचना के बारे में हम कुछ भी नहीं जानते। लेकिन यही अतिसूक्ष्म परमाणु-कण इलेक्ट्रॉनिकी का मूलाधार है, और अब यह मानव-जीवन में क्रान्तिकारी भूमिका अदा करने जा रहा है।

आधुनिक कम्प्यूटरों के सन्दर्भ में दो शब्द बड़े महत्त्व के हैं। ये दो शब्द हैं—हार्डवेयर और सॉफ्टवेयर। कम्प्यूटर में जो इलेक्ट्रॉनिक उपकरण और धातु के कल-पुर्जे होते हैं, उन्हें हार्डवेयर कहते हैं। द्वि-आधारी अंक-पद्धति, गणितीय तर्कशास्त्र, प्रोग्रामों की भाषाएँ, आदि चीजें सॉफ्टवेयर कहलाती हैं। हार्डवेयर को हम कम्प्यूटर का **कठोरांग** कह सकते हैं, और सॉफ्टवेयर को **कोमलांग**। कम्प्यूटर

के कठोरांग की बुनियादी चीज इलेक्ट्रॉनिकी है, तो कोमलांग का सम्बन्ध गणित और गणितीय तर्कशास्त्र से है। लगता है कि कोमलांग केवल चिन्तन की चीज है पर कम्प्यूटर के सन्दर्भ में अब इसका महत्त्व और मूल्य भी, कठोरांग की तुलना में दिनोंदिन बढ़ता जा रहा है।

वर्तमान सदी के पहले दशक में इलेक्ट्रॉनिक वाल्व के आविष्कार के साथ इलेकट्रॉनिकी की स्थापना हुई थी। पुराने रेडियो-सेटों की तरह पहली पीढ़ी के इलेक्ट्रॉनिक कम्प्यूटरों में भी इलेक्ट्रॉनिक वाल्वों का ही इस्तेमाल होता था। इलेक्ट्रॉनिक वाल्व की सबसे बड़ी खूबी यह है कि यह 'चालू' और 'बन्द' करनेवाला उपकरण है। अन्य शब्दों में, यह 'हाँ' या 'नहीं' अथवा '1' या '0' को व्यक्त करनेवाली चीज है।

इलेक्ट्रॉनिक वाल्व (ट्रायोड) के और भी अनेक उपयोग हैं। ट्रायोड की निर्वात नलिका (वेक्यूम ट्यूब) में ऋणाग्र (कैथोड) से धनाग्र (ऐनोड) की ओर होनेवाले इलेक्ट्रॉनों के प्रवाह को नियंत्रित करने के लिए बीच में एक जाली स्थापित की जाती है। ऐसी दो, तीन या चार जालियाँ भी बीच में स्थापित की जा सकती हैं। तब ट्रायोड 'हाँ' (या 'नहीं') का द्योतक बनेगा, तो पेंटोड 'और' का और डबल ट्रायोड 'या' का द्योतक बनेगा। इलेक्ट्रॉनिक वाल्व हालाँकि अब पुरानी चीज बन गए हैं, परन्तु गणितीय तर्कशास्त्र को समझाने के लिए अब भी इनका सहारा लिया जाता है।

दूसरे महायुद्ध के बाद, 1948 में, ट्रांजिस्टर का आविष्कार हुआ। इसमें निर्वात नलिकाओं का स्थान, जर्मेनियम या सिलिकन के मणिभों (क्रिस्टलों) ने ले लिया। इन मणिभों में बहुत कम मुक्त इलेक्ट्रॉन या इनके 'छिद्र' होते हैं, इसलिए इनको गति देने में बहुत कम ऊर्जा खर्च होती है। ट्रांजिस्टर न केवल बहुत छोटे होते हैं बल्कि टिकते भी अधिक हैं। ट्रांजिस्टर 'हाँ' और 'नहीं' के तार्किक चिन्तन को या 1 और 0 पर आधारित गणना को इलेक्ट्रॉनिक वाल्वों की अपेक्षा कहीं अधिक तीव्रता और क्षमता के साथ सम्पन्न करते हैं।

ट्रांजिस्टर के इस्तेमाल के साथ, 1955 के आसपास, दूसरी पीढ़ी के कम्प्यूटर अस्तित्व में आए थे। कम्प्यूटर के कठोरांग के क्षेत्र में पिछले तीन दशकों में प्रमुख प्रयास रहा है–ट्रांजिस्टर तथा अन्य इलेक्ट्रॉनिक उपकरणों को लघुतर बनाना, सिलिकन के छोटे-से-छोटे चिप्पड़ पर अधिक-से-अधिक ट्रांजिस्टर और इन्हें जोड़ने वाले इलेक्ट्रॉनिक परिपथ स्थापित करना। अब ट्रांजिस्टर इतने छोटे हो गए हैं कि एक पिन के सिर की आकर की जगह में एक दर्जन से अधिक ट्रांजिस्टर स्थापित

किए जा सकते हैं। और इलेक्ट्रॉनिक परिपथ अब सिलिकन के चिप्पड़ पर प्रिंट किए जाते हैं या उकेरे जाते हैं।

हम बता चुके हैं कि ट्रायोड (ट्रांजिस्टर), पेंटोड आदि उपकरण और उन्हें जोड़नेवाले इलेक्ट्रॉनिक परिपथों की योजना दो अंकों पर आधारित गणना और तार्किक चिन्तन को वहन करने में पूर्णतः समर्थ है। 1971 से सिलिकन के एक पूरे चिप्पड़ पर कई हजार ट्रांजिस्टर और इन्हें जोड़नेवाले सूक्ष्म परिपथ स्थपित करना सम्भव हुआ, और इसके साथ ही चौथी पीढ़ी के कम्प्यूटर अस्तित्व में आए।

इस नन्हें माइक्रोप्रोसेसर में दो लाख ट्रांजिस्टर स्थापित किए गए हैं।

आज सिलिकन के एक चिप्पड़ पर एक लाख से अधिक ट्रांजिस्टर और इन्हे जोड़नेवाले परिपथ अंकित करना सहज सम्भव है। ऐसा एक चिप्पड़ 'माइक्रोप्रोसेसर' कहलाता है। यह अकेला चिप्पड़ ही अब एक छोटे कम्प्यूटर की सारी आन्तरिक क्रियाओं को सँभाल लेता है।

सिलिकन के चिप्पड़ पर अधिक-से-अधिक इलेक्ट्रॉनिक उपकरण और परिपथ स्थापित करने के प्रयास अब भी जारी हैं। अब तो इलेक्ट्रॉनिक परिपथ तैयार करने में कम्प्यूटरों का भी इस्तेमाल होने लगा है।

सभी कम्प्यूटरों में एक केन्द्रीय 'मस्तिष्क' होता है। इसे केन्द्रीय संसाधक इकाई (सेन्ट्रल प्रोसेसिंग यूनिट) कहते हैं। इलेक्ट्रॉनिक परिपथों पर आधारित इस इकाई के तीन मुख्य भाग होते हैं–(1) स्मृति-भंडार, जिसमें शब्द और संख्याएँ संचित रखी जाती हैं। (2) अंकगणितीय-तार्किक इकाई, जिसमें दो अंकों की गणनाएँ या शब्दों तथा संख्याओं की तार्किक क्रियाएँ सम्पन्न होती हैं तथा (3) नियंत्रण इकाई, जो निर्णय करती है कि स्मृति-भंडार से कौन-सी चीज लेनी है, इस चीज के साथ क्या क्रिया करनी है और किस क्रम से करनी है।

जिन साधनों के जरिए तथ्य और संख्याएँ कम्प्यूटर के स्मृति-भंडार में भरी जाती हैं उन्हें निवेश (इनपुट) उपकरण कहते हैं। ऐसा सर्वाधिक प्रचलित एक उपकरण है—कुंजी-पटल (की-बोर्ड), जो कम्प्यूटर को बाह्य जगत् से जोड़ता है। कुंजी-पटल कम्प्यूटर के लिए ज्ञानेन्द्रियों का काम करता है।

कम्प्यूटर द्वारा हल की गई समस्याओं के परिणाम या तो प्रिंट किए जाते हैं या वीडियो-स्क्रीन पर प्रकट होते हैं। इन्हें निर्गत (आउटपुट) उपकरण कहते हैं। ये हमारे कंठ, हाथ या चेहरे की तरह बाहरी जगत के साथ संचार-सम्बन्ध स्थापित करनेवाले कम्प्यूटर-अवयव हैं।

कम्प्यूटर का स्मृति-भंडार

स्मृति-भंडार कम्प्यूटर का सम्भवतः सबसे महत्त्व का अंग है। यह भी कहा जा सकता हैं कि आधुनिक कम्प्यूटर का इतिहास दरअसल इसके बढ़ते स्मृति-भंडार का इतिहास है। कम्प्यूटर की क्षमता मुख्य रूप से इस बात पर निर्भर करती है कि उसका स्मृति-भंडार कितना बड़ा है, और उस भंडार का कितनी तेजी से उपयोग हो सकता है।

स्मरण-शक्ति मानव तथा अन्य अनेक पशुओं की सबसे मूल्यवान सम्पत्ति है। स्मृति का सम्बन्ध हम मस्तिष्क से जोड़ते हैं, पर ठीक-ठीक नहीं जानते कि यह क्या चीज है, कैसे अस्तित्व में आती है और मस्तिष्क में सूचनाओं की इकाइयाँ (बिट) किस प्रकार संचित रहती हैं।

वैज्ञानिक हमें जानकारी देते हैं कि मानव-मस्तिष्क में लगभग दस अरब तंत्रिका कोशिकाएँ (न्यूरोन) हैं और ऐसी प्रत्येक कोशिका कम-से-कम एक सूचना को संचित रखने में समर्थ है। मस्तिष्क में 'स्मृति' की यह क्रिया सम्भवतः अणुओं या परमाणुओं के स्तर पर होती है। मस्तिष्क की बराबरी करने में कम्प्यूटर को अभी बहुत समय लगेगा। कम्प्यूटर के केन्द्रीय चिप्पड़ पर फिलहाल करीब दो लाख 'बिटों' के स्मृति-भंडार को ही खड़ा कर पाना सम्भव हुआ है।

स्मृति (मेमरी) शब्द मस्तिष्क-जैसे मानव-शरीर के सर्वाधिक महत्त्वपूर्ण, जटिल तथा 'रहस्यमय' अवयव से जुड़ा हुआ है, इसलिए जब कम्प्यूटर-जैसी किसी निर्जीव वस्तु के साथ इसे जोड़ा जाता है तब बड़ा अजीब-सा लगता है। एकाएक यकीन नहीं होता कि निर्जीव वस्तुएँ भी स्मृति का भंडार बन सकती हैं।

लेकिन थोड़ा विचार करें तो स्पष्ट हो जाएगा कि निर्जीव वस्तुओं में भी 'स्मृति' आरोपित की जा सकती है। अशोक के शिलालेख, अनेक ताम्रपत्र और अनगिनत ग्रन्थ इसके उदाहरण हैं। ये सब दीर्घकालीन स्मृति के साधन हैं। गिनतारा अल्पकालीन स्मृति का साधन है, क्योंकि गिनती पूरी होने तक ही इसका इस्तेमाल होता है।

इलेक्ट्रॉनिक कम्प्यूटरों में भी दो प्रकार की स्मृति की व्यवस्था की जाती है—अल्पकालीन और दीर्घकालीन। जब हम सात को पाँच से गुणा करते हैं, तो गुणनफल 35 के अंक 'पाँच' को लिखने के बाद हासिल के 'तीन' को अल्पावधि के लिए स्मरण रखते हैं। कम्प्यूटर में इस अल्पावधि की स्मृति (फाइनाइट मेमरी) के लिए व्यवस्था की जाती है। परिणामों को या स्थायी सूचनाओं को दीर्घकालीन स्मृति-भंडारों में संचित रखा जाता है।

इलेक्ट्रॉनिक कम्प्यूटर अस्तित्व में आने के पहले ही 'स्मृति' के लिए इलेक्ट्रॉनिकी का इस्तेमाल होने लग गया था। मैग्नेटिक टेप या टेप-रिकार्डर इसका एक उदाहरण है। स्मृति के स्थायी साधन के रूप में आज भी इनका कम्प्यूटर के एक अंग के रूप में इस्तेमाल होता है। लेकिन इस प्रकार के साधनों में एक बड़ी दिक्कत है। इनमें से जरूरी जानकारी प्राप्त करने में काफी समय लगता है। इसलिए अल्पावधि की स्मृति के लिए अन्य इलेक्ट्रॉनिक साधन खोजने पड़े।

ऐसा एक साधन है—मैग्नेटिक टेप (ड्रम)। वस्तुतः यह एक काफी चौड़ा कुण्डली के आकार का मैग्नेटिक टेप ही होता है, पर इस पर कई दर्जन पथों में रिकार्डिंग की जा सकती है। इसमें काफी अधिक सूचनाएँ भरी जा सकती हैं और इन्हें प्राप्त करने में कुछ कम समय लगता है, पर यह भी दीर्घकालीन स्मृतिवाला ही एक साधन है।

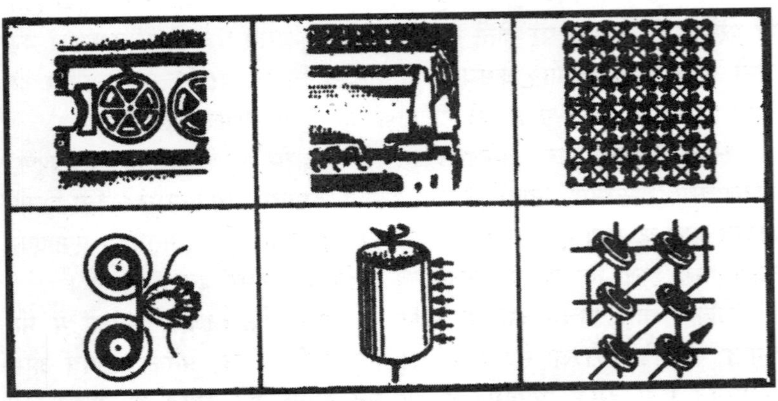

कम्प्यूटर स्मृति-भंडार के तीन साधन—फेराइट स्मृति;
मैग्नेटिक ड्रम और मैग्नेटिक टेप

टेलीविजन-सेट की इलेक्ट्रॉन-ट्यूब भी 'स्मृति' का एक साधन है। इलेक्ट्रॉन-ट्यूब की पल्स टेलीविजन के पर्दे पर स्वल्पावधि के लिए 'चमक' पैदा करती है। पर्दे को 'शून्य' और 'एक' के जाल में परिवर्तित करके 'इलेक्ट्रोन-ट्यूब' का रूप दिया जा सकता है। तब यह अल्पावधि की स्मृति का एक साधन बन जाता है।

वर्तमान सदी के छठे दशक के इलेक्ट्रॉनिक कम्प्यूटर के स्मृति-भंडार के लिए एक नया साधन अस्तित्व में आया—फेराइट स्मृति। लोहे के ऑक्साइड के साथ दूसरे कुछ ऑक्साइड मिलाने से फेराइट बनता है। यह उत्तम चुम्बकीय गुणोंवाली एक चीज है। फेराइट के छोटे-छोटे छल्लों को एक जाल में आयोजित किया जाता है। छल्लों में खड़े और आड़े तार डालकर यह जाल तैयार होता है। जिस छल्ले के खड़े और आड़े तारों में एक साथ करेंट दौड़ेगा उसकी चुम्बकीय स्थिति बदल जाएगी, यानी संकेत 0 (शून्य) संकेत 1 में बदल जाएगा। इन संकेतों को पढ़ने या प्राप्त करने के लिए छल्लों के जाल में एक तीसरे तार की व्यवस्था रहती है। अब तो छल्लों के स्थान पर फेराइट प्लेट में सूक्ष्म छिद्र करके इनसे स्मृति-भंडार का काम लिया जाता है।

कम्प्यूटर के स्मृति-भंडार के लिए और भी कई साधन हैं, पर इनमें त्रुटियाँ हैं। एक तो ये अधिक स्थान घेरते हैं; दूसरे, इनमें संचित सूचनाओं को उपयोग करने में अधिक समय लगता है। लेकिन जिस प्रकार कम्प्यूटर की अंकगणितीय-तार्किक इकाई को सिलिकन के चिप्पड़ पर इलेक्ट्रॉनिक परिपथों, द्वारों आदि के द्वारा स्थापित किया जाता है, उसी प्रकार स्मृति को भी अंकित किया जा सकता है। सिलिकन के चिप्पड़ पर स्मृति-भंडार के स्थापित हो जाने से कम्प्यूटर का आकार और छोटा हो गया और सूचनाएँ संचित करने या इन्हें प्राप्त करने का समय भी काफी घट गया।

फिर 1971 में एक ऐसे जादुई चिप्पड़ का निर्माण सम्भव हुआ जिसमें एक छोटे कम्प्यूटर की तीनों प्रमुख इकाइयाँ—अंकगणितीय तार्किक इकाई, नियंत्रक इकाई और स्मृति-भंडार—एक साथ स्थापित करना सम्भव हुआ। पिछले करीब पन्द्रह वर्षों में इस जादुई चिप्पड़—माइक्रोप्रोसेसर—का निरन्तर विकास होता आया है। 1971 में जो पहला माइक्रोप्रोसेसर बना था वह एक किलोबाइट (1024 बिट) सूचनाएँ संचित रखने में समर्थ था। अब 64 किलोबाइट के चिप्पड़ आम चीज बन गए हैं, और 256 किलोबाइट के चिप्पड़ के मार्केट पर कब्जा जमाने के लिए जापान और अमेरिका में होड़ मची हुई है। 515 किलोबाइट के स्मृति चिप्पड़ निर्माणाधीन हैं, और मेगाबिट (दस लाख बिट) के स्मृति चिप्पड़ बनाने में भी

अधिक समय नहीं लगेगा। लेकिन यह मेगाबिटवाली शक्तिशाली स्मृति-चिप्पड़ भी मानव-मस्तिष्क की बराबरी नहीं कर पाएगा। स्मरण रहे कि मानव-मस्तिष्क कम-से-कम दस अरब 'बिट' सूचनाएँ संचित रखने में समर्थ है।

सिलिकन चिप्पड़ पर इलेक्ट्रॉनिक घटकों और परिपथों के रूप में स्थापित 'स्मृति' मुख्यतः दो प्रकार की होती है—स्थायी और अस्थायी। स्थायी स्मृति बिजली बन्द हो जाने पर भी टिकी रहती है, परन्तु अस्थायी स्मृति बिजली के बन्द होते ही लुप्त हो जाती है।

कम्प्यूटर-प्रोग्राम

कम्प्यूटर हमारी इच्छानुसार किस प्रकार काम करता है? अन्य शब्दों में, कम्प्यूटर के जरिए अपने किसी सवाल का हल हम किस प्रकार प्राप्त करते हैं?

कल्पना कीजिए कि किसी अन्तरिक्षयान को चन्द्रमा पर उतारना है। इसके लिए यान का ठीक-ठीक यात्रापथ जानना जरूरी है। गणितज्ञ इसके लिए सूत्र या समीकरण तैयार करते हैं। इन समीकरणों को हल करना बड़ा कठिन काम है, समय भी बहुत अधिक लगता है।

कम्प्यूटर इन समीकरणों को जल्दी हल कर देते हैं। दरअसल, कम्प्यूटरों के बिना अन्तरिक्षयात्रा कतई सम्भव नहीं थी। चन्द्रयात्रा पर भेजे गए अपोलो-यान में दो शक्तिशाली कम्प्यूटर स्थापित किए गए थे, और इनकी मदद से पूरी यात्रा में ग्यारह बार संशोधन किया गया था। शक्तिशाली कम्प्यूटरों के बिना महाविनाशक अन्तर्महाद्वीपीय प्रक्षेपास्त्रों का इस्तेमाल भी सम्भव नहीं है।

प्रक्षेपास्त्रों या अन्तरिक्ष यानों के यात्रा-पथों के लिए सूत्र तैयार करते हैं गणितज्ञ। परन्तु कम्प्यूटर का 'इलेक्ट्रॉनिक मस्तिष्क' इन सूत्रों या समीकरणों को नही समझ सकता। जिन भाषाओं या संकेतों में हम अपने सवालों या सूत्रों को प्रस्तुत करते हैं, उन्हें कम्प्यूटर नहीं समझ सकते। कम्प्यूटर अपने विशिष्ट संकेतों में ही हमारे सवालों को समझ सकते हैं।

जिस व्यवस्था के जरिए हमारे सवालों को कम्प्यूटर द्वारा ग्रहण किए जा सकनेवाले संकेतों में रूपान्तरित किया जाता है, उसे **प्रोग्रामिंग** कहते हैं। कम्प्यूटर-विज्ञान में प्रोग्राम तैयार करनेवाले व्यक्ति का बड़ा महत्त्व है। समुचित प्रोग्राम के माध्यम से ही मानव और कम्प्यूटर के बीच सम्पर्क-सूत्र स्थापित होता है।

कम्प्यूटर-प्रोग्राम तैयार करनेवाले व्यक्ति का काम बड़ी जिम्मेदारी का होता है। उसे सवाल को कम्प्यूटर की दृष्टि से सोचकर ठीक-ठीक सूत्रित करना होता

है। फिर उस सवाल को कई हिस्सों में विभक्त करके उन्हें संकेतों की ऐसी क्रमिक सूचनाओं में पेश करना होता है, जिन्हें कम्प्यूटर ग्रहण कर सके और हल कर सके।

किसी सवाल को सरल क्रियाओं के एक सुनिश्चित क्रम में प्रस्तुत करने का अर्थ है उसका अलगोरिथम तैयार करना। अन्य शब्दों में, अलगोरिथम किसी सवाल को हल करने की एक प्रकार की नियमावली है, एक तकनीक है।। ईसा की नौवीं सदी के मध्य-एशिया के महान गणितज्ञ, अल्-ख्वारिज्मी के नाम पर यह 'अलगोरिथम' शब्द अस्तित्व में आया। किसी समय यूरोप में भारतीय अंक-पद्धति पर आधारित गणना-पद्धति के लिए इस शब्द का इस्तेमाल होता था।

प्रोग्राम तैयार करनेवाले व्यक्ति का प्रमुख कार्य होता है, प्रदत्त समस्या के लिए सर्वाधिक उपयुक्त अलगोरिथम का इस्तेमाल करके उसे कम्प्यूटर द्वारा ग्रहण किए जा सकनेवाले संकेतों के क्रम में प्रस्तुत करना। इस प्रकार तैयार किए गए प्रोग्राम कम्प्यूटर में भरे जाने पर क्रमानुसार, कदम-ब-कदम आगे बढ़ते हुए, सवाल का हल प्राप्त करने में योग देते हैं। प्रोग्राम के आधार पर कम्प्यूटर का कार्य काफी हद तक बुनाई (निटिंग) के सिलसिले की तरह चलता है। कम्प्यूटर-प्रोग्राम काफी हद तक बुनाई की पुस्तकों में दी गई सांकेतिक सूचनाओं की तरह होते हैं।

प्रोग्राम की सूचनाओं के अनुसार कम्प्यूटर का नियंत्रण-केन्द्र आवश्यक इलेक्ट्रॉनिक परिपथों और द्वारों को खोलता है, और फिर कम्प्यूटर का केन्द्रीय 'मस्तिष्क' आदेशों के अनुसार क्रियाएँ सम्पन्न करता है। उदाहरणार्थ, जोड़ का कोई सवाल हो, तो सूचनाएँ होंगी–1. रजिस्टर-क (की संख्या) को जोड़ के स्थान पर भेजो, 2. रजिस्टर-ख (की संख्या) को जोड़ के स्थान पर भेजो, 3. जोड़ के परिणाम को रजिस्टर-ग में भेजो।

स्पष्ट है कि इन सूचनाओं के दो स्पष्ट भाग हैं–'क्या करो' और 'कहाँ करो'। कम्प्यूटर-विज्ञान की भाषा में इन्हें हम क्रमशः संक्रिया (आपरेशन) और पता (एड्रेस) कहते हैं।

प्रोग्राम के आधार पर कम्प्यूटर किस प्रकार कार्य करता है, इसे समझने के लिए हम एक सरल उदाहरण लेंगे। मान लीजिए कि किसी परीक्षा में हजारों-लाखों विद्यार्थी बैठे हैं और हमें कम्प्यूटर के जरिए उनका समूचा परीक्षा-परिणाम तैयार करना है। स्पष्ट है कि विभिन्न विषयों के प्रश्न-पत्र जाँच कर मार्क देने का काम कम्प्यूटर नहीं कर सकता। सारी बुनियादी जानकारी–विद्यार्थी का नाम, रोल नं., प्रत्येक विषय में प्राप्त मार्क, आदि–सर्वप्रथम विशेष संकेतों में विशेष कार्डों पर

पंच कर दी जाती है। फिर समान आकार के ये कार्ड, जिन्हें डेटा-कार्ड कहते हैं, कम्प्यूटर में भरे जाते हैं।

इन कार्डों के आधार पर कम्प्यूटर प्रत्येक विद्यार्थी के मार्कों का जोड़ करेगा, प्रतिशत ज्ञात करेगा, श्रेणी (प्रथम, द्वितीय, तृतीय या अनुत्तीर्ण होना) निर्धारित करेगा, और अन्त में सारे परिणाम को एक तालिका में प्रस्तुत (या प्रिंट) कर देगा। इस समूचे आयोजन के लिए प्रोग्राम का खाका कुछ इस प्रकार का रहेगा–

1. शुरू करो, कार्ड पढ़ो
2. सभी विषयों के कुल मार्क जोड़ो
3. कुल विषयों की संख्या से जोड़ को भाग दो, प्रतिशत प्राप्त करो
4. यदि प्रतिशत 60 से अधिक तो प्रथम श्रेणी, जाओ पैरा-अ
5. यदि प्रतिशत 50 से अधिक तो द्वि. श्रे., जाओ पैरा-अ
6. यदि प्रतिशत 35 या अधिक तो तृ. श्रे., जाओ पैरा-अ
7. यदि प्रतिशत 35 से कम तो **अनुत्तीर्ण**
8. पैरा-अ परिणाम प्रिंट करो
9. विद्यार्थी-संख्या में 'एक' जोड़ो
10. विद्यार्थी-संख्या 10,000 दर्शाती है तो बन्द करो, अन्यथा 'शुरू करो' पर जाओ
11. समाप्त, बन्द

यहाँ हमने माना है कि विद्यार्थियों की कुल संख्या 10,000 है। यह भी स्पष्ट है कि उपर्युक्त प्रोग्राम एक चक्र (लूप) की तरह काम करता है। इस प्रोग्राम में कुल 11 आदेश हैं। इन आदेशों को कम्प्यूटर बहुत कम समय में पूरा करता है। लेकिन कार्डों की कुल संख्या एक लाख हो और प्रोग्राम में एक भी अनावश्यक आदेश हो तो काफी समय व्यर्थ चला जाता है। इसलिए प्रोग्रामर का यह प्रयास होता है कि आदेशों की संख्या कम-से-कम रहे।

यहाँ पुनः यह दोहराना जरूरी है कि इलेक्ट्रॉनिक कम्प्यूटर की केवल दो ही बुनियादी स्थितियाँ हैं–'चालू' और 'बन्द'। इसलिए कम्प्यूटर सारी सूचनाएँ केवल द्वि-आधारी अंक-पद्धति के संकेतों में ही ग्रहण करता है।

प्रोग्रामों की सूचनाएँ कम्प्यूटर के स्मृति-भंडार में स्थापित की जाती हैं। इनके आधार पर कम्प्यूटर का मस्तिष्क स्वयमेव क्रियाएँ सम्पन्न करके हल खोजता है। प्रोग्राम के आदेश सभी कार्डों पर लागू होते हैं, इसलिए कम्प्यूटर नियोजित काम पूरा होने तक सतत् चलता रहता है।

डॉ. नरेन्द्र करमरकर : नए अलगोरिथम की खोज

पिछली सदी में हुए आंग्ल-गणितज्ञ चार्लेस बैबेज को आधुनिक कम्प्यूटर के सिद्धान्त का जनक माना जाता है। बैबेज की शिष्या और कवि बायरन की बेटी अगस्ता एडा ने पहला कम्प्यूटर प्रोग्राम तैयार किया था। आज कम्प्यूटर-विज्ञान के क्षेत्र में प्रोग्राम-विशेषज्ञ का बड़ा बुनियादी महत्त्व है।

कम्प्यूटर की इलेक्ट्रॉनिक-तकनीकी के मामले में हम काफी पिछड़े हुए हैं। पर कम्प्यूटर के प्रोग्रामिंग—जैसे कोमलांग (सॉफ्टवेयर) के मामले में हम तेजी से आगे बढ़ सकते हैं। इसके लिए बुनियादी आवश्यकता है—गणित का ठोस अध्ययन। अमेरिका में जाकर बसे हुए डॉ. नरेन्द्र करमरकर ने जटिल सवालों को हल करने के लिए एक नए अलगोरिथम की खोज की है।

समुचित प्रोग्रामों के बिना एक सेकंड में लाखों गणनाएँ करनेवाले सारे इलेक्ट्रॉनिक कम्प्यूटर फर्नीचर की तरह महज साज-सज्जा की चीजें हैं। कम्प्यूटरों के लिए प्रोग्राम तैयार करना अब एक बहुत बड़ा उद्योग बन गया है। कम्प्यूटरों के निर्माण पर जितना धन खर्च किया जाता है, उससे कहीं अधिक अब प्रोग्रामों के विकास पर किया जाता है।

कम्प्यूटरों की विभिन्न भाषाएँ

आज से करीब डेढ़ हजार साल पहले की बात है। आर्यभट ने गणित और ज्योतिष के बारे में कविता में एक ग्रन्थ की रचना करने का निश्चय कर लिया। सोचने लगे–'कविता में अंकों को नहीं लिखा जा सकता। तब ज्योतिष और गणित की बड़ी-बड़ी संखयाओं को कविता में कैसे लिखूँ?'

आर्यभट को एक नई बात सूझी–'क्यों न संस्कृत वर्णमाला के अक्षरों को अलग-अलग संख्यामान दिए जाएँ?' और इसके लिए उन्होंने एक नियम भी बना दिया। संख्याएँ शब्दों में बदलने लगीं, और 'आर्यभटीयम्' के आर्या छन्दों में स्थान ग्रहण करने लगीं!

इस प्रकार, आर्यभट ने काव्य की आवश्यकता के लिए संख्याओं को शब्दों में बदलने का एक नया तरीका खोज निकाला था। आर्यभट की यह अक्षरांक-पद्धति काफी कठिन थी। कभी-कभी तो ऐसे भी शब्द बनते थे जिनका उच्चारण करना भी सम्भव नहीं था। देखिए कुछ उदाहरण : ख्युघृ = 43,20,000, **डिशिबुण्लृख्षृ** = 1,58,22,37,500। आर्यभट के बाद भारतीय गणितज्ञों ने ऐसी अनेक अक्षराँक और शब्दाँक पद्धतियों को जन्म दिया था।

वर्तमान सदी के छठे दशक में कम्प्यूटर-विशेषज्ञों के सामने भी कुछ-कुछ आर्यभट-जैसी ही समस्याएँ पैदा हुईं। कम्प्यूटर का 'इलेक्ट्रॉनिक अंकगणितीय मस्तिष्क' हमारी भाषाओं के शब्दों को नहीं समझ सकता। कम्प्यूटर केवल दो अंकों (1 और 0) की भाषा को ही समझता है। इस भाषा को हम मशीनी भाषा कहते हैं।

शुरू में सभी कम्प्यूटर-प्रोग्राम, मशीनी भाषा में तैयार किए जाते थे। अन्य शब्दों में, कम्प्यूटर प्रोग्राम, यानी कम्प्यूटर द्वारा वस्तुतः किए जानेवाले काम की क्रमिक सूचनाएँ, अंकों के रूप में सीधे मशीन में भरी जाती थीं। ये प्रोग्राम या तो दो अंकों के संकेत-पद्धति (जैसे, 00101100) में लिखे जाते थे या अंकीय सीरीज में होते थे।

मशीनी भाषा के प्रोग्राम का एक सरल उदाहरण लीजिए: क=य+र। यहाँ य का स्थान या पता कम्प्यूटर के स्मृति-भंडार में संख्या 800 से निर्धारित किया गया है, और र का संख्या 801 द्वारा। तब मशीनी कोड की सूचनाएँ होंगी–

मशीनी कोड	अर्थ
001800	(भंडार-स्थान 800 की चीज को संचयन स्थान पर ले जाओ)
003801	(संचय-स्थान में इस संख्या को र से जोड़ो)
002802	(परिणाम को स्थान–क में रखो)

स्पष्ट है कि इस मशीनी भाषा में बड़ा झमेला है। यहाँ एक सरल गणना के लिए तीन संख्या-सूचनाओं की आवश्यकता पड़ी है। मशीनी भाषा में प्रोग्राम तैयार करने के लिए अलग-अलग कम्प्यूटरों की गहन जानकारी होना जरूरी है। मशीनी भाषा के प्रोग्राम काफी लम्बे होते हैं और इनमें गलतियाँ होने की भी काफी सम्भावना रहती है। इसलिए कम्प्यूटरों के साथ संचार-सम्बन्ध स्थापित करने के लिए नई सरल भाषाओं की तलाश शुरू हुई।

इस प्रयास में आरम्भ में मशीनी भाषा के अंकीय संकेतों के स्थान पर कुछ स्मृति-सहायक नामों का इस्तेमाल होने लगा।। जैसे, मल्टिप्लाई (गुणन) के लिए 'एमपीवाई' का। कम्प्यूटर इन स्मृति-सहायक नामों पर आधारित स्रोत-प्रोग्राम को अपनी मशीनी भाषा के प्रोग्राम में बदलकर सवाल हल करता है। दरअसल, यह व्यवस्था मशीनी भाषा-जैसी ही है। प्रोग्राम लम्बे और परिश्रमसाध्य होते हैं। ऐसे प्रोग्राम भी सामान्य आदमी को कम्प्यूटर से नहीं जोड़ पाते।

अतः छठे दशक के मध्यकाल में नए प्रयास शुरू हुए। प्रोग्राम तैयार करने का काफी बोझ हल्का करके इसे मशीन पर लाद दिया गया। इससे प्रोग्रामों की भाषाएँ कुछ हद तक हमारी भाषाओं जैसी हो गईं, सामान्य व्यक्ति की समझ के दायरे में आ गईं। यह एक बहुत बड़ी उपलब्धि थी। लेकिन इसके साथ ही कम्प्यूटर की जटिलता बढ़ गई। नई भाषाओं के सुगम प्रोग्रामों को ग्रहण करने के लिए कम्प्यूटर के भीतर एक नए साधन की व्यवस्था करनी पड़ी। इस व्यवस्था को **कम्पाइलर** (संग्राहक) का नाम दिया गया है। यह कम्प्यूटर के भीतर स्थापित एक जटिल प्रोग्राम होता है जो भाषायी सूचनाओं को मशीनी भाषा की सूचनाओं में बदल देता है।

स्पष्ट है कि यह व्यवस्था कम्प्यूटर के कीमती स्मृति-भंडार की काफी जगह घेर लेती है, और सवाल के वास्तविक हल के लिए कुछ कम जगह छोड़ती है। परन्तु प्रोग्रामों को सरल बनाने के लिए और कम्प्यूटर को जनसाधारण तक ले जाने के लिए यह एक आवश्यक कदम था। मशीनी भाषा और प्रोग्रामों की इन नई भाषाओं में कितना बड़ा अन्तर है, यह नीचे के उदाहरणों से स्पष्ट हो जाएगा–

क = य + र (अलगोल)

क = य + र (फोरट्रॉन)

य में र जोड़कर क प्राप्त करो (कोबोल)

कम्प्यूटर प्रोग्रामों के लिए ऐसी पहली भाषा अमेरिकी कम्पनी इंटरनेशनल बिजनेस मशीन के जोन बाक्कस ने 1954 में तैयार की थी। यह थी फोरट्रॉन (फार्मूला ट्रान्सलेशन) भाषा। गणितीय सूत्रों का हम जिस प्रकार इस्तेमाल करते हैं, उसी तरह उन्हें कम्प्यूटरों की मशीनी भाषा में रूपान्तरित कर देने के उद्देश्य से फोरट्रॉन का विकास किया गया था। फोरट्रॉन की तरह अलगोल (अलगोरिथमिक लैंग्वेज) का विकास भी मुख्य रूप से वैज्ञानिक प्रोग्रामों के लिए किया गया था।

लेकिन जीवन के ऐसे अनेक क्षेत्र हैं जहाँ आँकड़ों का लेखा-जोखा रखना होता है, इनका विश्लेषण करना होता है। इसलिए आर्थिक और व्यापारिक सवालों के लिए 1959 में नई भाषा अस्तित्व में आई–कोबोल (कॉमन बिजनेस-ओरियंटेड लैंग्वेज)। इस भाषा में ज्यादातर शब्दों का इस्तेमाल होता है, और इन शब्दों का हमारी सामान्य भाषाओं में ठोस अर्थ है। इसलिए कोबोल में लिखे गए प्रोग्रामों के पाठ काफी हद तक हमारी भाषा के पाठ-जैसे होते हैं। उपर्युक्त उदाहरण 'य में र जोड़कर प्राप्त करो' से यह स्पष्ट हो जाता है।

इसी तरह विद्यार्थियों की कम्प्यूटर-शिक्षा के उद्देश्य से करीब चालीस साल पहले अमेरिका के डार्टमाउथ कॉलेज में एक नई भाषा को जन्म दिया गया। यह भाषा है बैसिक (बिगनर्स ऑल-पर्पज सिम्बोलिक इन्स्ट्रक्शन कोड)। प्रथम परिचय के लिए यह भाषा बड़ी उपयोगी है। इसे सीखने के बाद दूसरी कठिन भाषाओं को सीखने में सुविधा होती है। यही कारण है कि आज बैसिक सर्वाधिक लोकप्रिय कम्प्यूटर-भाषा है। निजी (पर्सनल) कम्प्यूटरों के लिए इसका खूब इस्तेमाल होता है।

दूसरी कम्प्यूटर भाषाओं की तरह बैसिक के भी अपने विशेष अक्षर, शब्द और संकेत है। इसमें दस अंकों, रोमन लिपि के 26 बड़े और इतने ही छोटे अक्षरों,

सात अंकगणितीय परिकर्म-चिन्हों, बूलीय बीजगणित के सात संकेतों ('नहीं', 'या', 'और' आदि) और कुछ विशिष्ट संकेतों का उपयोग होता है।

इस प्रकार, पिछले करीब बीस-पच्चीस वर्षों में विशिष्ट प्रयोजनों के लिए अनेकानेक कम्प्यूटर-भाषाएँ अस्तित्व में आई हैं। अब इनकी संख्या कई हजार पर पहुँच गई है। इन भाषाओं की कुछ सुविधाएँ हैं तो कुछ दिक्कतें भी हैं। प्रत्येक भाषा एक विशेष किस्म के कम्प्यूटर के लिए विकसित की जाती है, इसलिए भी भाषाओं की संख्या बढ़ती ही जा रही है।

फोरट्रॉन, बैसिक, पास्कल आदि आज की बहुप्रचलित कम्प्यूटर-भाषाएँ हैं। 1960 में अलगोल-60 नामक एक काफी व्यापक कम्प्यूटर-भाषा का निर्माण किया गया था। बाद में इसी अलगोल-60 के आधार पर पास्कल नामक एक अधिक सरल भाषा तैयार की गई। फ्रांस के महान गणितज्ञ पास्कल ने आज से करीब साढ़े तीन सौ साल पहले संसार का पहला गणक-यंत्र तैयार किया था। एक कम्प्यूटर-भाषा को चार्लेस बैबेज की शिष्या और कवि बायरन की बेटी अगस्ता एडा का नाम दिया गया है। यह एडा भाषा अमेरिका के सैनिक कम्प्यूटरों के लिए विकसित की गई है। अभी कुछ साल पहले छोटे बच्चों की कम्प्यूटर-शिक्षा के लिए लोगो नामक एक काफी सरल भाषा तैयार की गई है।

विविध प्रकार की इन कम्प्यूटर-भाषाओं को लेकर विशेषज्ञों में बड़ा विवाद उठता रहता है। इस बात के भी प्रयास जारी हैं कि कम्प्यूटर हमारी भाषाओं को सीधे ग्रहण कर सकें। पाँचवीं या छठी पीढ़ी के कम्प्यूटर ऐसे ही होंगे और 'बुद्धिमान मशीन' का दर्जा हासिल करेंगे।

सूचनाओं का दृश्य-प्रदर्शन

एक पुरानी चीनी कहावत है–'एक चित्र हजारों शब्दों के बराबर होता है।' वैज्ञानिक हमें जानकारी देते हैं कि मानव-मस्तिष्क 70 प्रतिशत सूचनाएँ आँखों से प्राप्त करता है। हमारी आँखें दृश्य या आकृति में निहित जानकारी को कहीं अधिक तेजी से ग्रहण करती हैं। अतः जब से कम्प्यूटर के साथ दृश्य-प्रदर्शन के साधन जुड़ गए हैं, तब से मानव और मशीन के बीच संचार-सम्बन्ध अधिक व्यापक हो गए हैं और कम्प्यूटर सर्वसाधारण के लिए उपयोगी बनने लगे हैं।

कम्प्यूटर तभी एक उपयोगी मशीन बनता है जब यह मनुष्य के साथ, बाह्य-जगत् के साथ, सूचनाओं का आदान-प्रदान करता है। जब तक इलेक्ट्रॉनिक कम्प्यूटर बाहर से सूचनाएँ और प्रोग्राम नहीं प्राप्त करता, तब तक यह गूंगा बना रहता है। अतः कम्प्यूटर के साथ संचार-सम्बन्ध स्थापित करने के लिए सबसे पहले इसमें सूचनाएँ भरना जरूरी है। परन्तु यह आसान काम नहीं है।

कुछ हद तक कम्प्यूटर की तुलना भट्ठी या चक्की के साथ की जा सकती है। भट्ठी का ढक्कन खोलकर इसमें कोयला झोंकने के बाद ही यह उपयोगी ऊर्जा उत्पन्न करती है। चक्की में अनाज डालने के बाद ही वह पीसना शुरू करती है। चक्की को पहले 'समझाना' होता है कि कौन-सा 'अनाज' उसमें डाला जा रहा है, और इस अनाज को उसे 'किस तरह' पीसना है–महीन आटा निकालना है, या दलिया, या और कुछ।

चूँकि मनुष्य और कम्प्यूटर की भाषाएँ जुदा-जुदा हैं, इसलिए सूचनाएँ सर्वप्रथम कम्प्यूटर की भाषा में रूपान्तरित करके उसमें भरी जाती हैं। आरम्भ में कम्प्यूटर में ये सूचनाएँ कुंजी-पटल के साधनों से भरी जाती थीं, और आज भी भरी जाती हैं। परन्तु टाइपराइटर की रफ्तार को हम सभी जानते हैं–एक

सेकंड में मुश्किल से पाँच-छह संकेत टंकित किए जा सकते हैं। दूसरी ओर, इलेक्ट्रॉनिक कम्प्यूटर एक सेकंड में कई लाख संकेतों (बिटों) की 'पिसाई' करने में समर्थ होता है।

इस समस्या का क्या समाधान है? मानव और कम्प्यूटर के बीच की गति-क्षमता के इस अन्तराल को किस तरह मिटाया जा सकता है?

पिछले करीब तीन दशकों में कम्प्यूटर में तेजी से सूचनाएँ भरनेवाले और कम्प्यूटर से तेजी से सूचनाएँ ग्रहण करनेवाले कई साधन विकसित किए गए हैं। ऐसे कुछ साधन हैं—मैग्नेटिक टेप सूचना--भंडार, इलेक्ट्रॉनिक कुंजी-पटल और तेजी से छपाई करनेवाली प्रिंटिंग मशीनें।

ऐसा ही एक काफी पुराना साधन है। पंच-कार्ड। पोस्टकार्ड के आकार के गत्ते पर एक निश्चित व्यवस्था के अनुसार छेद करके सूचनाएँ संचित की जा सकती हैं। आधुनिक इलेक्ट्रॉनिक कम्प्यूटर एक मिनट में ऐसे कई हजार पंच-कार्डों में संचित सूचनाएँ ग्रहण करने में समर्थ है। फिर भी इन पंच-कार्डों से आधुनिक कम्प्यूटर की ग्राह्य-क्षमता का पूर्ण इस्तेमाल नहीं हो सकता। पर पंच-कार्डों का आज भी काफी उपयोग होता है।

कल्पना कीजिए कि आप कम्प्यूटर में अंक और अक्षर नहीं, बल्कि आकृतियाँ, आरेख और रेखाचित्र भरना चाहते हैं। कैसे सम्भव है?

आरम्भ में आकृतियों की सूचनाएँ उनके अंकीय निर्देशांकों के रूप में कम्प्यूटर में भरी जाती थीं। इस व्यवस्था में काफी समय लगता था। लेकिन अब कम्प्यूटरों को आकृति की सूचनाएँ उसी प्रकार ग्रहण करना सिखाया गया है जिस प्रकार आदमी उन्हें ग्रहण करता है। इस व्यवस्था के लिए पिछले तीन दशकों में कई साधन अस्तित्व में आ गए हैं।

कम्प्यूटर-सूचनाओं के दृश्य-प्रदर्शन का सबसे प्रमुख साधन है—कैथोड-रे ट्यूब या इलेक्ट्रोन बीम ट्यूब, यानी टेलिविजन सेट का मानिटर। इस उपकरण से हम भली-भाँति परिचित हैं। न केवल टेलिविजन में, बल्कि अन्य अनेक इलेक्ट्रॉनिक साधनों में इसका इस्तेमाल होता है। टेलिविजन सेट में इस्तेमाल होनेवाले 'इलेक्ट्रॉन बीम ट्यूब' को काइनेस्कोप कहते है। कम्प्यूटरों की सूचनाओं के दृश्य-प्रदर्शन के लिए 'इलेक्ट्रॉन बीम ट्यूब' में कुछ अतिरिक्त व्यवस्थाएँ की जाती हैं।

जिस इलेक्ट्रॉन बीम ट्यूब के जरिए स्क्रीन पर अंक और अक्षर प्रदर्शित करने की व्यवस्था की जाती है, उसे कैरेक्ट्रॉन का नाम दिया गया है। कैरेक्ट्रॉन का

विकास 1941 में किया गया था, परन्तु इलेक्ट्रॉनिक कम्प्यूटर में इसका इस्तेमाल 1953 में ही हुआ।

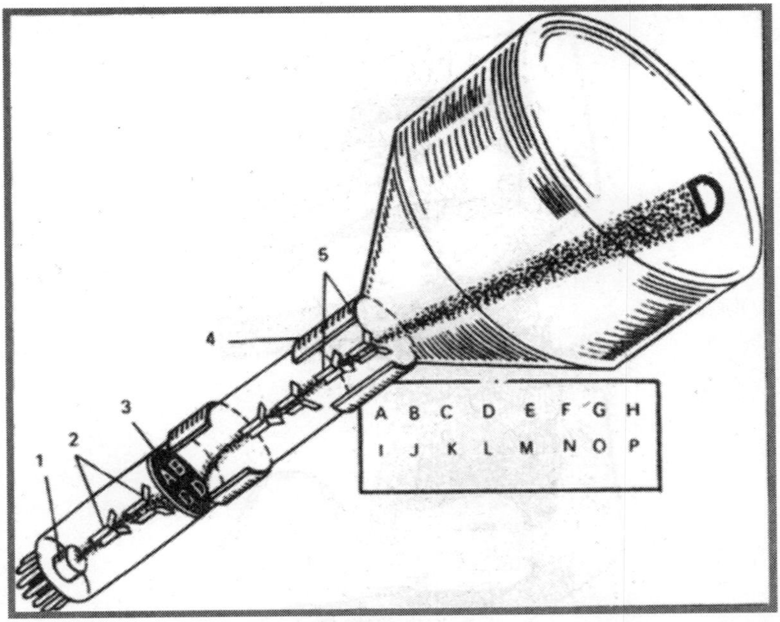

इलेक्ट्रॉन बीम ट्यूब–कैरेक्ट्रॉन

इस प्रकार टी.वी. स्क्रीन पर उभरा हुआ दृश्य एक सेकंड के अल्पांश समय तक ही टिका रह सकता है। लेखाचित्र को स्क्रीन पर सुस्थिर रखने के लिए अतिरिक्त व्यवस्था की जाती है। इसके लिए लेखाचित्र को स्क्रीन पर कम-से-कम प्रति सेकंड तीस बार लगातार प्रेषित किया जाता है। स्क्रीन पर उभरे लेखाचित्र को फिल्म पर उतारा जा सकता है, या बड़ी तेजी से प्रिंट भी किया जा सकता है।

दरअसल, कम्प्यूटरों में लेखाचित्र (ग्राफ) के दृश्य-प्रदर्शन में तीन प्रमुख साधनों का उपयोग होता है। इनमें से एक साधन है इलेक्ट्रोन बीम ट्यूब या टी.वी. मानिटर। दूसरा साधन है अंकीय स्मृति (डिजिटल मेमरी), जिसे फ्रेम बफर भी कहते हैं। इस फ्रेम के भीतर आकृति को दो अंकीय योजना में संचित

कर दिया जाता है। यह आयोजन पिक्सलों को एक चौखट में सजाकर किया जाता है।

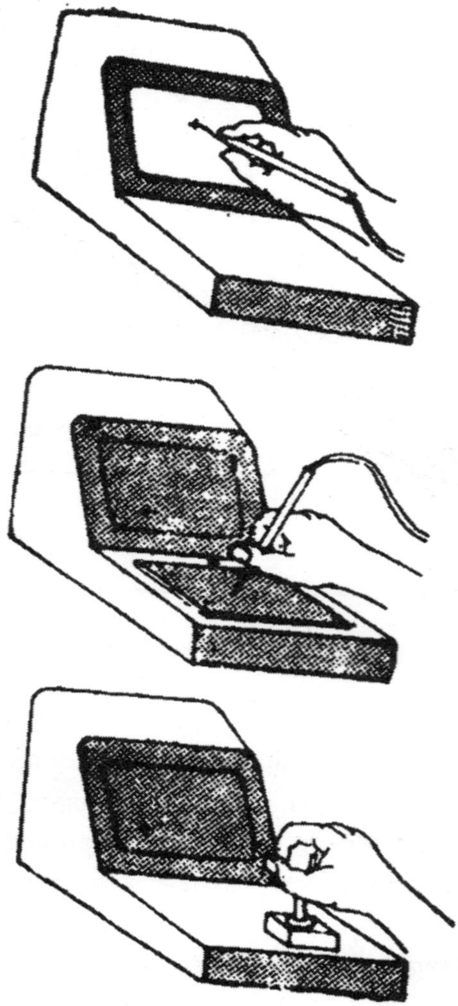

कम्प्यूटर लेखाचित्रों से सम्पर्क स्थापित करने के तीन साधन–
लाइट-पेन, इलेक्ट्रॉनिक पटल और खेल-दंड

कम्प्यूटर के दृश्य-प्रदर्शन का तीसरा प्रमुख साधन है, दृश्य-नियंत्रक (डिस्प्ले कन्ट्रोलर)। यही नियंत्रक एक-एक करके फ्रेम के पिक्सेल को तेजी से पढ़ता है और इसके 0 (शून्य) और 1 के संकेतों को दृश्य-संकेतों में बदलकर उन्हें टी.वी. मानिटर पर प्रदर्शित कर देता है। इसी नियंत्रक के जरिए लेखाचित्र को प्रति सेकंड 30 बार दोहरा कर स्क्रीन पर सुस्थिर रखा जाता है।

यहाँ हमने लेखाचित्रों के दृश्य-प्रदर्शन (वीडियो डिस्पले) की कुछ मोटी-मोटी बातों का जिक्र किया है लेकिन मनुष्य और कम्पयूटर के बीच सीधे लेखाचित्रीय संचार-सम्बन्ध स्थापित करने के भी कुछ दिलचस्प साधन अस्तित्व में आए हैं। इनमें एक साधन है 'लाइट पेन'। यह पेन के आकार की एक नलिका होती है, जिसमें प्रकाश को ग्रहण करने के लिए फोटोसेल स्थापित किया जाता है। स्क्रीन पर उभरे चित्र के किसी अंश के पास इस पेन को ले जाने पर यह उस स्थान को निर्धारित करता है। इस लाइट-पेन को स्क्रीन पर चलाकर रेखाएँ खींची जा सकती हैं, परन्तु इस व्यवस्था में तेज गति और सूक्ष्मता नहीं होती।

लाइट-पेन से बेहतर साधन है इलेक्ट्रॉनिक पटल। करीब डेढ़-दो मीटर तक लम्बे-चौड़े इस वर्गाकार या आयताकार पटल में ट्रांसड्यूसर स्थापित रहते हैं। इस पटल पर पेन के जरिए अंकित की गई आकृति हूबहू टी.वी. स्क्रीन पर उभर आती है। स्पष्ट है कि इस व्यवस्था में अनेक किस्म की आकृतियाँ स्क्रीन पर रेखांकित की जा सकती हैं।

और, कइयों ने देखा होगा कि वीडियो खेलों में किस प्रकार लगातार एक दंड घुमाकर या बटन दबाकर स्क्रीन पर आकृतियों को दौड़ाया जाता है, गेंद को मारा जाता है, गोलियों या प्रक्षेपास्त्रों को दागा जाता है।

कम्प्यूटर-जनित चित्रों के साथ सम्पर्क स्थापित करने के और भी कई साधन हैं।

दृश्य-प्रदर्शन ने कम्प्यूटर के उपयोग को बहुत व्यापक बना दिया है। इंजीनियरी के अनेक क्षेत्रों में कम्प्यूटर-ग्राफिक्स का इस्तेमाल हो रहा है। कम्प्यूटर-ग्राफिक्स के जरिए जटिल प्राकृतिक या गणितीय घटनाओं के प्रतिरूप (मॉडल) तैयार किए जाते हैं। रसायनज्ञ संश्लेषित किए जानेवाले अणु का चित्र कम्प्यूटर टी.वी. स्क्रीन पर तैयार कर सकता है। अब डिजाइनर भी इस इलेक्ट्रॉनिक व्यवस्था का इस्तेमाल करने लग गए हैं, और कम्प्यूटर-कलाकारों

की एक नई पीढ़ी अस्तित्व में आ रही है। विज्ञान-कथाओं पर आधारित कई फिल्मों में कम्प्यूटर-निर्मित दृश्यों का उपयोग किया गया है।

कम्प्यूटर-ग्राफिक्स का अब इतने क्षेत्रों में इस्तेमाल होने लगा है, कि सबकी गिनती करना सम्भव नहीं है। कम्प्यूटर के साथ दृश्य-प्रदर्शन के साधन जुड़ जाने से अब यह प्राथमिक कक्षाओं के विद्यार्थियों के लिए भी उपयोगी बन गया है, और स्कूलों में शिक्षा का एक महत्त्वपूर्ण साधन बन गया है।

ऑफिस कम्प्यूटर

जब कार्यालयों में कागज, कलम और छोटे डेस्कों का इस्तेमाल होता था, तब कर्णिक, कुलकर्णी, कायस्थ, मुन्शी या मुहर्रिर की क्या दशा रही होगी, इसका सहज अन्दाजा लगाया जा सकता है। बैठने से घुटनों में दर्द होता था, पीठ और गर्दन मुड़ जाती थी, कूबड़ निकल आता था और नजर कमजोर हो जाती थी (भग्न पृष्ठकटिग्रीवस्तब्धदृष्टिरधोमुखः)!

टाइपराइटर के आगमन के साथ ऑफिसों का नक्शा ही बदल गया। ऑफिसों में स्थापित होनेवाली यह पहली महत्त्वपूर्ण मशीन थी। हालाँकि एक अंग्रेज ने 1714 में पहली बार एक टाइपराइटर का पेटेंट लिया था, परन्तु वह मशीन किसी काम की नहीं थी। पहला उपयोगी टाइपराइटर अमेरिका में 1867 में बना। इसी का और अधिक विकास करके 1873 में पहली बार एक हजार 'रेमिंगटन' टाइपराइटर ऑफिसों को सप्लाई किए गए।

रेमिंगटन के प्रथम परिचय-पत्र में 'कलम का स्थान लेनेवाली इस मशीन' के बारे में जो बातें कहीं गई थीं, वे आज भी सही हैं–'कलम की तुलना में टाइपराइटर के लाभ हैं–सुपाठ्यता, तीव्रता, सहजता, मितव्ययिता...कलम के खराब होने का, नजर के कमजोर होने का, मेरुदंड के मुड़ जाने का कोई भय नहीं है...रेल या जहाज से यात्रा करते समय बड़े मजे में इस मशीन का इस्तेमाल हो सकता है।

लेकिन उस समय टाइपराइटर के आविष्कारक या निर्माता ने यह कल्पना नहीं की थी कि यह छोटी-सी मशीन नारी-मुक्ति का भी एक बहुत बड़ा साधन बन जाएगी। 1880 तक यूरोप के व्यापारी कार्यालयों में अपवाद रूप में ही कोई तरुणी या महिला काम करती होगी। आज यूरोप के कार्यालयों में काम करनेवाली महिलाओं की संख्या पुरुषों के तुल्य है। यह मुख्यतः टाइपराइटर का करिश्मा है। नारी की मुक्ति और उसके सामाजिक उत्थान के लिए दुनिया भर के नारी-मुक्ति संगठनों और आन्दोलनों ने जितना काम किया है, उससे कहीं अधिक काम टाइपराइटर ने किया है।

और, अब टाइपराइटर का स्थान कम्प्यूटर लेने जा रहा है। टाइपराइटर ने कलम को अनुपयोगी बना दिया था, किन्तु कागज को नहीं। अब ऑफिसों में इस्तेमाल होनेवाले कम्प्यूटर का लक्ष्य है—कागज को अनुपयोगी बनाना। टाइपराइटर की लड़ाई कलम से थी, कम्प्यूटर की लड़ाई कागज से है!

सौ साल पहले टाइपराइटर के आविष्कारक और निर्माता भले ही कल्पना न कर पाए हों कि यह मशीन नारी-मुक्ति का एक महान साधन बन सकती है, परन्तु आज के कम्प्यूटर-निर्माता इस इलेक्ट्रॉनिक मशीन के लिए एक महिला के महत्त्व को भली-भाँति जानते हैं। कम्प्यूटरों के ज्यादातर विज्ञापनों में आपको कुंजी-पटल के सामने एक खूबसूरत तरुणी अवश्य देखने को मिलेगी!

बहुतों के लिए यह एक दिलचस्प जानकारी होगी कि आज से करीब डेढ़ सौ साल पहले एक महिला ने ही पहली बार कम्प्यूटर-प्रोग्राम तैयार किया था। वह महिला थी लेडी एडा अगस्टा, कवि बायरन की बेटी! और यूरोप की पहली बाला-टाइपिस्ट थी काउंट लियो तालस्ताय की बेटी। 1885 में टाइपराइटर का इस्तेमाल करनेवाले तालस्ताय यूरोप के पहले लेखक थे। उनकी बेटी उनके पत्रों और उनकी रचनाओं को टाइप करती थी।

अभी हाल तक ऑफिस की दो मुख्य चीजें रही हैं—टेलीफोन और टाइपराइटर। अब विकसित देशों में इनके स्थान पर कम्प्यूटर और दूसरे इलेक्ट्रॉनिक साधन ऑफिसों में स्थापित होने लगे हैं, और धीरे-धीरे अब हमारे देश में भी। ऑफिस की स्वचालित व्यवस्था के लिए जिस कम्प्यूटर-योजना का इस्तेमाल होता है उसे वर्ड-प्रोसेसर (शब्द-संसाधक) का नाम दिया गया है। 1971 में माइक्रोप्रोसेसर का आविष्कार होने के बाद ही ऑफिसों के लिए और निजी इस्तेमाल के लिए कम्प्यूटर बनाना सम्भव हुआ। माइक्रोप्रोसेसर का अर्थ है सिलिकन के एक ही चिप्पड़ पर कम्प्यूटर की केन्द्रीय तार्किक इकाइयों को सूक्ष्म इलेक्ट्रॉनिक परिपथों के रूप में स्थापित कर देना। माइक्रोप्रोसेसर कम्प्यूटर का 'मस्तिष्क' है।

शब्द-संसाधक (वर्ड-प्रोसेसर) की प्रमुख इकाइयाँ हैं—1. टाइपराइटर के कुंजी-पटल के स्थान पर इलेक्ट्रॉनिक कुंजी पटल, 2. टाइप किए गए मैटर को दर्शानेवाला कैथोड-रे, ट्यूब या दृश्य-पटल, 3. नियोजित प्रोग्राम के अनुसार काम करनेवाली केन्द्रीय संसाधिक इकाई (सेन्ट्रल प्रोसेसिंग यूनिट), 4. पाठों और दस्तावेजों को संचित रखनेवाली डिस्क-भंडारण इकाई, और 5. पाठ को छापनेवाला विद्युत-यांत्रिक प्रिंटर।

ऑफिस कम्प्यूटर की इकाइयाँ

आमतौर पर पहली तीन इकाइयाँ एक ही कैबिनेट में स्थापित की जाती हैं, और शेष दो इसके दाएँ-बाएँ रखी जाती हैं।

पिछले कुछ वर्षों से ऑफिसों में इलेक्ट्रिक और इलेक्ट्रॉनिक टाइपराइटरों का इस्तेमाल हो रहा है। कम्प्यूटर का कुंजी-पटल काफी हद तक इलेक्ट्रॉनिक टाइपराइटर के अक्षराँकीय कुंजी-पटल जैसा होता है। कम्प्यूटर में मैटर संचित करने के लिए विविध प्रकार के कुंजी-पटल का इस्तेमाल होता है। कुछ कुंजी-पटल कार्ड की तरह पतले और हलके होते हैं, तो कुछ में पाँच या दस कुंजियों का ही उपयोग होता है। बिना कुंजी-पटल के भी मुद्रित पाठ को सीधे कम्प्यूटर में भरा जा सकता है—प्रकाश के जरिए पाठ को पढ़ने वाले एक साधन के द्वारा।

आज शब्द-संसाधक के साथ कई किस्म के टी.वी. दृश्य-पटल उपलब्ध हैं। सामान्य व्यवस्था में एक या दो अनुच्छेदों की 8 से 28 तक पंक्तियाँ स्क्रीन पर उभर आती हैं। इन्हें सम्पादित-संशोधित या पुनर्संयोजित करने में सुविधा होती है। अब ऐसे भी दृश्य-पटल बने हैं जिन पर एक पूरा पेज या कई पेज उभरकर आ सकते हैं।

आज के इलेक्ट्रॉनिक कम्प्यूटर की शक्ति का मूलाधार है माइक्रोप्रोसेसर। यह माइक्रोप्रोसेसर का ही जादू है कि एक शब्द-संसाधक अपने-आप में एक परिपूर्ण व्यवस्था है। इतना ही नहीं, इसे एक दर्जन से अधिक टर्मिनलों के साथ जोड़ा जा सकता है। इस प्रकार ऑफिस में स्थापित कम्प्यूटर एक साथ अनेक काम कर सकता है।

ऑफिस में इस्तेमाल होनेवाले कम्प्यूटरों में भंडारण व्यवस्था का बहुत महत्त्व है। कुंजी-पटल के जरिए जितनी भी जानकारी कम्प्यूटर में भरी जाती है, उसे चुम्बकीय टेपों (डिस्कों) में सुरक्षित रखा जा सकता है, और इच्छानुसार जब चाहे तब प्राप्त तथा प्रिंट किया जा सकता है। ऑफिसों में कम्प्यूटर स्थापित हो जाने के बाद फिर फाइलों के अम्बार लगाने की जरूरत नहीं रह जाती। टर्मिनल की चन्द कुंजियाँ दबाते ही केन्द्रीय भंडार की डिस्कों में संचित आवश्यक जानकारी दृश्य-पटल पर तत्काल उभर आती है। उसे इच्छानुसार उसी समय प्रिंट किया जा सकता है।

इधर के वर्षों में शब्द-संसाधक के साथ इस्तेमाल होनेवाले प्रिंटरों का बड़ी तेजी से विकास हुआ है। डैजी चक्र प्रिंटर एक मिनट में 550 शब्द प्रिंट करते हैं, और इस प्रकार इलेक्ट्रॉनिक टाइपराइटर की बराबरी करने में समर्थ हैं। मैट्रिक्स प्रिंटर इससे भी अधिक तेजी से काम करते हैं, लेकिल इनकी छपाई में बिन्दुओं का इस्तेमाल होने के कारण प्रिंट उतने साफ नहीं आते। छपाई के और कई नए साधन अस्तित्व में आए हैं। अब लेसर प्रिंटर भी उपलब्ध हो गए हैं।

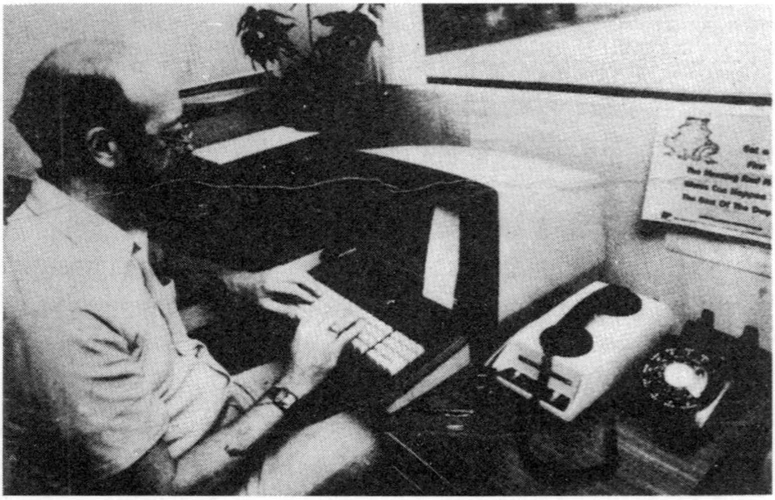

निजी कम्प्यूटर से घर बैठे ऑफिस का काम

टेलीफोन और इंटरकॉम की सुविधाओं के कारण बातचीत के लिए अब किसी के पास चलकर जाने की जरूरत नहीं रह गई है। अब कम्प्यूटर इन साधनों

का स्थान लेने जा रहे हैं। देश के प्रमुख नगरों में कम्प्यूटर प्रणाली का जाल स्थापित करके अनेक किस्म के उपयोगी संचार-सम्बन्ध स्थापित किए जा सकते हैं। हवाई-यात्रा के टिकट-रिजर्वेशन के लिए ऐसी व्यवस्था अब हमारे देश में भी अस्तित्व में आ गई है। पश्चिम के देशों में 'कम्प्यूटर-जाल' के जरिए इलेक्ट्रॉनिक डाक और बैंक-खातों से पैसों के स्थानान्तरण की व्यवस्थाएँ बड़ी तेजी से अस्तित्व में आ रही हैं। बड़ी कम्पनियों के व्यापार में कम्प्यूटरों के जाल की इस प्रणाली का और भी अधिक उपयोग है। अब हमारे देश में भी कम्प्यूटर-जाल (नेटवर्क) की व्यवस्थाएँ अस्तित्व में आ गई हैं।

ताजी जानकारी के अनुसार अमेरिका की जनरल मोटर्स कम्पनी ने अपने को एक कम्प्यूटर व्यवस्थावाली कम्पनी के साथ जोड़ लिया है। इस संयोजन का प्रयोजन है इक्कीसवीं सदी में एक सर्वोत्तम कार का उत्पादन और वितरण करना। परिकल्पना—कार खरीदने के इरादे से एक ग्राहक कम्पनी के शो-रूम में पहुँचता है। वहाँ वह एक कम्प्यूटर के सामने पहुँचता है और जैसी कार उसे चाहिए (कार का रंग, आकार, टायर, कंट्रोल, सीट, अतिरिक्त चीजें) उसके अनुसार वह उसमें सूचनाएँ भर देता है। इस बीच शो-रूम का व्यवस्थापक उस ग्राहक के क्रेडिट कार्ड, इंश्योरेन्स आदि के बारे में कम्प्यूटर के जरिए जानकारी हासिल कर लेता है। ग्राहक जब शो-रूम से जाने को होता है, तो व्यवस्थापक उसे बता देता है कि कार किस दिन उसके पास पहुँच जाएगी।

ग्राहक द्वारा शो-रूम के कम्प्यूटर में भरी हुई सूचनाएँ स्वयमेव उन हजारों उत्पादकों के पास पहुँच जाती हैं जो जनरल मोटर्स के लिए पार्ट्स बनाते हैं। आर्डर मिलने पर ही ये पार्ट बनते हैं, पहले नहीं। फिर जनरल मोटर्स के कारखाने में रोबोट इन पार्टों को स्वयमेव जोड़ते जाते हैं—कम्प्यूटर द्वारा प्राप्त सूचनाओं के अनुसार। इस प्रकार, केवल एक सप्ताह में कार बनकर तैयार हो जाती है, और निश्चित समय पर ग्राहक के पास पहुँच जाती है।

फोटो-कम्पोजिंग

लकड़ी की तख्ती पर अक्षर उकेर कर उसके ठप्पे से छपाई करने का आविष्कार चीन में करीब ढेड़ हजार साल पहले हुआ था। फिर ग्यारहवीं सदी में चीनी कारीगर **पी. शङ्.** ने पहली बार मिट्टी के टाइप बनाए। धातु के टाइप पहली बार चौदहवीं सदी में कोरिया में बने। यूरोप में धातु के टाइपों से छपाई की शुरुआत 15वीं सदी में हुई। मुद्रण के क्षेत्र की इस प्रथम क्रान्ति का श्रेय **जेहान गुटेनबर्ग** (1394-1468) को दिया जाता है।

हमारे देश में छापाखाने का प्रवेश पोर्तुगीजों के जरिए हुआ। 16वीं सदी में ईसाई मिशनरी गोवा में छापाखाना स्थापित कर चुके थे। ईसाई मिशनरियों ने बाइबल की मुद्रित प्रति बादशाह **अकबर** को भी भेंट की थी। लेकिन अकबर ने छापेखाने में कोई दिलचस्पी नहीं दिखाई। उन्हें चित्रांकन के स्तर पर पहुँची हुई अरबी-फारसी की सुन्दर लिखावट ही अधिक पसन्द थी। एक समर्थ शासक ज्ञान-विज्ञान के प्रसार में मुद्रण के महत्त्व को समझ नहीं पाया, इसलिए देश में छापाखाने स्थापित होने में दो सदियों की देर हो गई। भारत में सही माने में छपाई की शुरुआत पिछली सदी के आरम्भ में ही हुई है।

पिछली सदी के अन्तिम दशकों में मशीन से एक-एक अक्षर के धातु के टाइप (मोनोटाइप) या पूरी पंक्ति (लाइनोटाइप) को ढालने का आविष्कार हुआ। प्रकाशकों ने इन मशीनों का बड़े उत्साह से स्वागत किया। प्रसिद्ध लेखक-सम्पादक-प्रकाशक-मुद्रक **मार्क ट्वेन** ने आरम्भिक दौर की एक लाइनो मशीन खरीदने के बाद लिखा था–'यह मशीन छह आदमियों का काम सँभाल सकती है, और खाने-पीने तथा हड़ताल पर जाने के अलावा सब कुछ कर सकती है।' हालाँकि बाद में प्रकाशकों का ऐसा अनुभव नहीं रहा, फिर भी इन लाइनों मशीनों का खूब प्रसार हुआ, और अभी हाल तक मुद्रण के क्षेत्र में इन्हीं का अधिक बोलबाला रहा।

फिर वह समय भी आया जब छपाई के लिए उभरे हुए टाइपों की आवश्यकता नहीं रह गई। छपाई में सपाट प्लेटों का इस्तेमाल होने लगा। प्लेट

को छायांकन की विधि से इस प्रकार तैयार किया जाता है कि जहाँ अक्षर होते हैं वहाँ तो स्याही लग जाती है, परन्तु इसके खाली स्थान छपाई के दौरान सफेद रह जाते हैं। इस प्रकार मुद्रण की आफसेट प्रणाली शुरू हुई। ये प्लेटें रोटरी मशीन में स्थापित हुईं, तो मुद्रण को तेज रफ्तार मिली।

फोटोग्राफी का इस्तेमाल करके प्लेट तैयार करने पर जो छपाई होती थी उसका नाम **लिथोग्राफी** था। फिर सोचा गया–क्या खास किस्म के कागज का इस्तेमाल करके प्रकाश के जरिए उस पर अक्षर अंकित करना सम्भव नहीं है? इसी प्रयास ने **फोटो-कम्पोजिंग** को जन्म दिया। **फोटो** का अर्थ है 'प्रकाश'। फोटो-कम्पोजिंग का अर्थ है–प्रकाश से अक्षर या चिन्ह स्थापित करना।

कोई साठ साल पहले की आरम्भिक दौर की फोटो-कम्पोजिंग मशीनें कुंजी-पटल या कागज पर पंच की गई सूचनाओं से प्रकाश-पुंज के जरिए अक्षरों का सृजन करती थीं। अब फोटो-कम्पोजिंग के साथ कम्प्यूटर प्रणाली जुड़ गई है।

आजकल फोटो-कम्पोजिंग में जिन कम्प्यूटरों का उपयोग होता है वे विशिष्ट प्रकार के **शब्द संसाधक** (वर्ड प्रोसेसर) हैं। इसके कुंजी-पटल पर जो पाठ टंकित किया जाता है, वह उसी समय सामने के स्क्रीन पर उभरता जाता है। पाठ के साथ ही अक्षरों के आकार-प्रकार, पंक्तियों की लम्बाई, पंक्तियों के बीच के अन्तर, आदि से सम्बन्धित सांकेतिक सूचनाएँ भी कम्प्यूटर की 'स्मृति' में संचित कर दी जाती हैं। कम्प्यूटर का संचालक (आपरेटर) इस समूचे विवरण को सामने के स्क्रीन पर अपनी आँखों से देख सकता है।

कम्प्यूटर में सूचनाओं सहित जो पाठ भरा जाता है, वह ग्रामोफोन के छोटे रिकार्ड के आकार की चुम्बकीय चकती (मैग्नेटिक डिस्क) पर अंकित हो जाता है। इन चकतियों को **फ्लापी डिस्क** कहते हैं। एक दैनिक समाचार-पत्र के प्रतिदिन के समूचे मैटर को संचित करने के लिए एक डिस्क पर्याप्त है।

कम्प्यूटर में भरे गए पाठ के प्रूफ निकालने के लिए इसके साथ एक छोटी इलेक्ट्रॉनिक प्रिंटिंग मशीन की व्यवस्था रहती है। यह मशीन कम्प्यूटर में संचित पाठ को एक खास आकार-प्रकार के कागज पर पंक्ति-दर-पंक्ति तेजी से छाप देती है। रोमन अक्षरों के प्रिंटर पंक्तियों को **सर्प-लेखन** (बाउस्ट्रोफीडन) विधि से, यानी एक पंक्ति को बाएँ से दाएँ तो दूसरी पंक्ति को दाएँ से बाएँ, तेजी से छापते हैं।

देवनागरी के प्रिंटरों में केवल एक दिशा में, बाएँ से दाएँ आगे बढ़ते हुए, अक्षर छापे जाते हैं। देवनागरी की पूरी पंक्ति छापने के लिए, प्रिंटर को दो चक्कर

लगाने पड़ते हैं–एक बार मात्राओं के लिए, दूसरी बार नीचे के अक्षरों के लिए। इसलिए देवनागरी प्रिंटर कुछ धीमी रफ्तार से काम करते हैं।

संशोधित पाठ के अनुरूप कम्प्यूटर में भरे गए पाठ को दुरुस्त करने के लिए इसे पुनः स्क्रीन पर लाया जाता है, और कुंजी-पटल का इस्तेमाल करके एक-एक गलत अक्षर को मिटा कर उसके स्थान पर नया अक्षर अंकित कर दिया जाता है। कम्प्यूटर में भरे गए पाठ को संशोधित करने में काफी समय लगता है। इसलिए यदि शुरू में ही पाठ की साफ-सुथरी टंकित प्रति मिल जाए और उसके कम्पोजिंग के बारे में दी गई सूचनाएँ स्पष्ट हों, तो प्रूफ की गलतियाँ कम होती हैं और समय की भी बचत होती है।

इस प्रकार अन्ततः संशोधित पाठ जब फ्लापी डिस्क पर अंकित हो जाता है, तो उसे **टाइप-सैटर** मशीन में रख दिया जाता है। यह टाइप-सैटर मशीन ही फोटो-कम्पोजिंग प्रणाली की मुख्य चीज है। फ्लापी डिस्क पर चुम्बकीय संकेतों में संचित पाठ को यह मशीन एक ऐसी संकेत-प्रणाली में बदल देती है, जिसके अनुसार सूक्ष्म प्रकाश-पुंज को समुचित गति और दिशा मिलती है, और बड़ी तेजी से अक्षर फिल्म पर अंकित हो जाते हैं।

इस प्रकार जो फिल्म तैयार होती है उसे डेवलप करके उसके ब्रोमाइड तैयार करने में अब ज्यादा समय नहीं लगता। इस काम के लिए एक स्वतंत्र इलेक्ट्रॉनिक मशीन होती है। यह मशीन फिल्म को डेवलप करके जल्दी ही उसके ब्रोमाइड प्रस्तुत कर देती है।

ब्रोमाइड तैयार हो जाने पर उनसे पेज बनाए जाते हैं, और फिर उनकी प्लेटें बनती हैं। मशीन पर चढ़ाने के बाद उससे छपाई होती है।

इस प्रकार, हम देखते हैं कि पाठ के तैयार हो जाने के बाद उसकी प्लेटें बन जाने तक के सारे काम अब स्वचालित मशीनों से होते हैं। लाइनो-आपरेटर बड़े मजे से कम्प्यूटर के कुंजी-पटल को सँभाल सकता है। पहले वह पिघलती गर्म धातु से टाइप सैट करनेवाली मशीन के सामने बैठता था; लेकिन अब धूल-रहित वातानुकूलित कक्ष में बैठता है। फोटो-कम्पोजिंग के कारण फिलहाल हमारे देश में बेरोजगारी की कोई बड़ी समस्या पैदा नहीं हुई है।

लेकिन भविष्य चिन्ताजनक है। पाश्चात्य देशों में लेखकों और सम्पादकों के लिए कम्प्यूटर उपलब्ध हो गए हैं। वे स्वयं उसमें पाठ भरते हैं और स्वयं ही उसका संशोधन करते है। यदि सम्पादित पाठ कम्प्यूटर के स्मृति-भंडार में पहले से संचित हों, तो बटन दबाने पर थोड़ी ही देर में ब्रोमाइड के रूप में वह उपलब्ध हो जाता

है। अखबार का पूरा पेज भी कम्प्यूटर पर तैयार हो सकता है, और केवल एक बटन दबाने पर उसके ब्रोमाइड प्राप्त हो सकते हैं। बीच के सारे काम मशीनों से स्वयमेव सम्पन्न होंगे।

अब **लेसर** तकनीक से प्लेटें भी स्वयमेव और जल्दी बनने लगी हैं। अत्यधिक तेज गतिवाले नए प्रिंटर भी विकसित किए जा रहे हैं। अतः वह दिन भी अब बहुत दूर नहीं है जब सम्पादकीय कक्ष में ही मुद्रण की सम्पूर्ण योजना तैयार हो जाएगी और एक बटन दबाने के बाद दूसरी ओर छपी हुई चीज उपलब्ध हो जाएगी। निश्चय ही बहुतों के लिए वह भयावह बेरोजगारी का दिन सिद्ध होगा।

उपग्रह संचार-व्यवस्था का उपयोग करके अब पत्र-पत्रिकाओं के एक नगर के संस्करण लगभग उसी समय हजारों किलोमीटर दूर के नगरों में छपने लग गए हैं। **आर्थर सी. क्लार्क** ने उस दिन की भी कल्पना की है जब केन्द्रीय कम्प्यूटरों में संचित पाठ या समाचार हमें बटन दबाते ही घर की दीवार पर टंगे टी.वी. स्क्रीन पर उपलब्ध हो जाएँगे। अब संचित पाठ या समाचार हमें बटन दबाते ही घर की दीवार पर टँगे टी.वी. स्क्रीन पर उपलब्ध हो रहे हैं।

इलेक्ट्रॉनिक वोटिंग मशीन

मतदान की प्रथा नया आविष्कार नहीं है। बौद्ध संघ और शाक्य तथा लिच्छवि–जैसे गणराज्यों में मताधिकार की बाकायदा व्यवस्था थी। मत, इच्छा या सम्पत्ति के अर्थ में छन्द शब्द का प्रयोग होता था। छन्द-दान के लिए रंगीन शलाकाओं का इस्तेमाल होता था। बौद्ध ग्रन्थों में छन्द-दान के अनेक उल्लेख मिलते हैं। श्रीलंका में 'वोट' के अर्थ में यह छन्द शब्द आज भी जीवित है।

अब छन्द-शलाका के स्थान पर कागज के मतपत्र का प्रयोग होता है। यह मतपत्र अब कितना बड़ा हो गया है, देशव्यापी चुनावों में कितना कागज खर्च होता है, और कागज के मतपत्रों में कितने झमेले हैं, इसे हम सभी भली-भाँति जानते हैं। चुनावों में इलेक्ट्रॉनिक वोटिंग मशीन का प्रयोग इन सारे झमेलों को खत्म कर सकता है। ऑफिसों में स्थापित कम्प्यूटरों के 'स्मृति-भंडार' फाइलों के ढेरों को समाप्त कर सकते हैं, और इलेक्ट्रॉनिक वोटिंग मशीनों के नन्हे सिलिकन चिप्पड़ कागज के मतपत्रों को छन्द-शलाकाओं की तरह, अतीत की एक चीज बना दे सकते हैं। हमारा निर्वाचन आयोग चुनावों में इस मशीन के प्रयोग की पुरजोर पैरवी करता है, तो इसमें आश्चर्य की कोई बात नहीं है।

लेकिन निर्वाचन आयोग देश के सर्वोच्च न्यायालय में इस लाभकारी मशीन की पहली लड़ाई हार चुका था। संविधान के सिर्फ कुछ शब्दों पर आधारित इस लड़ाई का किस्सा बड़ा ही दिलचस्प है। बड़े प्रयास से देश में ही इस इलेक्ट्रॉनिक वोटिंग मशीन को तैयार किया गया, तो 1982 में देश के 11 चुनाव-क्षेत्रों में इसका प्रयोग करने का निर्वाचन आयोग ने निर्णय लिया। इनमें एक था केरल में एर्नाकुलम् के समीप का परूर निर्वाचन-क्षेत्र। चुनाव के पहले यहाँ से खड़े उम्मीदवार ने मतपत्र और मतपेटी के स्थान पर इलेक्ट्रॉनिक वोटिंग मशीन की व्यवस्था को केरल उच्च न्यायालय में चुनौती दे दी।

केरल उच्च न्यायालय ने निर्वाचन आयोग के पक्ष में निर्णय दिया। चुनाव सम्पन्न हुआ। मजे की बात यह है कि जिस उम्मीदवार ने वोटिंग मशीन के प्रयोग

को उच्च न्यायालय में चुनौती दी थी, चुनाव में उसी की विजय हुई! लगा कि अब वोटिंग मशीन के देशव्यापी प्रयोग के लिए मार्ग प्रशस्त हो गया है।

लेकिन ऐसा नहीं हुआ। अब हारे हुए उम्मीदवार ने केरल उच्च न्यायालय में याचिका दायर की, कि चुनाव अवैध घोषित किया जाए, क्योंकि मतदान में इलेक्ट्रॉनिक वोटिंग मशीन का प्रयोग "केन्द्र सरकार द्वारा बनाए गए संवैधानिक नियमों के विरुद्ध है।" केरल उच्च न्यायालय ने पुनः निर्वाचन आयोग के पक्ष में निर्णय दिया।

फिर भी मामला वहीं खत्म नहीं हुआ। इस फैसले के खिलाफ सर्वोच्च न्यायालय में याचिका दायर की गई। तीन न्यायाधीशों की एक खंडपीठ ने याचिका पर विचार करके 5 मार्च, 1974 में निर्वाचन आयोग के विरुद्ध निर्णय दिया, और परूर का चुनाव अवैध घोषित कर दिया। सर्वोच्च न्यायालय के मतानुसार, मतदान की प्रणाली में परिवर्तन करके निर्वाचन आयोग ने संविधान की धाराओं का उल्लंघन किया है। केवल संसद को ही ऐसे परिवर्तन या संशोधन का अधिकार है, निर्वाचन आयोग को नहीं। निर्वाचन आयोग का यह तर्क कि, समय के तकाजे के अनुसार इलेक्ट्रॉनिक वोटिंग मशीन का प्रयोग एक साधारण पुरोगामी परिवर्तन है, और इसके अनेकानेक लाभ हैं, संविधान के संरक्षक न्यायमूर्तियों को प्रभावित नहीं कर सका। वैधानिक शब्दों के शास्त्रार्थ में इलेक्ट्रॉनिक वोटिंग मशीन हार गई।

लेकिन अन्ततः दिसम्बर 1988 में संसद ने इलेक्ट्रॉनिक वोटिंग मशीन के उपयोग को स्वीकृति दे ही दी।

आइए, हम देखें कि यह इलेक्ट्रॉनिक मशीन क्या है, और कैसे काम करती है। इस मशीन के दो हिस्से हैं—**मतदान इकाई** और **नियन्त्रण इकाई**। मतदान इकाई एक आयताकार पेटी है, जिसके दृश्य-पटल पर 12 बटन स्थापित हैं। ये बटन पटल पर दर्शाए गए उम्मीदवारों के चिन्हों के द्योतक बनते हैं। उम्मीदवार यदि 12 से अधिक हों तो, अतिरिक्त मतदान इकाई की व्यवस्था की जा सकती है, और यदि 12 से कम उम्मीदवार हों, तो अतिरिक्त बटनों को निष्क्रिय बनाया जा सकता है।

इस मतदान-पेटी को एक तार के जरिए नियंत्रण-पेटी के साथ जोड़ा जाता है। मतदान-पेटी का इच्छित बटन दबाते ही इस नियंत्रण-पेटी की 'स्मृति' में वोट दर्ज हो जाता है, और तत्काल मशीन में स्वयमेव 'ताला' लग जाता है। इस प्रकार एक समय में केवल एक ही बटन दबाया जा सकता है। यदि कोई मतदाता दूसरा

बटन दबाता भी है, तो वह दर्ज नहीं होता। मतदाता के 'बूथ' से चले जाने के बाद अधिकारी जब नियंत्रण-पेटी का स्विच दबाता है, तभी जाकर मतदान-पेटी का 'ताला' खुलता है और वह दूसरे मतदाता के वोट को दर्ज करने के लिए तैयार होती है।

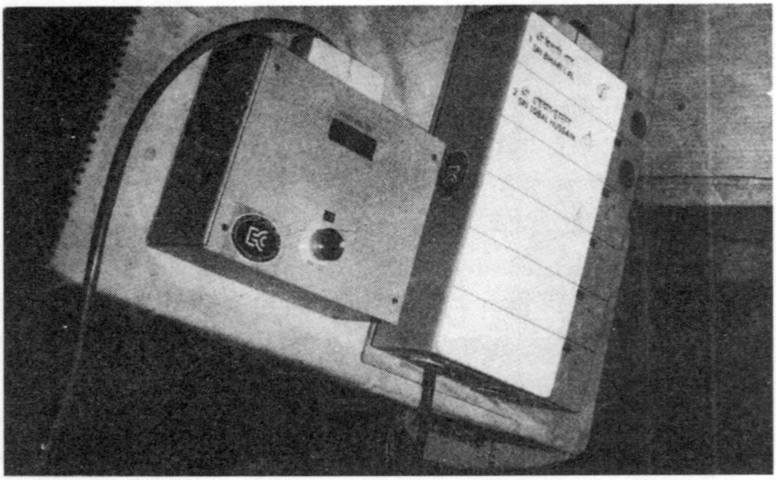

इलेक्ट्रॉनिक वोटिंग मशीन

नियंत्रण-पेटी के स्मृति-भंडार में मतदान से सम्बन्धित सारे आँकड़े संचित हो जाते हैं। मतदान के दौरान किसी भी समय डाले गए कुल वोटों की या प्रत्येक उम्मीदवार द्वारा प्राप्त कुल वाटों की जानकारी नियंत्रण-पेटी से प्रदर्शित की जा सकती है। सबसे बड़ी बात यह है कि इस व्यवस्था में एक भी वोट खारिज नहीं जाता। 1984 के चुनावों में भारी संख्या में वोट खारिज हुए थे। कई चुनाव-क्षेत्रों में ऐसा भी हुआ है कि जितने वोटों से कोई उम्मीदवार हारा या जीता है, उससे कहीं अधिक वोट वहाँ खारिज हुए हैं। इलेक्ट्रॉनिक वोटिंग मशीन मताधिकार के इस अपव्यय को सदा के लिए समाप्त कर देती है।

इस इलेक्ट्रॉनिक वोटिंग मशीन के और भी कई लाभ हैं। इस मशीन के जरिए वोट दर्ज, करने में बड़ी सुविधा है। मतदान तेजी से सम्पन्न होता है, और मत-गणना में भी कोई गलती नहीं होती। मौजूदा व्यवस्था में मत-गणना की

गड़बड़ियों के कारण जो अनेक मामले अदालतों में जाते हैं, उनसे मुक्ति मिल जाती है।

इलेक्ट्रॉनिक वोटिंग मशीन को लागू करने पर मतदान-केन्द्रों में कम लोगों की जरूरत पड़ेगी। हजारो शिक्षकों को इस झमेले से छुट्टी मिल जाएगी, और विद्यार्थियों की पढ़ाई का नुकसान नहीं होता। और, भारी मतपेटियों को ढोने का झमेला भी खत्म हो जाता है।

सबसे बड़ा लाभ होगा—कागज की बचत। मतपत्र अब अधिकाधिक बड़े होते जा रहे हैं। कागज का बेशुमार खर्च तो है ही, इन्हें छापने और इनका इस्तेमाल करने में भी अनेक कठिनाइयाँ हैं। इलेक्ट्रॉनिक वोटिंग मशीन इन्हें सहज ही दूर कर सकती है। एक अनुमान के अनुसार, इलेक्ट्रॉनिक वोटिंग मशीनों को लागू करने से एक बार के देशव्यापी चुनावों में करीब 50 करोड़ की बचत हो सकती है। निर्वाचन आयोग चुनावों में इस क्रान्तिकारी इलेक्ट्रॉनिक साधन के प्रयोग का पुरजोर समर्थक है, तो इसमें आश्चर्य की कोई बात नहीं है।

निर्वाचन आयोग ने इलेक्ट्रॉनिक वोटिंग मशीन के उपयोग की योजना 1978 में तैयार की थी। भारत इलेक्ट्रॉनिक्स लिमिटेड, बंगलौर ने इस मशीन का डिजाइन तैयार करके 1982 में इसे तैयार कर लिया था। एक मशीन की कीमत करीब 400 रुपए है। निर्वाचन आयोग ने अपने प्रथम प्रयोग के लिए ऐसी 600 मशीनें प्राप्त कीं और विधानसभा के नौ चुनाव क्षेत्रों में और दिल्ली महानगर-परिषद के दो चुनाव-क्षेत्रों में इसका सफल प्रयोग किया था।

इलेक्ट्रॉनिक वोटिंग मशीन बैटरी से चलती है और इसमें स्थापित सिलिकन चिप्पड़ को बिना बदले, यह पचास साल तक उपयोग में लाई जा सकती है। भारत में बनी इस वोटिंग मशीन की दूसरे कई देशों ने भी माँग की है।

कम्प्यूटर नेटवर्क

वे दिन लद चुके हैं जब कम्प्यूटर को वातानुकूलित कक्ष में स्थापित एकाकी मूक मशीन समझा जाता था। कम्प्यूटर अब दूर-दूर के अपने कम्प्यूटर-बन्धुओं से 'बातचीत' कर सकता है, संचार-सम्बन्ध स्थापित कर सकता है। व्यापारीय सम्बन्धों, विमान तथा होटल आरक्षण, बैंकों में निधियों के स्थानान्तरण आदि के लिए कम्प्यूटर संचार-जाल की व्यवस्थाएँ अब अस्तित्व में आ गई हैं। वह दिन भी अब बहुत दूर नहीं, जब मानव-समाज के अधिकांश व्यापारों को देशव्यापी तथा विश्वव्यापी कम्प्यूटर-नेटवर्क सँभाल रहे हैं।

ब्रह्मांड-किरणों के अध्ययन के लिए बनाए गए भारतीय वैज्ञानिकों के 'अनुराधा' उपकरण ने अमेरिकी अन्तरिक्ष-शटल में सात दिन तक अन्तरिक्ष की यात्रा की थी। अनुराधा के प्रयोग के संचालन के लिए अन्तरिक्ष-शटल में एक कम्प्यूटर स्थापित किया गया था। पृथ्वी-परिक्रमा के दौरान इस कम्प्यूटर द्वारा प्रेषित विवरण संचार-उपग्रहों और भू-केन्द्रों के एक जटिल जाल (नेटवर्क) के सहयोग से अमेरिका के ह्यूस्टन अन्तरिक्ष-केन्द्र के विश्लेषण करनेवाले कम्प्यूटरों तक पहुँचता था। अन्तरिक्ष संचार-सम्बन्धों के लिए कम्प्यूटर-जाल की ऐसी विश्वव्यापी व्यवस्थाएँ अब अस्तित्व में आ गई हैं।

भारत में भी हवाई-यात्रा के आरक्षण के लिए कम्प्यूटर-जाल की एक व्यवस्था चालू हो गई है। इस व्यवस्था का केन्द्रीय-कम्प्यूटर-नियंत्रण केन्द्र दिल्ली में पालम के पास है। आरम्भ में दिल्ली, बम्बई, मद्रास, बंगलौर, कलकत्ता और हैदराबाद के प्रमुख केन्द्रों को कम्प्यूटरों के इस जाल से जोड़ा गया था। अब गोवा, पुणे, त्रिवेन्द्रम, कोचीन, श्रीनगर, जयपुर, गुवाहाटी और अहमदाबाद के केन्द्र भी इस जाल के साथ जुड़ गए हैं। इन केन्द्रों से कम्प्यूटर के जरिए इंडियन एयरलाइन्स की आरक्षण-सम्बन्धी स्थितियों के बारे में तत्काल जानकारी मिल जाती है।

इन विभिन्न केन्द्रों में स्थापित कम्प्यूटर इन्सेट उपग्रह और माइक्रोवेव संचार-व्यवस्था के जरिए एक-दूसरे के साथ जुड़ते हैं। इन केन्द्रों के कम्प्यूटरों के

साथ जुड़ने के लिए इंडियन एयरलाइन्स के स्थानीय कार्यालयों में कम्प्यूटर-टर्मिनल स्थापित किए गए हैं। मिसाल के लिए, एयरलाइन्स के नई दिल्ली के बाराखम्बा रोड स्थित कार्यालय में कई टर्मिनल स्थापित किए गए हैं। जिन केंद्रों में फिलहाल कम्प्यूटर-जाल की व्यवस्था नहीं है, उन्हें स्वचालित टेलिप्रिंटर संचार-सम्बन्धों से इस जाल के साथ जोड़ा गया है।

कम्प्यूटर-जाल व्यवस्था की अभी यह शुरुआत ही है। आगे जाकर जीवन के अनेक क्षेत्रों में इस व्यवस्था का विस्तार होगा। कम्प्यूटर-जाल की व्यवस्था के जरिए देहात का एक विद्यार्थी भी अपने घर में बैठकर विश्वविद्यालय की शिक्षा प्राप्त कर सकता है। दुनिया के धनी देशों में कम्प्यूटर-जाल के जरिए एक बैंक का पैसा दूसरे बैंक में तत्काल स्थानान्तरित कर देने की व्यवस्थाएँ अस्तित्व में आ गई हैं। बैंकों में निधियों के स्थानान्तरण की 'स्विफ्ट' (द सोयायटी फॉर वर्डवाइड इन्टर बैंक फाइनेंशियल टेलिकम्यूनिकेशन) नामक एक विश्वव्यापी व्यवस्था पिछले करीब तीन दशक से काम कर रही है। दोनों अमेरिकी महाद्वीप, इंग्लैंड, पश्चिमी यूरोप, जापान और हाँगकांग के 600 से अधिक बैंक इस व्यवस्था के सदस्य हैं। हमारे देश के राष्ट्रीयकृत बैकों के लिए भी कम्प्यूटर-जाल की ऐसी एक व्यवस्था अस्तित्व में आ गई है।

कम्प्यूटर-जाल व्यवस्था के जरिए एक शहर की डाक दूसरे शहर में भेजी जा सकती है। फिर एक दिन वह भी आएगा जब हम अपने निजी कम्प्यूटर के स्क्रीन पर समाचार-पत्र भी प्राप्त कर रहे होंगे। निजी कम्प्यूटरों का इस्तेमाल करके कम्प्यूटर-जाल की व्यवस्था के जरिए दिल्ली का कोई खिलाड़ी मद्रास के किसी खिलाड़ी के साथ शतरंज का खेल भी खेल सकेगा।

लेकिन कम्प्यूटर-जाल का सर्वाधिक उपयोग व्यापारीय सम्बन्धों के लिए होगा। बड़ी कम्पनियाँ विभिन्न नगरों के अपने कार्यालयों को कम्प्यूटर-जाल से जोड़ चुकी हैं। कम्प्यूटर-जाल के जरिए दूर-दूर के नगरों को अपने ऑफिसों में बैठकर ही मीटिंगें आयोजित करने के प्रयोग हो रहे हैं। कम्प्यूटर-प्रणाली टाइपराइटर और टेलीफोन, दोनों के काम सँभाल रही हैं।

अब हमारे देश में भी सूचनाओं के संचार-सम्बन्धों के लिए 'इन्डोनेट' नामक कम्प्यूटर-जाल व्यवस्था अस्तित्व में आ गई है। इसके तहत देश के पाँच नगरों–दिल्ली, बम्बई, मद्रास, हैदराबाद और कलकत्ता–में बड़े कम्प्यूटर स्थापित किए गए हैं। तब इन नगरों के विभिन्न स्थानों के टर्मिनलों से इन पाँचों बड़े कम्प्यूटरों के साथ सम्पर्क स्थापित करके सूचनाओं का आदान-प्रदान करना

सम्भव हो गया है। पुणे और बंगलौर भी कम्प्यूटर-जाल की इस प्रणाली के साथ जुड़ गया है।

कम्प्यूटर-जाल दूरसंचार-सम्बन्धों की व्यवस्था है। इस व्यवस्था के चार घटक हैं–प्रेषक, सूचनाएँ, संचार का माध्यम और ग्राही। जाल की ऐसी व्यवस्था में सूचनाएँ भेजने और प्राप्त करनेवाले साधनों के अन्तर्गत, कम्प्यूटर, टर्मिनलों, प्रिंटरों आदि का समावेश होता है। सूचनाओं को स्थानान्तरित करनेवाले माध्यम हैं–टेलीफोन, तार, कोएक्सियल केबल, माइक्रोवेव लिंक, संचार-उपग्रह आदि। इस व्यवस्था में सूचनाएँ एक स्थान से सीधे दूसरे स्थान नहीं पहुँचाई जातीं, बल्कि मध्यान्तर के कई स्विचिंग जोड़ (नोड) पार करके पहुँचती हैं। इस स्विचिंग के लिए तीन प्रकार की प्रणालियाँ हैं।

कम्प्यूटर नेटवर्क

कम्प्यूटर सूचनाओं को बड़ी तेजी से संसाधित करता है। यह प्रति सेकंड करीब 10 करोड़ बिट सूचनाओं को सँभालता है। तुलना में टर्मिनल या स्थानान्तर के माध्यम प्रति सेकंड 10 हजार से 10 लाख बिट सूचनाओं को सँभालने में ही समर्थ हैं। रफ्तारों के इस अन्तर को सँभालने के लिए स्थानान्तर के माध्यम में सूचनाओं के संचय के लिए जोड़-स्थल स्थापित करना आवश्यक हो जाता है।

कम्प्यूटर-टर्मिनलों की अपनी अलग-अलग संकेत (कोड) प्रणालियाँ होती हैं–जैसे पाँच बिट, सात बिट, आठ बिट या 16 बिट के कोड। बीच के जोड़-स्थल एक कोड को दूसरे कोड में बदलने में योग देते हैं। इन्हीं सब कार्यों के लिए कम्प्यूटर-जाल की तीन स्विचिंग प्रणालियाँ अस्तित्व में आई हैं। ये हैं–सर्क्युट स्विचिंग, मैसेज स्विचिंग और पैकेट स्विचिंग।

कम्प्यूटर के साथ टेलीफोन का भी सम्बन्ध जोड़ा जा सकता है। लेकिन इसमें एक कठिनाई है। कम्प्यूटर अंकीय (डिजिटल) प्रणाली से काम करते हैं, परन्तु टेलीफोन तारों में ज्यादातर तुल्यरूप (ऐनलाग) संकेतों से सूचनाएँ भेजी जाती हैं। इसलिए टेलीफोन तारों का इस्तेमाल करने के लिए सर्वप्रथम अंकीय सूचनाओं को तुल्यरूप संकेतों में बदलना जरूरी होता है। इसके लिए **मोडेम** (मॉड्युलेटर-डिमॉड्युलेटर) नामक एक उपकरण की व्यवस्था की गई है। विपरीत स्थिति के लिए **कोडेक** (कोडर-डिकोडर) का उपयोग होता है। इसी प्रकार, कम्प्यूटर-जाल के स्थापत्य (आर्किटेक्चर) के लिए और भी कई तकनीकी व्यवस्थाएँ हैं।

निकट भविष्य में कम्प्यूटर-जाल पर आधारित अनेक व्यवस्थाएँ अस्तित्व में आने जा रही हैं। विज्ञान के सन्दर्भ-ग्रन्थों और शोध-पत्रों को संचित करके एक बड़ा इलेक्ट्रॉनिक विश्वकोश खड़ा किया जा सकता है। वैज्ञानिक और शोध-छात्र अपने कम्प्यूटर-टर्मिनलों के जरिए इस इलेक्ट्रॉनिक विश्वकोश के साथ जुड़कर जब चाहे तब इच्छित जानकारी प्राप्त कर रहा है।

कम्प्यूटर-जाल की व्यवस्थाएँ देश और काल के अन्तरालों को समाप्त करके सूचनाओं के त्वरित आदान-प्रदान में योग देती हैं, आदमियों को एक-दूसरे के साथ अधिक गहराई से जोड़ती हैं और हमारी आज की कार्य-प्रणालियों में आमूल परिवर्तन करती है। इन नई इलेक्ट्रॉनिक व्यवस्थाओं के व्यापक सामाजिक प्रभावों को, और इनके कुछ खतरों को भी, झेलने के लिए हमें सजग और सचेत रहना होगा।

देवनागरी कम्प्यूटर

कम्प्यूटर हमारी भाषाओं, लिपियों और दशाधारी संख्याओं को ज्यों-की-त्यों बिल्कुल नहीं समझ सकता। इलेक्ट्रॉनिक कम्प्यूटर की केन्द्रीय व्यवस्था में कोई गतिशील कल-पुर्जा नहीं होता। इसमें केवल विद्युत के आवेश (पल्सेज) दौड़ते रहते हैं–लगभग प्रकाश के वेग से। इन आवेशों की केवल दो स्थितियाँ हैं–'चालू' और 'बन्द'। कम्प्यूटर सिर्फ इन्हीं दो स्थितियों से, अर्थात् दो संकेतों से या दो अंकों (0 और 1) से, सारे काम करता है।

कम्प्यूटर की केन्द्रीय संसाधक इकाई (सेन्ट्रल प्रोसेसिंग यूनिट) के नन्हे सिलिकन चिप्पड़ (माइक्रोप्रोसेसर) के सूक्ष्म परिपथों में हजारों-लाखों इलेक्ट्रॉनिक स्विच या 'फाटक' स्थापित रहते हैं। कम्प्यूटर में जब इलेक्ट्रॉनिक पल्सों की 'बसें' दौड़ती हैं, तो योजना के अनुसार स्विच 'चालू' या 'बन्द' होते रहते हैं। 'चालू-बन्द' के इसी सिलसिले से कम्प्यूटर में गणना या तार्किक चिन्तन के सारे काम सम्पन्न (संसाधित) होते हैं। इसीलिए इलेक्ट्रॉनिक कम्प्यूटर के स्विचों को अक्सर तार्किक घटक कहा जाता है।

चूँकि कम्प्यूटर केवल दो स्थितियों (संकेतों या अंकों) को ही समझ सकता है, इसीलिए हमारी संख्याओं और शब्दावली को सर्वप्रथम दो संकेतों की योजनाओं में बदलना आवश्यक होता है। यह भी एक दिलचस्प संयोग है कि दशाधारी संख्याओं को द्वि-आधारी संख्याओं में और तार्किक कथनों को दो संकेतों के बीजगणित में आसानी से बदला जा सकता है।

द्वि-आधारी अंक-पद्धति में केवल दो अंक होते हैं–0 और 1। इस अंक-पद्धति में स्थानीय मान दाईं ओर से बाईं ओर क्रमशः दो गुना बढ़ता जाता है। अतः एक से दस तक द्वि-आधारी संख्याएँ हैं–1, 10, 11, 100, 101, 110, 111, 1000, 1001, 1010। इस व्यवस्था में संख्याएँ बड़ी बनती हैं; जैसे, 10100 (20) और 1111111001 (1017); लेकिन कम्प्यूटर में गणनाएँ बड़ी तेजी से होती

हैं, इसलिए कोई फर्क नहीं पड़ता। दो अंकों में जोड़, घटा, गुणा आदि की क्रियाएँ भी आसानी से सम्पन्न होती हैं।

संख्याओं की तरह अक्षरों को भी आसानी से द्वि-आधारी अंक-पद्धति में बदला जा सकता है। मोर्से संकेत-प्रणाली में 'बिन्दु' और 'डैश' की योजना से सारे रोमन अक्षर व्यक्त किए जाते हैं। इसी प्रकार, द्वि-आधारी अंक-पद्धति की शून्य से 25 तक की संख्याओं से 26 रोमन अक्षरों को व्यक्त किया जा सकता है, यथा—'ए-00000 (शून्य), 'आर'-10001, 'जेड'-11001। अर्थात्, द्वि-आधारी अंक-पद्धति की पाँच अंकोंवाली संख्याएँ 26 अक्षरों को व्यक्त करने के लिए पर्याप्त हैं। दरअसल, इस अंक-पद्धति की पाँच अंकीय संख्याओं से 32, छह अंकीय संख्याओं से 64, सात अंकीय संख्याओं से 128 और आठ अंकीय संख्याओं से 256 संकेत व्यक्त किए जा सकते हैं। यहाँ यह स्पष्ट है कि सारे अक्षरों, दस अंकों और कुछ अतिरिक्त संकेतों को मिलाकर अंग्रेजी के लिए जो कुंजी-पटल बनते हैं, उनके लिए सात अंकोंवाली कुल 128 संख्याएँ पर्याप्त हैं। फिर भी, सुविधा के लिए सात की बजाये आठ अंकोंवाली संख्याएँ (कुल 256) ली जाती हैं।

आठ अंकोंवाली संख्याओं को इसलिए चुना गया है, क्योंकि यह सूचना की एक इकाई भी है। 1 या 0 को सूचना का एक 'बिट' कहा जाता है। आठ 'बिट' को एक 'बाइट' का नाम दिया गया है। अर्थात, आठ 'बिटों' या आठ (द्वि-आधारी) अंकों की संख्या एक 'बाइट' की सूचक होती है। इसलिए अंग्रेजी के कुंजी-पटल में प्रत्येक अक्षर या संकेत एक बाइट (8 बिट) का सूचक बनकर कम्प्यूटर में दर्ज होता है।

देवनगरी की स्थिति रोमन लिपि से काफी भिन्न है। देवनागरी में, आधे अक्षरों और मात्राओं के कारण, कुंजी-पटल बड़ा हो जाता है। फिर भी सात 'बिट' वाली कुल 128 संख्याओं से काम चल सकता है। देवनागरी या अन्य देशी लिपियों के कुंजी-पटल के लिए एक 'बाइट' की संकेत-व्यवस्था परिपूर्ण है।

लेकिन भारत सरकार ने यह निर्णय लिया है कि सभी सरकारी कार्यालयों में द्विभाषी कम्प्यूटर स्थापित होंगे। इसका अर्थ यह है कि एक भाषा अंग्रेजी होगी और दूसरी हिन्दी, बंगला, कन्नड़, या अन्य कोई देशी भाषा। हिन्दी, मराठी, संस्कृत व नेपाली भाषाएँ तो देवनागरी में लिखी जाती हैं, पर अन्य भाषाओं की अपनी-अपनी लिपियाँ हैं। फिर भी चूँकि आज की सभी भारतीय लिपियाँ ब्राह्मी से विकसित हुई हैं, इसलिए मात्राओं और संयुक्ताक्षरों के मामले में लगभग एक ही स्वरूप की है।

अब सवाल है—एक 'बाइट' (आठ 'बिट') की संकेत-प्रणाली में रोमन और देवनागरी (या अन्य कोई देशी लिपि) को एक साथ किस प्रकार स्थापित किया जाए?

इसका एक समुचित हल खोज लिया गया है। अंग्रेजी कुंजी-पटल के लिए सात 'बिट' पर्याप्त हैं। इनसे 128 संकेत (अक्षर, अंक आदि) व्यक्त हो जाते हैं। एक 'बिट' और बढ़ाकर आठ 'बिटों' (एक 'बाइट') से कुल 256 संकेत, यानी और 128 संकेतों को व्यक्त किया जा सकता है। इन अतिरिक्त 128 संकेतों से भारत की किसी भी लिपि को व्यक्त किया जा सकता है। इस प्रकार, एक 'बाइट' या आठ 'बिटों' की संकेत-प्रणाली से द्विभाषी कम्प्यूटर की व्यवस्था सम्भव है। अंग्रेजी के लिए सात 'बिटों' की एक मानक संकेत-प्रणाली (ए.एस.सी.आई.आई. कोड) है। आठ 'बिटों' से द्विभाषी कम्प्यूटर के लिए एक नई मानक संकेत-प्रणाली बनती है।

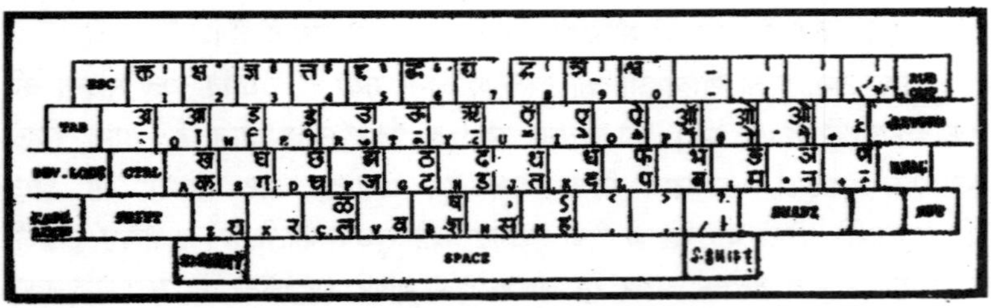

आई.आई.टी. कानपुर के द्विभाषी कम्प्यूटर का कुंजी-पटल

भारत में जो पहला द्विभाषिक (अंग्रेजी और हिन्दी) कम्प्यूटर बना है। उसका नाम **सिद्धार्थ** है। इसमें हिन्दी के स्थान पर तमिल का भी उपयोग किया जा सकता है। तमिल व्यवस्था का नाम **तिरुवल्लुवर** है। यह कम्प्यूटर पिलानी के टेक्नोलॉजी संस्थान और डी.सी.एम. के सहयोग से तैयार हुआ है।

कानपुर के टेक्नोलॉजी संस्थान (आई.आई.टी.) ने भी अंग्रेजी-हिन्दी कम्प्यूटर तैयार किया है। इसमें अंग्रेजी की 7-बिट मानक संकेत-प्रणाली को 8-बिट प्रणाली से विस्तृत करके देवनागरी के लिए स्थान बनाया है।

रोमन लिपि के अक्षरों को इलेक्ट्रॉनिक व्यवस्था से दृश्य-पटल पर अंकित करने के लिए अनेक प्रकार की व्यवस्थाएँ हैं। देवनागरी और दूसरी देशी लिपियों

के अक्षरों को अंकित करने में कुछ अधिक कठिनाइयाँ हैं, लेकिन इनको भी हल कर लिया गया है। कानपुर संस्थान के कम्प्यूटर में बिन्दु-बिन्दु (डॉट-मैट्रिक्स) से देवनागरी के जो शब्द बनते हैं, वे काफी अच्छे हैं। दरअसल, बिन्दुओं, रेखाओं और वक्रों की योजनाओं से अक्षरों को अनेक प्रकार से सजाया जा सकता है। इसके लिए गणितीय व्यवस्थाएँ हैं, इसलिए इलेक्ट्रॉनिकी के साधनों से अक्षरों या चिन्हों को अनेक किस्म के रूप दिए जा सकते हैं। यही कारण है कि इलेक्ट्रॉनिक साधनों का अधिकाधिक इस्तेमाल करते हुए नए-नए टाइपों के डिजाइन तैयार किए जा रहे हैं।

लिपि—बहुभाषीय शब्द संसाधित्र

भारतीय भाषाओं की विशेषता है, शब्द स्वरूपों की बहुतायत। इसके कारण इन भाषाओं के मुद्रण, कम्प्यूटरीकरण आदि की कठिनाइयों को ध्यान में रखते हुए सी एम् सी लिमिटेड के एक बहुभाषीय शब्द संसाधित्र लिपि का विकास किया है। लिपि द्वारा एक ही साथ तीन भाषाओं (अंग्रेजी तथा दो भारतीय भाषाएँ) में लेखन सम्भव है। उदाहरणतः निम्नलिखित पंक्ति में
English, हिन्दी तथा తెలుగు मिश्रित हैं।

'लिपि' बहुभाषी कम्प्यूटर का एक नमूना

भारतीय परिस्थितियों के लिए अब तक जो सर्वाधिक विकसित कम्प्यूटर तैयार किया गया है, उसका नाम लिपि है। यह एक त्रैभाषिक कम्प्यूटर है। इसमें अंग्रेजी के अलावा हिन्दी, तेलुगु, कन्नड़, मलयालम आदि में से किन्हीं दो भाषाओं की व्यवस्था सम्भव है।

लिपि कम्प्यूटर में एक मानक शब्द-संसाधक (वर्ड-प्रोसेसर) के सभी साधन हैं—'इंटेल' का 8088 चिप्पड़, 256 किलोबाइट स्मृति, आन्तरिक शब्दकोश, हिज्जे ठीक करने की व्यवस्था, भारतीय भाषाओं के शब्दों के साथ ही अंग्रेजी शब्दों को रखने की व्यवस्था, लिप्यन्तरण की व्यवस्था, इत्यादि। लिपि के 12-इंची दृश्य-पटल पर प्रत्येक में 40 अक्षरों वाली 12 पंक्तियाँ दर्शायी जाती हैं।

शब्दमाला नामक एक अंग्रेजी-हिन्दी शब्द-संसाधक भी तैयार किया गया है। इसका 114 संकेतों का हिन्दी कुंजी-पटल रेमिंगटन के हिन्दी कुंजी-पटल के अनुरूप है।

इनके अलावा और भी कुछ द्विभाषी कम्प्यूटर निर्माणाधीन हैं। साथ ही भारतीय भाषाओं को रोमन लिपि में प्रस्तुत करने की भी कुछ योजनाएँ बन रही हैं। लेकिन भारतीय भाषाओं के रोमनीकरण को सफलता मिलेगी, इसकी आशा बहुत कम है।

हिन्दी कम्प्यूटर के नए साधन

कम्प्यूटर की अपनी एक स्वतंत्र 'भाषा' है। अतः कम्प्यूटर के लिए संसार की कोई भी भाषा बड़ी या छोटी नहीं है। कम्प्यूटर टेक्नोलॉजी का विकास मुख्यतः अंग्रेजी माध्यम में हुआ है, इसीलिए आज 'अंग्रेजी कम्प्यूटर' का बोलबाला है और इस भाषा में बहुत सारे कम्प्यूटर साधन उपलब्ध हुए हैं। स्पष्ट है कि कम्प्यूटर टेक्नोलॉजी ने अंग्रेजी भाषा को अधिक प्रभावकारी बना दिया है।

मगर कम्प्यूटर किसी एक भाषा का पक्षपाती नहीं है। यह शक्तिशाली आधुनिक टेक्नोलॉजी अंग्रेजी को बलशाली बना सकती है, तो हमारी भारतीय भाषाओं को भी बल प्रदान कर सकती है, अधिक समर्थ बना सकती है। आज यदि हम अपनी भाषाओं के लिए कम्प्यूटर साधनों को बड़े पैमाने पर नहीं अपनाते, तो संसार की उन्नत भाषाओं की तुलना में हमारी भाषाएँ लगातार पिछड़ती जाएँगी, भारत में 'अंग्रेजी कम्प्यूटर' का ही प्रभुत्व बना रहेगा।

दस साल पहले अंग्रेजी और हिन्दी या तमिल में एक साथ काम करनेवाले द्विभाषी कम्प्यूटरों का पहली बार देश में प्रदर्शन हुआ था। तब से विश्व स्तर पर कम्प्यूटर टेक्नोलॉजी का खूब विकास हुआ है, कम्प्यूटर अधिकाधिक शक्तिशाली बनते जा रहे हैं। पर्सनल कम्प्यूटर, टेलीविजन व वीडियो की तरह, एक आम चीज बनते जा रहे हैं।

इन तीस सालों में भारतीय भाषाओं के संसाधन के लिए बहुत सारे कम्प्यूटर साधन उपलब्ध हुए हैं। शब्द-संसाधन और डेस्क टॉप पब्लिशिंग के लिए कई सॉफ्टवेयर पैकेज उपलब्ध हैं और मुद्रण में इनका खूब इस्तेमाल हो रहा है। मगर इसे कम्प्यूटर की अपार क्षमताओं का एक सीमित इस्तेमाल ही समझना चाहिए। जरूरत है ऐसी टेक्नोलॉजी की, जो कम्प्यूटर की व्यापक क्षमताओं को भारतीय भाषाओं के लिए उपलब्ध कराती रहे। जरूरत है ऐसी टेक्नोलॉजी की, जो भारतीय भाषाओं के लिए भी वे पैकेजज उपयोगी बना दे जो कि अंग्रेजी के लिए उपलब्ध हैं।

सौभाग्य से ऐसी एक समर्थ टेक्नोलॉजी की जड़ें अब हमारे देश में जम गई हैं। यह है—**जिस्ट टेक्नालॉजी। जिस्ट** का मतलब है—**ग्राफिक्स एंड इंटेलिजेंस बेस्ड टेक्नालॉजी।** जिस्ट की नींव आई.आई.टी. कानपुर में पड़ी थी, करीब पचास साल पहले। सन् 1988 से जिस्ट टेक्नोलॉजी का विकास पुणे के सरकारी संस्थान **सी-डेक** की छत्रछाया में हुआ था। सी-डेक ने एक ओर **परम सुपर कम्प्यूटर** के निर्माण में सफलता प्राप्त की है, तो दूसरी ओर जिस्ट टेक्नोलॉजी के जरिए भारतीय भाषाओं के संसाधन के लिए कई नए तथा क्रान्तिकारी कम्प्यूटर-साधन उपलब्ध करा दिए हैं।

भारतीय लिपियों के टाइपराइटरों में अनेक दिक्कते हैं, इसलिए अक्सर कहा जाता है कि ये लिपियाँ कम्प्यूटर के लिए भी कठिनाइयाँ पैदा करती हैं। बात कुछ हद तक सही भी है। मगर हमें यह सदैव स्मरण रखना चाहिए कि कम्प्यूटर एक माने में बुद्धिसम्पन्न मशीन भी है। जिस्ट टेक्नोलॉजी की यह एक बड़ी उपलब्धि है कि उसने भारतीय लिपियों की त्रुटियों को एक वरदान में बदल दिया है।

सभी भारतीय लिपियाँ, अरबी-फारसी लिपि को छोड़कर, ब्राह्मी लिपि से विकसित हुई हैं। अन्य शब्दों में, सभी भारतीय लिपियों की वर्णमाला मूलतः एक है। इस विशेषता के कारण सभी भारतीय लिपियों के लिए एकरूप कोड की व्यवस्था करके सभी के लिए एक मानक कुंजी-पटल का आयोजन करना सम्भव हुआ है। सरल शब्दों में कहें तो अब देवनागरी के 'क' अक्षर और बांग्ला, तमिल आदि अन्य सभी भारतीय लिपियों के 'क' अक्षर के लिए एक ही कोड है, जिसे इलेक्ट्रॉनिकी विभाग ने सुनिश्चित कर दिया है। भारतीय लिपियों की इस बुनियादी एकरूप विशेषता के कारण सभी को एक ही कुंजी-पटल पर स्थापित कर देना सम्भव हुआ है।

अब आप एक ही कम्प्यूटर-कुंजी-पटल पर अंग्रेजी के अलावा देवनागरी और भारत की सभी प्रमुख भाषाओं/लिपियों में काम कर सकते हैं। इसके लिए अब जिस्ट-कार्ड उपलब्ध हैं। आज देवनागरी, बांग्ला, तमिल आदि के लिए अलग-अलग टाइपराइटर कुंजी-पटल प्रचलित हैं। मगर अब जिस्ट टेक्नोलॉजी के जरिए ऐसा एकरूप कम्प्यूटर-कुंजी-पटल उपलब्ध हो गया है जिस पर एक ही व्यक्ति एक साथ कई भारतीय भाषाओं में कार्य कर सकता है।

सभी भारतीय लिपियों को एक ही कम्प्यूटर-कुंजी-पटल पर स्थापित कर देना एक बहुत बड़ी उपलब्धि है। इसके साथ ही लिप्यंतरण का एक बहुत बड़ा साधन

भी उपलब्ध हो गया है। इस नई व्यवस्था के अन्तर्गत जो नया कम्प्यूटर कुंजी-पटल अस्तित्व में आया है उसमें भी कई सुविधाएँ हैं। नया कुंजी-पटल वैज्ञानिक पद्धति पर आधारित है। इसमें भारतीय वर्णमाला के सभी अक्षरों के लिए स्थान हैं। इसकी मुख्य विशेषता यह है कि आप जिस क्रम में शब्दाक्षरों का उच्चारण करते हैं, ठीक उसी क्रम में अक्षर और मात्राएँ स्पर्श-टंकित की जाती हैं।

जिस्ट टेक्नोलॉजी का लक्ष्य है—भारतीय भाषाओं के साथ संसार की सभी भाषाओं को एक कम्प्यूटर-मंच पर खड़ा कर देना। तिब्बती, सिंहली तथा दक्षिण-पूर्व एशिया की कई लिपियाँ ब्राह्मी से विकसित हुई हैं। जिस्ट टेक्नोलॉजी के जरिए तिब्बती, सिंहली तथा थाई लिपि को भारतीय लिपियों के साथ कम्प्यूटर पर स्थापित कर देना सम्भव हुआ है। अरबी-फारसी लिपि को भी उसी कम्प्यूटर कुंजी-पटल पर स्थान मिल गया है।

जिस्ट टेक्नोलॉजी की इस बुनियादी उपलब्धि के आधार पर भारतीय भाषाओं के लिए कई कम्प्यूटर साधन विकसित किए गए हैं। भारतीय भाषाओं के लिए लिप्यंतरण की सुविधा सहज उपलब्ध हो गई है, जिसके अनेक लाभ हैं। जिस्ट टेक्नोलॉजी डेस्क टॉप पब्लिशिंग के साधन भी तेजी से उपलब्ध करा रही है। देवनागरी, उड़िया तथा तिब्बती के बढ़िया फांट बन रहे हैं। इनमें से कुछ पैकेजों को सेमिनार के दौरान प्रस्तुत किया जा रहा है।

जिस्ट दल की एक उल्लेखनीय उपलब्धि है—हिन्दी स्पेल-चेकर। इसके लिए करीब 70 हजार शब्दों का कोश तैयार किया गया है। इसके जरिए आप अपने पाठ को संशोधित कर सकते हैं, शब्दों के हिज्जे ठीक कर सकते हैं। मराठी के लिए भी स्पेल-चेकर बन गया है। अब अन्य भारतीय भाषाओं के लिए भी स्पेल चेकर बन गए हैं।

जिस्ट टेक्नोलॉजी की एक नई महत्त्वपूर्ण उपलब्धि है—इलेक्ट्रॉनिक उप-शीर्षक रिसीवर। आज यदि कोई फिल्म या वीडियो कार्यक्रम मूलतः हिन्दी में बनता है और उसे अंग्रेजी के दर्शकों के लिए प्रस्तुत करना होता है, तो उसके दो उपाय हैं—संवादों को या तो अंग्रेजी में 'डब' किया जाता है या नीचे उप-शीर्षकों के रूप में प्रदर्शित किया जाता है।

मगर अब जिस्ट के प्रयास से एक ऐसी व्यापक टेक्नोलॉजी उपलब्ध हो गई है जिससे एक ही टी.वी. या वीडियो कार्यक्रम को देश के अलग-अलग प्रदेशों के दर्शक अपनी-अपनी भाषाओं के उप-शीर्षकों में देख सकते हैं। यह एक क्रान्तिकारी उपलब्धि है और इसके उपयोग की बहुत व्यापक सँभावनाएँ हैं।

हालाँकि हमारे देश में भी कम्प्यूटर अब आम साधन बनते जा रहे हैं, फिर भी भारतीय भाषाओं के लिए इनके उपयोग को लेकर कइयों के मन में कई प्रकार की शंकाएँ उत्पन्न होती हैं। कम्प्यूटर को प्रायः एक बहुत नाजुक मशीन समझा जाता है।

जिस्ट टेक्नोलॉजी ने भारतीय भाषाओं के लिए काफी उन्नत कम्प्यूटर साधन मुहैया कर दिए हैं। अब आवश्यकता है इन्हें बड़े पैमाने पर अपनाने की। सरकारी कामकाज में इन साधनों को अपनाना परमावश्यक है। उससे भी अधिक जरूरी है लेखकों, सम्पादकों, पत्रकारों, प्रकाशकों और मुद्रकों द्वारा इन्हें बड़े पैमाने पर अपनाया जाना। जो उन्नत कम्प्यूटर-साधन आज अंग्रेजी के लिए उपलब्ध हैं उन्हें यदि हम अपनी भारतीय भाषाओं के लिए अपनाते हैं तभी हिन्दी, तमिल आदि हमारी भाषाएँ अधिक समर्थ बनेंगी, गौरवान्वित होंगी।

महिलाएँ और कम्प्यूटर

कम्प्यूटर व्यवसाय में महिलाओं की भागीदारी दिनोंदिन बढ़ती जा रही है। सूचना प्रौद्योगिकी से सम्बन्धित कम्पनियों के संगठनात्मक ढाँचों पर एक नजर डालें तो सहज स्पष्ट हो जाता है कि टेक्निकल और मार्केटिंग, दोनों ही विभागों में प्रमुख पदों पर महिलाओं की संख्या में वृद्धि हो रही है। विश्वविद्यालयों में कम्प्यूटर विज्ञान की शिक्षा शुरू हो गई है। तरुण लड़कियों को कम्प्यूटर शिक्षा देने के लिए कई सारे संस्थान खुल गए हैं। लेकिन क्या इस व्यवसाय को अपनाने के लिए महिलाओं को पुरुषों के समकक्ष सभी अवसर उपलब्ध हैं? क्या इस व्यवसाय में उन्हें कुछ विशेष कठिनाइओं का सामना करना पड़ता है? दूसरे उन्नत देशों की तुलना में भारत की स्थिति इस क्षेत्र में कैसी है?

विज्ञान और टेक्नोलॉजी के विकास में महिलाओं का भी महत्त्वपूर्ण योगदान रहा है, प्राचीन काल से ही। कृषिकर्म और पशुपालन नारी के ही आविष्कार हैं। मगर आगे जाकर स्त्रियों की स्थिति बदलती गई। उनकी गतिविधियाँ अधिकतर घर और परिवार तक सीमित हो गईं। परन्तु आधुनिक युग में, विज्ञान और टेक्नोलॉजी के नए-नए आविष्कारों और साधनों के कारण, महिलाओं की सामाजिक और आर्थिक स्थिति में तेजी से बदलाव आ रहा है। एक ही उदाहरण प्रस्तुत करना पर्याप्त होगा–टाइपराइटर का। अमरीका के क्रिस्टोफर शोल्स ने 1867 और 1873 ई. के बीच में पहले कार्यक्षम टाइपराइटर का विकास किया। अपने पहले मॉडल के लिए यह टाइपराइटर शब्द उन्हीं की देन है। पहला व्यावसायिक टाइपराइटर शोल्स ने ही बनाया था। अमरीका की रेमिंगटन कम्पनी ने 1873 ई. में शोल्स की टाइपराइटर मशीन का उत्पादन आरम्भ कर दिया था। मगर आरम्भ में लगभग बारह वर्षों तक वहाँ इस मशीन की बिक्री बहुत मंद रही।

फिर एक दिन स्थिति एकाएक बदल गई। सन् 1881 में न्यूयार्क के एक स्कूल ने घोषणा की कि वहाँ युवतियों को टाइप-राइटिंग की शिक्षा दी जाएगी। इस कोर्स को बड़ी सफलता मिली। महिलाओं के लिए एक नया व्यवसाय खुल गया। साथ ही, अमरीका के व्यवसायी वर्ग का ध्यान इस टाइपराइटर मशीन की उपयोगिता की ओर आकृष्ट हुआ जिससे प्रति मिनट करीब साठ शब्द टंकित किए जा सकते थे।

इन सब बातों का परिणाम यह हुआ कि अधिकाधिक महिलाओं ने टाइप-राइटिंग की शिक्षा प्राप्त करके दफ्तरों में लगभग सभी सचिव पदों पर पुरुषों की जगह ले ली। टाइपराइटर ने अमरीकी महिलाओं के जीवन को काफी गहराई से प्रभावित किया। इस मशीन ने महिलाओं को घर की चार-दीवारी से बाहर निकालकर खुले समाज-जीवन का एक महत्त्वपूर्ण घटक बना दिया।

टाइपराइटर ने हमारे देश की भी बहुत-सी महिलाओं के जीवन को प्रभावित किया है, उनकी हैसियत को ऊँचा उठाया है।

कम्प्यूटर में भी लगभग टाइपराइटर जैसे कुंजी-पटल का ही इस्तेमाल होता है। टाइपराइटर से कागज पर अक्षरों व शब्दों का टंकण होता है। कम्प्यूटर में स्पर्श-टंकित शब्द स्क्रीन पर उभर आते हैं, जिन्हें प्रिंट किया जा सकता है परन्तु कम्प्यूटर का यह केवल एक काम हुआ। आज कम्प्यूटर केवल शब्द-संसाधन का ही नहीं, केवल गणना का ही नहीं यह नियंत्रण और संचार का भी एक शक्तिशाली साधन बन गया है। कम्प्यूटर के और भी अनेक उपयोग हैं। टाइपराइटर महज एक यांत्रिक मशीन है। कम्प्यूटर के बारे में हम कह सकते हैं कि यह एक प्रकार से मनुष्य का 'बुद्धिसम्पन्न साथी' है। कम्प्यूटर ने सूचना प्रौद्योगिकी और संचार के एक नए युग को जन्म दिया है।

सन् 1872 में पहले व्यावहारिक टाइपराइटर पर काम करती हुई
क्रिस्टोफर शोल्स की पुत्री लिलियन

कम्प्यूटर अब महिला-जीवन को तेजी से प्रभावित कर रहा है, बदल रहा है। देखना यह है कि यह नया क्रान्तिकारी साधन महिला समुदाय को कितना प्रभावित कर रहा है, कितना समर्थ बना रहा है। पहले यही जानना उपयोगी होगा कि कम्प्यूटर विज्ञान और टेक्नोलॉजी के विकास में महिलाओं का कितना योगदान रहा है। टाइपराइटर के जनक क्रिस्टोफर शोल्स की बेटी लिलियन इस मशीन का व्यावहारिक उपयोग करनेवाली पहली युवती थीं। इंग्लैंड के गणितज्ञ चार्लेस बैबेज (1791-1871 ई.) द्वारा निर्मित संसार के पहले वास्तविक कम्प्यूटर के सृजन में भी एक महिला का महत्त्वपूर्ण योगदान रहा है। वह महिला थी—एडा ऑगस्टा (1815-1852 ई.), लवलेस की काउंटेस। वह अंग्रेजी के प्रख्यात कवि लॉर्ड बायरन (1788-1824 ई.) की बेटी थी।

बैबेज ने लघुगणकीय (लागरिथमिक) सारणियाँ तैयार करने के लिए आरम्भ में 'डिफरेंस इंजन' नामक तीन गणक-यंत्रों का निर्माण किया था। मगर ये मशीनें केवल जोड़ या घटा की अंकगणितीय क्रियाएँ ही करने में समर्थ थीं। इसलिए बाद में उन्होंने 'एनेलिटिकल इंजन' नामक एक ऐसा गणक-यंत्र यानी कम्प्यूटर का ढाँचा तैयार किया जो चारों अंकगणितीय परिकर्म—जोड़, घटा, गुणन और भाग कर सकता था। बैबेज का यह नया गणक-यंत्र कई अर्थों में आधुनिक इलेक्ट्रॉनिक कम्प्यूटर के समान था। इसके डिजाइन में केन्द्रीय प्रोसेसर, स्मृति, भंडारण, निवेश तथा निर्गम के साधनों की व्यवस्था की गई थी।

चार्लेस बैबेज

एडा ऑगस्टा

एनेलिटिकल इंजन

यहाँ उल्लेखनीय बात यह है कि 'एनेलिटिकल इंजन' के लिए जो प्रोग्राम बना उसमें एडा ऑगस्टा ने महत्त्वपूर्ण भूमिका अदा की थी। वह बैबेज की प्रशंसक थी। उसने 'एनेलिटिकल इंजन' के निर्माण में और लोगों को उसका महत्त्व

समझाने में सक्रिय योग दिया था। उसके इसी योगदान की स्मृति में हमारे समय में तैयार हुई एक विशिष्ट कम्प्यूटर भाषा को 'एडा' नाम दिया गया है। आधुनिक कम्प्यूटर के जनक चार्लेस बैबेज के साथ एडा ऑगस्टा का नाम सदैव स्मरण किया जाता रहेगा।

कम्प्यूटर के लिए पहले एक उच्चस्तरीय भाषा का प्रोग्राम बनता है। फिर उसे कम्प्यूटर के मशीन कोड या किसी निम्न स्तरीय भाषा में बदला जाता है। उच्च स्तरीय भाषा को निम्न स्तरीय भाषा में बदलने के लिए जो प्रोग्राम बनता है उसे कम्पाइलर यानी अनुभाषक कहते हैं। अन्य शब्दों में, कम्पाइलर कम्प्यूटर के भीतर स्थापित एक ऐसा जटिल प्रोग्राम होता है जो भाषाई सूचनाओं को मशीनी भाषाओं की सूचनाओं में बदल देता है। कम्प्यूटर के लिए पहला कम्पाइलर तैयार करने का श्रेय अमरीकी महिला ग्रेस मुर्रे हॉप्पर को है। उसने अमरीका में बने संसार के पहले व्यावसायिक कम्प्यूटर यूनिवाक-1 के लिए कम्पाइलर प्रोग्राम (ए-ओ) तैयार किया था। स्वचालित प्रोग्रामिंग के क्षेत्र में यह एक महत्त्वपूर्ण उपलब्धि थी। बाद में हॉप्पर ने फ्लोमैटिक नामक अंग्रेजी भाषा का कम्पाइलर तैयार किया। फिर हॉप्पर के नेतृत्व में गठित एक दल ने फ्लोमैटिक के आधार पर कोबोल नामक एक नई कम्प्यूटर भाषा का निर्माण किया। व्यवसाय सम्बन्धी सवालों को सँभालने के लिए कोबोल एक अत्यन्त उपयोगी भाषा साबित हुई।

उपर्युक्त दो उदाहरण यह प्रमाणित करने के लिए पर्याप्त हैं कि आधुनिक कम्प्यूटर के विकास में महिलाओं का भी काफी महत्त्वपूर्ण योगदान रहा है। दूसरे महायुद्ध के बाद कम्प्यूटर विज्ञान का तेजी से जो विकास हुआ है, कम्प्यूटर की जो पाँच पीढ़ियाँ अस्तित्व में आई हैं, उनमें महिलाओं की भूमिका को अनदेखा नहीं किया जा सकता। पिछले करीब साठ वर्षों में कम्प्यूटर विज्ञान और सूचना प्रौद्योगिकी से सम्बन्धित कई स्वतंत्र उद्यम अस्तित्व में आए हैं– शिक्षण, सॉफ्टवेयर, मार्केटिंग व विकास, परामर्श (कंसल्टेंसी), विविध प्रकार के प्रबंधकीय कार्य आदि। महिलाओं ने इन सभी क्षेत्रों में अपनी दक्षता को प्रमाणित कर दिया है।

भारत में कम्प्यूटरों का आगमन कुछ दशक बाद हुआ। आरम्भ में हमारे देश में इस बात की खूब चर्चा रही कि कम्प्यूटर बेरोजगारी को बढ़ाएँगे। लेकिन यह भय जल्दी ही बेबुनियाद साबित हुआ। उलटे, कम्प्यूटर ने बहुतों के लिए विशेषकर महिलाओं के लिए, नई नौकरियाँ पैदा की हैं। आज भारतीय कम्प्यूटर व्यवसाय

में आधे से अधिक प्रोग्रामर, शिक्षक, प्रलेखक कर्मचारी, सिस्टम विश्लेषक और डेटा प्रविष्टि ऑपरेटर महिलाएँ हैं। महिलाएँ अब शिक्षक और सचिव की परम्परागत नौकरियों की सीमाओं को लाँघकर आधुनिक हाई-टेक सूचना प्रौद्योगिकी के क्षेत्र में भी प्रवेश कर रही हैं।

महिलाओं के कम्प्यूटर की ओर आकर्षित होने के कौन से कारण हैं? कुछ तो वही हैं जो कि टाइपराइटर को अपनाने के रहे हैं। नए क्षेत्र में कुछ कर दिखाने की चाह भी एक कारण रहा है। कम्प्यूटर से सम्बन्धित ऐसे कई क्षेत्र हैं जिनमें काम करने के लिए उच्च कम्प्यूटर-शिक्षा की आवश्यकता नहीं है। यदि आप में तार्किक सोच की पर्याप्त क्षमता है तो आप कम्प्यूटर व्यवसाय के कई क्षेत्रों में सफलता हासिल कर सकते हैं।

ग्रेस मुर्रे हॉप्पर

अब देश में विभिन्न क्षेत्रों और स्तरों की कम्प्यूटर-शिक्षा देने के लिए बहुत से संस्थान खुल गए हैं। इनमें से किसी भी क्षेत्र या स्तर का इच्छानुसार चुनाव किया जा सकता है। एक सप्ताह का गहन कोर्स किया जा सकता है, तो एक या दो साल का डिप्लोमा कोर्स भी। हार्डवेयर या सॉफ्टवेयर किसी भी कोर्स को चुना जा सकता है। भारत में हार्डवेयर की अपेक्षा सॉफ्टवेयर के क्षेत्र में महिलाएँ

ज्यादा हैं। इसका सम्भवतः यही कारण है कि देश में सॉफ्टवेयर का विकास करनेवालों की माँग अधिक है।

यह सही है कि कम्प्यूटर कम्पनियों में महिलाओं को बड़ी संख्या में भरती किया जा रहा है, विशेषकर सॉफ्टवेयर विकास के क्षेत्र में। पर क्या उनके लिए ये काम हर प्रकार से सुखदायी हैं? क्या उन्हें कुछ विशेष कठिनाइयों का सामना नहीं करना पड़ता? भारतीय समाज की जैसी स्थिति है, उसमें महिलाओं को घर की जिम्मेदारियाँ भी सँभालनी पड़ती हैं और वे, भले ही शारीरिक रूप से समर्थ क्यों न हों, रात के वक्त ड्यूटी नहीं कर सकतीं। विवाह और सन्तानोत्पत्ति के बाद महिलाओं को अपने व्यवसाय को चालू रखने में कई नई कठिनाइयों का सामना करना पड़ता है।

अनेक महिलाओं ने पारिवारिक जीवन और अपने पेशे के बीच एक प्रकार का सन्तुलन और सामंजस्य स्थापित कर लिया है। फिर भी, कम्प्यूटर व्यवसाय में उन्हें कुछ खास कठिनाइयों का सामना करना ही पड़ता है। लम्बी छुट्टियों के सवाल को लीजिए। यदि कोई महिला किसी कम्पनी में सॉफ्टवेयर के विकास से जुड़ी हुई है, तो उसकी लम्बी छुट्टी कठिनाइयाँ पैदा कर सकती हैं—न केवल कम्पनी के लिए, बल्कि स्वयं उसके लिए भी। चंद महीनों की अवधि में ही कम्प्यूटर के क्षेत्र में काफी-कुछ बदल जाता है। मगर उम्मीद है कि भविष्य में ऐसी समस्याएँ काफी हद तक सुलझ जाएँगी। वस्तुतः इस दिशा में शुरुआत भी हो चुकी है। इंग्लैंड की स्टीवे शिर्ले नामक महिला को पहला बच्चा हुआ तो उसने घर पर ही कम्प्यूटर-कार्य करनेवाली महिलाओं का एक संगठन स्थापित किया और उसके लिए 'टेलीवर्किंग' (दूरकार्य) का नाम दिया। घर से ही कम्प्यूटर-कार्य करने के लिए टेलीवर्किंग में आधुनिक संचार टेक्नोलॉजी का उपयोग होता है। इस व्यवस्था में महिलाएँ अपने घर के परिचित और सुविधाजनक वातावरण में इच्छानुसार काम कर सकती हैं। उनके कार्य को उनकी कुशलता से आंका जाता है, न कि उनके कार्य-घंटों अथवा उनकी हैसियत से। इंग्लैंड में 'टेलिवर्किंग' को बड़ी सफलता मिली है, लेकिन भारत में वैसी स्थिति आने में अभी कुछ समय लगेगा। यह तो निश्चित है ही कि कम्प्यूटर और सूचना प्रौद्योगिकी से भारतीय महिलाओं के लिए बेहतर जीवन के अधिकाधिक अवसर उपलब्ध होते जाएँगे।

अनुवादक कम्प्यूटर

फ्रांसीसी भाषाविदों का एक किस्सा है। एक भाषा से दूसरी भाषा में किए जानेवाले अनुवाद का स्तर कितना ऊँचा उठ गया है, यह जानने के लिए उन्होंने यूरोप की चौदह भाषाओं के विशेषज्ञों को अनुवाद के एक प्रयोग के लिए एकत्र किया।

उन सभी ने एक गोल मेज के चहुँ ओर इस प्रकार स्थान ग्रहण किए कि प्रत्येक अनुवादक अपनी बाईं ओर के अनुवादक की भाषा जानता था। फिर पहले अनुवादक ने अपनी जर्मन भाषा में एक कागज पर वाक्य लिखा–"किण्वासवन यानी मद्यकरण (ब्रूविंग) की कला उतनी ही पुरानी है जितना कि मानव का इतिहास", और उसे दाईं ओर के स्पेनी भाषी अनुवादक की ओर बढ़ा दिया। स्पेनी भाषी ने उस जर्मन वाक्य का अपनी स्पेनी भाषा में अनुवाद करके उसे दाईं और आगे बढ़ा दिया।

इस प्रकार, अन्त में हंगेरियाई भाषा में अनूदित होकर वह वाक्य पुनः जर्मन भाषी के पास पहुँचा। उसने जर्मन में उसका अनुवाद किया, तो उसे देखकर आश्चर्यचकित रह गया। रूपान्तरित वाक्य था–"प्राचीन काल से मद्य (बियर) मानवजाति का प्रिय पेय रहा है।"

तो यह है आज विशेषज्ञों के अनुवाद का स्तर! ऐसी स्थिति में एकाएक यकीन नहीं होता कि कोई मशीन भी एक भाषा से दूसरी भाषा में अनुवाद करने में समर्थ हो सकती है। दूसरों की क्या कहें, कम्प्यूटर-विज्ञान (साइबरनेटिक्स) के संस्थापक नार्बर्ट वाइनेर को भी स्वयं विश्वास नहीं था कि मशीनी अनुवाद सम्भव है। 1947 में उन्होंने कहा था–''...जहाँ तक मशीनी अनुवाद का सवाल है, मुझे यह कहने में हिचक नहीं होती कि, विभिन्न भाषाओं के शब्दों की सीमाएँ इतनी अधिक स्पष्ट हैं और इनके भावात्मक तथा सार्वदेशिक अर्थ इतने अधिक व्यापक हैं कि अर्द्ध-यांत्रिक अनुवाद की कोई व्यवस्था अधिक सम्भव नहीं जान पड़ती।"

इस निराशाजनक स्थिति के बावजूद अन्वेषकों ने अपने प्रयास जारी रखे और नार्बर्ट वाइनेर के उपर्युक्त कथन के सिर्फ सात साल बाद ही एक अनुवादक कम्प्यूटर तैयार कर लिया। 7 जनवरी, 1974 को न्यूयॉर्क में संसार के इस पहले अनुवादक-कम्प्यूटर का प्रदर्शन हुआ। इस कम्प्यूटर ने गणित से संबंधित कुल 60 वाक्यों का रूसी से अंग्रेजी में अनुवाद किया। इंटरनेशनल बिजनेस मशीन्स (आई.बी.एम.) कम्पनी ने इस अनुवादक-कम्प्यूटर का निर्माण किया था।

कम्प्यूटर ने यह अनुवाद रूसी-अंग्रेजी शब्दकोश की सहायता से किया था। अनुवाद करते समय हमारा भी जब अपरिचित शब्दों से सामना होता है, तो हम उन्हें शब्दकोश में देखते हैं और फिर व्याकरण के नियमों के अनुसार वाक्य में सजाते हैं। कम्प्यूटर के लिए यह काम आसान नहीं है। इसमें अनेक तकनीकी कठिनाइयाँ हैं। उदाहरण के लिए, पहले अनुवादक-कम्प्यूटर के लिए अनुवाद के नियमों का जो विशेष प्रोग्राम तैयार किया गया था उसमें 2500 सूचनाएँ थीं। गणित के जटिल सवालों के हल करने के लिए भी प्रोग्रामों में इतनी अधिक सूचनाएँ नहीं होतीं। अतः अनुवादक-कम्प्यूटरों के निर्माण की तकनीकी कठिनाइयाँ स्पष्ट हैं।

फिर भी पिछले करीब चार दशकों में अनेक अधिकाधिक बेहतर अनुवादक-कम्प्यूटरों का निर्माण हुआ है। इनमें रूसी से अंग्रेजी और अंग्रेजी से रूसी में अनुवाद करनेवाले कम्प्यूटरों की संख्या सर्वाधिक है। 1958 तक तकनीकी लेखों का अनुवाद करनेवाले सारी दुनिया में केवल तीन कम्प्यूटर थे। इनमें सबसे उन्नत सोवियत कम्प्यूटर के स्मृति-भंडार में अंग्रेजी के 952 और रूसी के 1973 शब्द संचित किए गए थे। बाद में इससे भी अधिक शक्तिशाली अनुवादक-कम्प्यूटर बने। सोवियत संघ में बने फ्रांसीसी-रूसी अनुवादक-कम्प्यूटर के सत्रह प्रोग्रामों में 8500 सूचनाएँ थीं। 1963 के बाद ऐसे रूसी-अंग्रेजी कम्प्यूटर बन गए थे जो एक दिन में तकनीकी लेखों के एक लाख शब्दों का अनुवाद करने में समर्थ थे। अब प्रतिदिन की यह क्षमता दस लाख शब्दों से भी ऊपर पहुँच गई है। लगता है कि अब वह दिन भी बहुत दूर नहीं जब अनुवादक-कम्प्यूटर व्यावहारिकता के दायरे में पहुँच जाएँगे।

कम्प्यूटर तकनीकी के मामले में आज जापान संसार का एक सर्वाधिक समुन्नत राष्ट्र है। अनुवादक-कम्प्यूटर के क्षेत्र में भी जापान ने एक नया कीर्तिमान हासिल किया है। तोशिबा कार्पोरेशन ने अंग्रेजी से जापानी में अनुवाद करनेवाले एक मिनी-कम्प्यूटर (यू.एन. 700) का निर्माण किया है। कुंजी-पटल, केन्द्रीय

संसाधक इकाई (सी.पी.यू), प्रिंटर तथा दृश्य-पटल से युक्त यह कम्प्यूटर-प्रणाली इतना सही अनुवाद करती है कि इसे सहज ही व्यावहारिकता के दायरे में रखा जा सकता है। निर्माताओं का दावा है कि इस कम्प्यूटर द्वारा किया गया अनुवाद 90 प्रतिशत से भी अधिक सही रहेगा। यह कम्प्यूटर एक घंटे में करीब 5000 शब्दों का अनुवाद करने में समर्थ होगा।

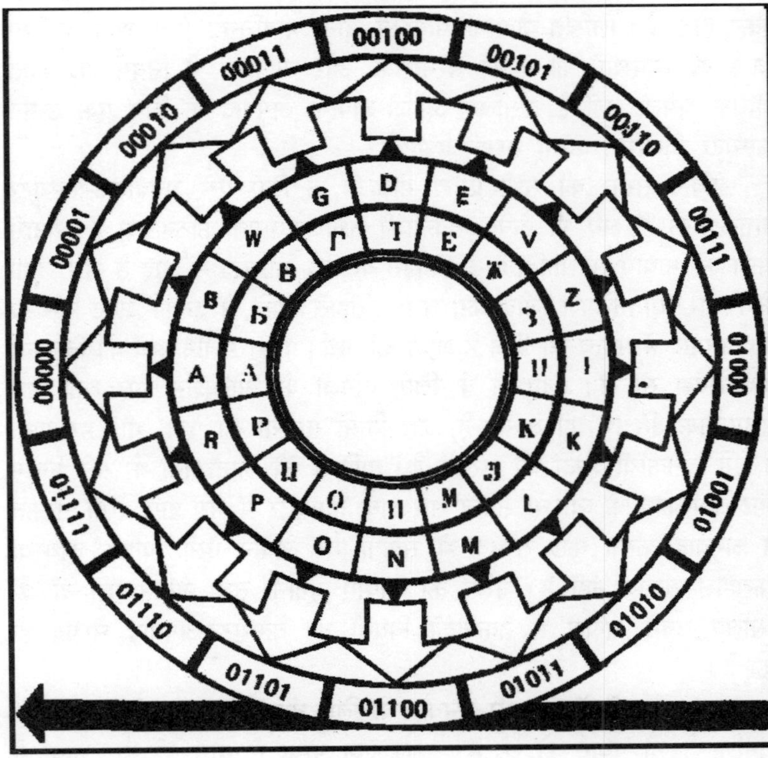

रूसी और रोमन अक्षरों को द्वि-आधारी अंक-संकेतों से
व्यक्त करने की व्यवस्था

इस कम्प्यूटर का निर्माण पेटेंट के दस्तावेजों और वैज्ञानिक तथा तकनीकी लेखों को सही अनुवाद करने के लिए किया गया है। इसके कोमलांग (सॉफ्टवेयर) में 30,000 अतिरिक्त शब्दों की भी व्यवस्था की गई है।

यह जापानी कम्प्यूटर दो स्तरों में अनुवाद का काम पूरा करता है। सर्वप्रथम अंग्रेजी के शब्दक्रम को जापानी के शब्द (चिन्ह)-क्रम में बदला जाता है। तदनन्तर वाक्यांशों की संरचनाओं के अनुसार प्राथमिक अनुवाद सम्पन्न होता है। दूसरे स्तर में इस प्राथमिक अनुवाद को साफ-सुथरी जापानी में सजाया जाता है। इस प्रणाली में कुंजी-पटल से कम्प्यूटर में भरे गए अंग्रेजी वाक्य दृश्य-पटल में बाईं ओर प्रकट होते हैं और साथ-ही-साथ उनका जापानी अनुवाद दाईं ओर प्रकट होता है। लिखित जापानी भाषा में चीनी भावचिन्हों (एक शब्द के लिए चिन्ह की व्यवस्था) की काफी भरमार है, और व्याकरण के नियमों का बहुत अधिक झमेला नहीं है, इसलिए अंग्रेजी-जापानी अनुवाद के लिए एक उन्नत कम्प्यूटर विकसित करना सम्भव हुआ है।

लेकिन संसार की सभी प्रमुख भाषाओं के लिए ऐसे अनुवादक-कम्प्यूटर तैयार करने में अब भी अनेक तकनीकी तथा भाषागत कठिनाइयाँ हैं। हमारी आज की भाषाएँ सहस्राब्दियों के विकास के बाद अस्तित्व में आई हैं और लोगों के विचार, रीति-रिवाज, जीवनक्रम तथा इतिहास आदि से इनका अटूट सम्बन्ध है। अनुवाद में महत्त्व की चीज है शब्दों का अर्थ। परन्तु मशीन अर्थ को बिलुकल नहीं समझ सकती। उदाहरण के लिए, अंग्रेजी के 'सोल्युशन' शब्द का अर्थ रासायनिक 'मिश्रण' हो सकता है, और किसी समस्या का 'हल' भी। हर भाषा में ऐसे अनेकार्थी शब्दों की भरमार है। पाणिनी की अष्टाधायी के सारे नियम और अमरकोष के व्याख्या सहित सारे शब्द कम्प्यूटर में भरे जाएँ, तभी संस्कृत से अनुवाद करना कुछ सम्भव हो सकता है। लेकिन ऐसी व्यापक व्यवस्था फिलहाल सम्भव नहीं है। यूरोप की भाषाएँ यूनानी तथा लेटिन मूल की हैं, इसलिए उनमें आपस में तकनीकी विषयों का कम्प्यूटर-अनुवाद सम्भव हो रहा है।

इधर के वर्षों में कम्प्यूटर-अनुवाद के लिए बीच की एक कृत्रिम भाषा के निर्माण के भी प्रयास हो रहे हैं। पहले एक भाषा से बीच की इस भाषा में अनुवाद होगा और बीच की इस भाषा से दूसरी भाषा में बीच की इस भाषा में सभी प्रमुख भाषाओं की विशेषताओं का समावेश होगा। लेकिन इसमें 'लिंग' जैसी विशेषताओं को छोड़ा जा सकता है। बीच की भाषा के लिए एस्परेंटों, इन्टरलिंग्वा–जैसी कृत्रिम अन्तर्राष्ट्रीय भाषाएँ उपयुक्त नहीं हैं, ये यूरोप की भाषाओं के आधार पर बनी हैं। कम्प्यूटर-अनुवाद के लिए बीच की एक भाषा तैयार हो गई है। इस तरह के कम्प्यूटर अब काम कर रहे हैं।

आज की जो भाषाएँ एक मूल भाषा-परिवार की हैं, उनमें आपस में अनुवाद करने में कम कठिनाइयाँ होती हैं। हिन्दी, मराठी और बंगला-जैसी हमारे देश की भाषाएँ संस्कृत मूल की हैं और आज भी इनमें संस्कृत शब्दों की भरमार है। इसलिए हिन्दी-मराठी-बंगला-गुजराती के अनुवादक-कम्प्यूटरों के लिए अलगोरिथम और प्रोग्राम तैयार करने में उतनी भी कठिनाई नहीं होगी, जितनी कि अंग्रेजी-रूसी अनुवादक-कम्प्यूटरों में होती है। अब देशी भाषाओं के कम्प्यूटर बन गए हैं। देशी भाषाओं में अनुवाद करनेवाले कम्प्यूटर भी तैयार हैं।

कम्प्यूटर-रोबोट

अतलांतिक महासागर की गहराई से दुर्घटनाग्रस्त भारतीय विमान के दो 'ब्लैक-बॉक्सों' को खोज निकालनेवाले एक रोबोट का कमाल हम देख चुके हैं। 'स्कैरब' नामक इस रोबोट ने करीब दो हजार मीटर की गहराई से इन ब्लैक-बॉक्सों को निकालकर एक नया कीर्तिमान स्थापित किया है। क्षतिग्रस्त समुद्री-केबलों को ढूँढ़ निकालने के लिए इस रोबोट का निर्माण हुआ था।

क्षतिग्रस्त समुद्री-केबलों को ही नहीं, समुद्र के डूबे जहाजों को खोज निकालने में भी ऐसे रोबोटों का व्यापक प्रयोग होता है। अब गोताखोरों को समुद्र की गहराई में उतारने की आवश्यकता नहीं रह गई है। महाभारतकालीन द्वारका-जैसी समुद्र में डूबी अनेक पुरानी बस्तियों को और अन्य पुरावशेषों को खोज निकालने में भी इन रोबोटों का इस्तेमाल हुआ। समुद्री खनिज सम्पदा के अन्वेषण में भी इन रोबोटों का उपयोग होता है। आगे जाकर जब समुद्रों में बस्तियाँ स्थापित करना सम्भव होगा, तब ये गोताखोर-रोबोट बड़े महत्त्व की भूमिका अदा करेंगे।

स्कैरब का सारा संचालन इससे जोड़े गए एक लम्बे केबल के जरिए होता है। इसी केबल के जरिए स्कैरब को बिजली पहुँचाई जाती है, और इसके टेलीविजन कैमरे तथा यांत्रिक हाथों का संचालन होता है। इसी केबल के जरिए स्कैरब टेलीविजन चित्र तथा अन्य सूचनाएँ ऊपर भेजता है, और फिर इनका कम्प्यूटर-विश्लेषण होता है।

सोवियत संघ की स्वचालित लूनाखोद चन्द्र-गाड़ी एक प्रकार का रोबोट ही थी। 1976 में मंगल ग्रह पर उतरा हुआ अमेरिकी वाइकिंग यान भी एक अन्वेषक-रोबोट ही था। आगे जाकर जब अन्तरिक्ष में बस्तियाँ स्थापित होंगी और चन्द्र, ग्रहों तथा क्षुद्रग्रहों का औद्योगीकरण होगा, तब रोबोटों का निश्चय ही व्यापक इस्तेमाल होगा।

यहाँ धरातल पर भी कई उद्योगों में अब रोबोटों का व्यापक इस्तेमाल होने लगा है। इस मामले में जापान सबसे आगे है। आज रोबोटों का सर्वाधिक

इस्तेमाल कार-निर्माण के उद्योगों में हो रहा है। जापान की 'तोयोता' फैक्टरी में कार के हिस्सों को 'वेल्ड' और 'पेन्ट' करने में रोबोटों का व्यापक उपयोग होता है। अमेरिका की जनरल मोटर्स कारपोरेशन का भी यही हाल है। सोवियत संघ में घड़ियों के निर्माण में रोबोटों का उपयोग हो रहा है।

विशेषज्ञों का मत है कि रोबोट उत्पादन की 70 लाख क्रियाएँ करने में समर्थ हैं। इसका अर्थ है समस्त अमेरिकी उद्योग के एक-तिहाई काम! इससे सहज ही अन्दाजा लगाया जा सकता है कि ये स्वचालित रोबोट कितने श्रमिकों को निकम्मा बना देने में समर्थ हैं।

ऐसे भी अनेक उद्योग हैं जहाँ काम करनेवाले श्रमिकों के लिए बड़ा खतरा रहता है। अमेरिका की ह्यूजेज एयरक्रैफ्ट कम्पनी ने 1958 में रेडियमधर्मी पदार्थों को सँभालनेवाले एक रोबोट का निर्माण किया था। एक जापानी कम्पनी ने एक ऐसा रोबोट बनाया है जो परमाणु बिजलीघरों के कुंडों (रिएक्टरों) की रेडियमधर्मी 'राख' को निपटाता है। कम्प्यूटर द्वारा नियंत्रित यह रोबोट कूड़े को साफ करता है, जले हुए परमाणु-ईंधन के स्थान पर नए ईंधन के 'दंड' स्थपित करता है। 30 व्यक्तियों का दो दिन का यह खतरनाक काम एक रोबोट एक दिन में पूरा कर सकता है। अनेक रासायनिक उद्योगों में भी रोबोटों का बड़ा उपयोग है।

इधर के वर्षों में अनेकानेक किस्म के रोबोट बने हैं। पियानो-जैसे वाद्य बजानेवाले रोबोट बने हैं। चाय या कॉफी पेश कर देनेवाले सेवक-रोबोट बने हैं। अपंगों की सेवा करनेवाले रोबोट भी बने हैं। कुछ वर्ष पहले ओसाका (जापान) में आयोजित विश्व-प्रदर्शनी में ऐसे अनेक किस्म के रोबोटों को प्रदर्शित किया गया था।

'रोबोट' शब्द चेकोस्लोवाकिया के नाटककार कार्ल चापेक के नाटक 'रोस्सुम के सार्वभौमिक रोबोट' के साथ 1917 में अस्तित्व में आया। चैक भाषा में रोबोता का अर्थ है—बन्धक, नौकर या दास। चापेक के ये रोबोट आदमी के सारे काम सँभाल लेते हैं, परन्तु अन्त में सर्वशक्तिमान बनकर विद्रोह करके अपने निर्माताओं को ही खत्म कर देते हैं।

'रोबोट' शब्द भले ही आधुनिक हो, परन्तु इन स्वचालित मशीनों का इतिहास बहुत पुराना है। सिकन्दरिया के हेरोन के कुछ यांत्रिक रोबोट बनाए थे, और इस विषय पर एक पुस्तक भी लिखी थी। अरबी यंत्रविद अल्-जजारी (बारहवीं-तेरहवीं सदी) ने भी अनेक स्वचालित यंत्रोंपकरणों की सचित्र जानकारी दी है। अठारहवीं सदी में फ्रांस में छिद्रित कार्डों (पंच कार्डों) के प्रोग्राम पर आधारित यांत्रिक करघों

का आविष्कार हुआ। यांत्रिक रोबोटों के बाद फिर बिजली द्वारा संचालित रोबोट भी बने।

रोबोट सँभाल रहे हैं असेम्बली लाइन का काम

एक निश्चित प्रोग्राम और इलेक्ट्रॉनिक-स्मृतिवाले पहली पीढ़ी के रोबोट 1954 के बाद अस्तित्व में आए। इनमें स्पर्श, दूरी, शक्ति, दृष्टि (टेलीविजन) आदि के संवेदक (सेंसर) स्थापित किए गए, तो दूसरी पीढ़ी के रोबोट अस्तित्व में आए। ऐसे रोबोट विद्युत-चुम्बकीय क्षेत्रों और अनेक किस्म के विकिरण को पहचान सकते हैं। आदमी के लिए यह सम्भव नहीं है। ऐसे रोबोट अपने निर्धारित प्रोग्राम के अनुसार काम करते हैं।

फिर 1971 में माइक्रोप्रोसेसर का आविष्कार हुआ। रोबोटों के इलेक्ट्रॉनिक-संवेदकों को माइक्रोप्रोसेसर या लघु-कम्प्यूटर से नियंत्रित करना सम्भव हुआ। इनकी क्षमता बहुत अधिक बढ़ गई। माइक्रोप्रोसेसर के माध्यम से इन रोबोटों का एक बड़ा 'स्मृति-भंडार' उपलब्ध हो जाता है, इसलिए ये विविध किस्म के काम कर सकते हैं, इनके संवेदकों का व्यापक उपयेाग हो सकता है, और इनके प्रोग्रामों को भी आसानी से बदला जा सकता है। 'बुद्धिसम्पन्न श्रमिक' के नाम से जानी जानेवाली तीसरी पीढ़ी के ये कम्प्यूटर-रोबोट अनेक उद्योगों में लाखों श्रमिकों के काम सँभालने में समर्थ हैं।

स्पष्ट है कि रोबोट-श्रमिक उत्पादन बढ़ाएँगे। उत्पादित वस्तुएँ भी बेहतर होंगी। ये रोबोट अपनी यूनियन नहीं बनाएँगे, वेतन-वृद्धि की माँग नही करेंगे, हड़ताल पर नहीं जाएँगे, रात-दिन अविरत काम करते रहेंगे। इसलिए पूंजीवादी व्यवस्थाओं में इन रोबोटों का अधिकाधिक उपयोग एक अवश्यम्भावी चीज है। पूंजीपति जब देखता है कि आदमी के श्रम से मशीनी उत्पादन कहीं अधिक बेहतर है, सस्ता है, तो वह मशीन को ही पसन्द करता है। रोबोट-श्रमिक लाखों-करोड़ों सफेदपोश-श्रमिकों को निश्चय ही निकम्मा कर देंगे। पूंजीवादी व्यवस्थाओं द्वारा इक्कीसवीं सदी में एक नए किस्म के 'इलेक्ट्रॉनिक सामान्यवाद' की स्थापना अपरिहार्य है।

स्वयं कम्प्यूटर या रोबोट इसके लिए जिम्मेदार नहीं है। सोच-समझकर इस्तेमाल किया जाए तो इन क्रान्तिकारी साधनों के मानव-जाति के लिए अनेकानेक लाभ हैं—सागरों के अन्वेषण से लेकर अन्तरिक्ष के अन्वेषण तक। लेकिन उद्योगों में इनका व्यापक इस्तेमाल करनेवाले धनी देशों की व्यापारी-प्रतियोगिता का सामना संसार के निर्धन देश कैसे कर पाएँगे? अब तो भारत की भी कुछ वैज्ञानिक संस्थाओं में रोबोट विकसित कर लिये हैं।

सुपरकम्प्यूटर

सुपरकम्प्यूटरों के बारे में अनेक भ्रान्तियाँ प्रचलित हैं, जानकारों में भी। इनकी कोई एक सुनिश्चित परिभाषा नहीं दी जा सकती। एक परिभाषा तो यह भी है कि जिस मशीन के लिए एक करोड़ डालर (करीब 15 करोड़ रुपयों) से अधिक कीमत चुकानी पड़ती है वह सुपरकम्प्यूटर है! पिछले करीब एक दशक में सुपरकम्प्यूटरों की कीमत एक करोड़ से दो करोड़ डॉलर के बीच स्थिर रही है, मगर इस दौरान इनकी गणना-शक्ति निरन्तर बढ़ती ही गई है।

सुपरकम्प्यूटरों के बारे में खास बात यह है कि ये बड़ी तेजी से गणनाएँ करते हैं। सुपरकम्प्यूटर एक सामान्य कम्प्यूटर से एक हजार से एक अरब गुना तक अधिक तेजी से गणनाएँ कर सकता है। इसीलिए सुपर को प्रायः **नम्बर-क्रंचिग** (संख्या-कुट्टक) मशीन के नाम से भी जाना जाता है। वैसे, गति एक सापेक्ष धारणा है। महत्त्व की बात यही है कि यह मशीन आपकी किस समस्या को, कितनी तेजी से हल कर सकती है।

सामान्य कम्प्यूटरों में गणनाएँ एक अनुक्रम में होती हैं, यानी एक समय में गणना की एक ही क्रिया सम्पन्न होती है। यह विधि गणितज्ञ **जोन फोन न्यूमान** ने 1946 में सुझाई थी, इसलिए इसे 'फोन न्यूमान विधि' भी कहते हैं। मगर सुपरकम्प्यूटर में कई प्रकार की गणनाएँ एक साथ सम्पन्न होती हैं। वजह यह है कि इस मशीन में कई प्रोसेसर स्थापित किए जाते हैं और वे प्रदत्त समय पर एक साथ समान्तर व्यवस्था में काम करते हैं। इसलिए सुपरकम्प्यूटर की इस व्यवस्था को **पैरेलल प्रोसेसिंग** (समान्तर संसाधन) का नाम दिया गया है।

सामान्य कम्प्यूटरों की केन्द्रीय संसाधन इकाइयाँ (सेंट्रल प्रोसेसिंग यूनिट्स), जो कम्प्यूटर का 'मस्तिष्क' होती हैं, प्रायः सिलिकन के सामान्य चिप्पड़ों पर आधारित होती हैं। मगर अब सुपरकम्प्यूटर के चिप्पड़ों के लिए **गाल्लियम आर्सेनाइड** का इस्तेमाल होने लगा है। गाल्लियम आर्सेनाइड के अतिशुद्ध क्रिस्टल अब अन्तरिक्ष की प्रयोगशालाओं में भी बनने लगे हैं। गाल्लियम आर्सेनाइड के

चिप्पड़ों पर बहुत ज्यादा इलेक्ट्रॉनिक परिपथ और 'फाटक' स्थापित किए जा सकते हैं। वस्तुतः गाल्लियम आर्सेनाइड के चिप्पड़ सिलिकन के चिप्पड़ों से छह गुना अधिक तेजी से काम करते हैं। इनमें प्रकाश भी प्रवाहित हो सकता है और ये अधिक गर्म भी नहीं होते।

सुपरकम्प्यूटर के कई प्रोसेसर एक साथ बड़ी तेजी से काम करते हैं, इसलिए यह काफी गर्म हो जाता है। इसे ठंडा रखने के लिए तरल की गई गैसों का इस्तेमाल होता है। क्रे-एक्सएमसी सुपरों में आमतौर पर **फ्रेओन** का इस्तेमाल होता है। **एटा-10** जैसे अधिक शक्तिशाली सुपरकम्प्यूटरों में 100 डिग्री केल्विन पर ठंडे किए गए नाइट्रोजन का इस्तेमाल होता है। जब सामान्य तापमान पर सुपरकंडक्टर बने रहनेवाले पदार्थ उपलब्ध हो जाएँगे, तब सुपरकम्प्यूटर अधिक छोटे और अधिक शक्तिशाली बनेंगे।

सामान्य कम्प्यूटर केवल आँकड़ों को प्रोसेस करते हैं। मगर सुपरकम्प्यूटर **ज्ञान-भण्डार** को प्रोसेस करने में समर्थ है। सुपरकम्प्यूटर आगमन और निगमन की तार्किक विधियों का उपयोग करके सूचनाओं के विशाल भंडार के साथ सम्बन्ध स्थापित कर देता है। इसीलिए सुपरकम्प्यूटर का उपयोग करने के लिए सर्वप्रथम प्राप्त होनेवाली विभिन्न किस्म की सूचनाओं के आपसी सम्बन्धों का एक उपयुक्त मॉडल तैयार करना जरूरी है।

मौसम के अध्ययन के लिए जो क्रे-एक्सएमपी-14 सुपरकम्प्यूटर भारत में स्थापित हुआ उसके लिए भी पहले भारतीय उपमहाद्वीप के मौसम का एक मॉडल तैयार करना पड़ा। समूचे भारत और संसार के अन्य अनेक मौसम-केन्द्रों से प्राप्त की गई सूचनाओं को सुपरकम्प्यूटर में भरने के बाद ही एक उपयुक्त मॉडल के अनुसार मौसम की वास्तविक स्थिति मालूम हो सकती है। दूसरे देशों में तैयार किए गए मौसम के मॉडल हमारे देश के लिए किसी काम के नहीं हैं।

सुपरकम्प्यूटर का इस्तेमाल चाहे मौसम के अध्ययन के लिए हो, चाहे वैज्ञानिक अनुसन्धान के लिए हो; चाहे सैनिक उपयोग के लिए हो या चाहे सामाजिक नियंत्रण के लिए भी किया जाए, सबसे पहले इनके मॉडल ही तैयार करने पड़ते हैं। मॉडल सही हो, तभी सुपरकम्प्यूटर उपयोगी बन सकता है।

एक बात और, सुपरकम्प्यूटरों के लिए बननेवाले मॉडलों की अपनी विशिष्ट भाषाएँ होंगी। इनके लिए आमतौर पर **लिस्प** (लिस्ट प्रोसेसिंग) और **प्रोलॉग** (प्रोग्रामिंग इन लॉजिक) भाषाओं का प्रयोग होगा। जापान और अमेरिका ने अपने पाँचवीं पीढ़ी के कम्प्यूटरों के लिए इन्हीं भाषाओं को अपनाया है। आयातित

सुपरकम्प्यूटर से सम्बन्धित सारे कार्य अंग्रेजी में ही सम्पन्न होंगे। भारतीय भाषाएँ मुँह ताकती रह जाएँगी।

आज सुपरकम्प्यूटरों का इस्तेमाल मौसम तथा भूकम्पों के अध्ययन, विमान-डिजाइन, द्रव गतिकीय अन्वेषण, खगोल-भौतिकी से सम्बन्धित गणनाओं आदि के लिए होने लगा है। मगर सचाई यही है कि दूसरे महायुद्ध के समय से सभी किस्म के कम्प्यूटरों का, सुपरकम्प्यूटरों का भी, विकास प्रमुखतः सैनिक कार्यों तथा महाविनाशक युद्धास्त्रों के निर्माण के लिए हुआ है। आज भी सबसे शक्तिशाली सुपरकम्प्यूटर 'पेंटागन' के कब्जे में है। भारत को एक अमेरिकी सुपरकम्प्यूटर बेचने के रास्ते में सबसे ज्यादा अड़ंगे पेंटागन ने ही लगाए। और, अब जो सुपरकम्प्यूटर भारत में पहुँचा है, उस पर भी एक तरह से अमेरिका का 'पहरा' बना ही रहेगा, ताकि भारत इसका उपयोग सैनिक कार्यों तथा युद्धास्त्रों के निर्माण के लिए या नेटवर्क के लिए न कर सके और इस पर किसी सोवियत विशेषज्ञ का साया भी न पड़ सके।

क्रे-एक्सएमपी-14 का इस्तेमाल प्रमुख रूप से मौसम के अध्ययन के लिए होगा। बहुतों को यह समझने में शायद कठिनाई होती है कि मौसम के अध्ययन और इसकी भविष्यवाणी करने के लिए सुपरकम्प्यूटर क्यों जरूरी है! मगर विश्व की अनेक घटनाओं की जटिलता पर थोड़ा विचार करें तो यह बात स्पष्ट हो जाएगी। धरती का मौसम भी एक अत्यन्त जटिल प्राकृतिक क्रियाकलाप है।

भौतिक घटनाओं के बारे में हम जो गणनाएँ करते हैं, वे ज्यादातर आदर्श स्थितियों से सम्बन्धित होती हैं, वस्तुस्थिति से नहीं। वास्तविकता से सम्बन्धित गणनाएँ प्रायः अत्यन्त जटिल होती हैं। उदाहरण के लिए, सूर्य की सतत परिक्रमा कर रही पृथ्वी के कक्षा-मार्ग पर विचार कीजिए। सूर्य और पृथ्वी के बीच के बलों को हम जानते हैं। इसलिए गति के समीकरणों का हल करके हम जान सकते हैं कि पृथ्वी कक्षामार्ग में किस समय, किस स्थान पर है। मगर यह यथार्थ हल नहीं होगा। यथार्थ हल प्राप्त करने के लिए पृथ्वी पर सूर्य के प्रभाव के अलावा चन्द्र, मंगल, शुक्र, बुध, बृहस्पति, शनि, यूरेनस, नेपच्यून तथा प्लूटो आदि के प्रभावों की भी गणना करनी होगी। तब इन सभी प्रभावों के समीकरण अत्यन्त जटिल हो जाते हैं, जिन्हें एक सुपरकम्प्यूटर ही हल कर सकता है।

भौतिक जगत की अनेक घटनाएँ यथार्थ में इससे भी कई गुना जटिल हैं। इसीलिए भौतिकविदों को इन घटनाओं की 'आदर्श प्रणालियों' को चुनना पड़ता है। आदर्श प्रणालियों में औसत या सामान्य पर ही विचार किया जाता है, इसलिए इनमें हमें यथार्थ की जानकारी नहीं मिल सकती। आदर्श से यथार्थ पर पहुँचने के लिए ज्यादा जटिल गणनाएँ करनी पड़ती हैं। ये जटिल गणनाएँ सुपरकम्प्यूटरों से ही सम्पन्न हो सकती हैं।

प्रोटीन अणुओं पर विचार कीजिए। प्रोटीन अणु की शृंखला एमिनो अम्लों के एक विशिष्ट रचनाक्रम से बनती हैं। यह विशिष्ट रचना प्रत्येक प्रोटीन अणु के कार्य को निर्धारित करती है। प्रोटीन अणु अत्यन्त छोटा और अत्यन्त गतिशील होता है। एक्स-रे क्रिस्टलोग्राफी की विधि से जानकारी मिल जाती है कि एक निश्चित क्षण में किसी प्रोटीन अणु की रचना किस प्रकार की है। मगर वस्तुस्थिति में प्रोटीन अणु घूर्णन व कम्पन करता है और दूसरे अणुओं से टकराता भी है। इस प्रकार प्रोटीन अणु के सभी किस्म के परिवर्तनों का समावेश करके जो मॉडल तैयार किया गया उसे एक सामान्य कम्प्यूटर नहीं सँभाल सकता। जैसे-तैसे सँभाल भी ले, तो हल प्राप्त करने के लिए 1000 घंटों से ज्यादा समय लगेगा। मगर सुपरकम्प्यूटर से प्रोटीन अणु की लगभग सभी हलचलों के बारे में चार-पाँच घंटों

के भीतर ही त्रिआयामी आकृतियाँ उपलब्ध हो जाती हैं। सुपरकम्प्यूटर का उपयोग करके नए मॉडलों के आधार पर नए प्रोटीन भी बनाए जा सकते हैं।

वस्तुतः सुपरकम्प्यूटर की सहायता से वास्तविक विश्व की विशेषताओं का बिन्दु-दर-बिन्दु मापन किया जा सकता है। जीव-विज्ञानी मॉडल तैयार कर सकते हैं कि परमाणुओं का अणुओं में, अणुओं का प्रोटीनों में और प्रोटीनों का विषाणुओं में किस प्रकार संयोजन होता है। तब सुपरकम्प्यूटर की सहायता से विषाणुओं के ऐसे मॉडलों के आधार पर नए कारगर टीके भी खोजे जा सकते हैं।

करीब डेढ़ सौ साल पहले आंग्ल-गणितज्ञ **चार्लेस बैबेज** ने खगोल-विज्ञान से सम्बन्धित गणितीय सवालों को हल करने के लिए एक भव्य कम्प्यूटर की योजना तैयार की थी। लेकिन अब खगोल-भौतिकी ने एक ऐसे विशाल ब्रह्मांड का उद्घाटन किया है जिसके विकासक्रम और क्रिया-कलापों को सुपरकम्प्यूटर की सहायता से ही ठीक समझा जा सकता है। सुपरकम्प्यूटर अनुरूपण (सिमुलेशन) के जरिए जानकारी प्राप्त की जा रही है कि आरम्भिक दौर में विश्व का विकास कैसे हुआ और प्राथमिक परमाणु-कणों से तारों और मन्दाकिनियों का सृजन किस प्रकार हुआ। सुपरकम्प्यूटर अनुरूपण से यह भी पता लगाया गया है कि 'ब्लैक होल' में द्रव्यराशि का पतन ठीक किस प्रकार होता है। अब सभी वेधशालाओं में शक्तिशाली कम्प्यूटर स्थापित किए जाते हैं। तमिलनाडु की कावलूर वेधशालाओं के लिए भी कम्प्यूटर की व्यवस्था की गई है।

विमानों के पंखों का निर्माण अब इनके लिए बनाए गए मॉडलों का सुपरकम्प्यूटर अनुरूपण करके किया जाता है। संगलन (फ्यूजन) की ऊर्जा से सम्बन्धित अनुसन्धान-कार्य में भी सुपरकम्प्यूटरों का उपयोग हो रहा है।

वस्तुतः आज सुपरकम्प्यूटर का सर्वाधिक उपयोग भविष्यसूचक वैज्ञानिक मॉडल तैयार करने में हो रहा है। ऐसे उपयोग का एक महत्त्वपूर्ण क्षेत्र है मौसम-विज्ञान। धरती का मौसम **अन्ध-व्यवस्था (केऑस)** के स्वरूप की प्राकृतिक घटना है। किसी स्थान-विशेष की वायु-गति, आर्द्रता, तापमान, वायुमंडलीय दाब आदि की परिस्थितियाँ न केवल निरन्तर बदलती रहती हैं, बल्कि दूर-दूर तक एक-दूसरे को प्रभावित भी करती हैं। पेरू के पश्चिमी तट की 'एल-निनो' घटना उत्तरी भारत के मौसम को प्रभावित करती है। मौसम के मनमौजी मिजाज के बारे में एक वैज्ञानिक ने तो यहाँ तक कहा है कि, आज कलकत्ता में यदि कोई तितली अपने पंख फड़फड़ाती है, तो उससे एक महीने बाद बेइजिंग में तेज बारिश हो

सकती है! मौसम का भविष्यकथन सचमुच ही एक अत्यन्त कठिन काम है। नाहक ही मौसम-विज्ञानियों का मजाक उड़ाया जाता है।

मौसम के बारे में प्रतिदिन बहुत बड़ी तादाद में सूचनाएँ प्राप्त होती हैं। मिसाल के लिए, मौसम भवन में प्रतिदिन 40 लाख अक्षरों के तुल्य मौसमी सूचनाएँ प्राप्त होती हैं। ये सूचनाएँ देश के 600 से भी ज्यादा मौसम-केन्द्रों से मिलती हैं। इन्सैट उपग्रह के अलावा संसार भर के अनेक विमानों, जहाजों और मौसमी-उपग्रहों से भी बेशुमार सूचनाएँ मिलती हैं। मौसम विभाग के महानिदेशक **रामप्रसाद सरकार** जानकारी देते हैं कि यदि देश के एक क्षेत्र के एक दिन के मौसम का भविष्यकथन करना हो तो पूरे देश से सूचनाएँ एकत्र करनी पड़ती हैं। दो दिन के भविष्यकथन के लिए सारे एशिया से सूचनाएँ एकत्र करनी होती हैं और तीन दिन के भविष्यकथन के लिए सारे संसार से मौसम सम्बन्धी आँकड़े प्राप्त करने पड़ते हैं। इस विशाल सूचना-भंडार को सँभालना सामान्य कम्प्यूटरों के बस की बात नहीं है।

मौसम को निर्धारित करनेवाले वायु-गति, वायु-दिशा, तापमान, नमी जैसे निरन्तर परिवर्तनशील कारकों के आपसी सम्बन्धों तथा प्रभावों का मापन करना अत्यन्त जटिल कार्य है। गणितीय भाषा में कहें तो मौसम के निर्धारण के लिए छह अज्ञात राशियों के जो छह समीकरण बनते हैं, वे अति अ-रैखिक (नॉन-लिनियर) होते हैं, अर्थात उनके अनेकानेक हल सम्भव हैं। पहले के मौसमी आँकड़ों के आधार पर तैयार किए गए एक उपयुक्त मॉडल का उपयोग करके ताजा सूचनाओं के त्वरित विश्लेषण के आधार पर एक दिन से अधिक के मौसम का काफी सही निर्धारण कर पाना एक सुपरकम्प्यूटर के सहयोग से ही सम्भव है।

तात्पर्य है कि सुपरकम्प्यूटरों के उपयोग में मुख्य चीज है घटनाक्रम का एक सही मॉडल तैयार करना। सही मॉडल तैयार करने का मतलब है आधा हल खोज लेना। सही मॉडल के आधार पर ही सुपरकम्प्यूटर की सहायता से समस्या के सही हल प्राप्त किए जा सकते हैं। अतः सुपरकम्प्यूटरों का उपयोग करने के लिए भारतीय परिस्थितियों के अनुरूप सही मॉडल तैयार करने की क्षमताएँ भी हमें विकसित करनी होंगी।

कम्प्यूटर-शिक्षा : कितनी सार्थक?

नई चीजों के प्रचार-प्रसार में यहाँ तक कि नए देवताओं और सम्प्रदायों के प्रचलन में भी, राजपुरुषों की अभिरुचि ने इतिहास में बड़े महत्त्व की भूमिका अदा की है। 'राजा कालस्य कारणम्' कहावत अक्षरशः सत्य है।

ईसा की 15वीं सदी के मध्यकाल में यूरोप में छापाखाने स्थापित हो चुके थे। भारत में पहुँचे हुए पुर्तगाली ईसाइयों ने बादशाह अकबर को जो बाइबिल भेंट की थी वह एक मुद्रित प्रति थी। गोवा में छापाखाना भी स्थापित हो चुका था। लेकिन अकबर या उसके दरबारियों ने इस महान आविष्कार में कोई दिलचस्पी नहीं दिखाई। चित्रांकन के स्तर पर पहुँची हुई अरबी-फारसी की सुन्दर लिखावट ही उन्हें ज्यादा पसन्द थी। फलतः भारत में देशी छापेखाने स्थापित होने में दो सौ साल और लगे।

शून्य सहित केवल दस अंक-संकेतों से सारी संख्याएँ व्यक्त करने का महान आविष्कार भारत में ईसा की आरम्भिक सदियों से हो चुका था। लेकिन गुप्त सम्राटों के प्रशस्तिकारों ने इस क्रान्तिकारी आविष्कार को नहीं अपनाया। गुप्त सम्राटों के किसी अभिलेख में नई अंक-पद्धति के दर्शन नहीं होते। भारत में ही इस नई अंक-पद्धति का व्यापक इस्तेमाल होने में करीब पाँच सौ साल का लम्बा समय लगा। भारतीय अंकों और अंक-पद्धति का यूरोप में प्रचार-प्रसार होने में इतना समय लगा था। ईसाई धर्म-शासकों ने रोमन के अंकों के स्थान पर भारतीय अंकों को अपनाने में कोई दिलचस्पी नहीं दिखाई। इस पर प्रख्यात गणितज्ञ **लापलास** की टिप्पणी थी, 'भारतीय अंक-पद्धति को दो-तीन सदियों पहले अपनाया जाता तो यूरोप में गणित और विज्ञान का अधिक तेजी से विकास होता।'

कम्प्यूटर का जन्म गणित के सवाल हल करने और गणित की सूक्ष्म सारणियाँ तैयार करने के लिए हुआ था। दूसरे महायुद्ध के बाद इलेक्ट्रॉनिक कम्प्यूटर बने और जीवन के विविध व्यापारों में इनका उपयोग होने लगा, तब भी इस क्रान्तिकारी साधन की हमने कोई खबर नहीं ली। भूतपूर्व प्रधानमंत्री श्रीमति इंदिरा गांधी के शासनकाल में अमरीकी कम्प्यूटर-कम्पनी आई.बी.एम. ने भारत में पुराने कम्प्यूटर चलाने का धन्धा शुरू किया था। इस कम्पनी की इजारेदारी को बढ़ावा नहीं मिला और तत्कालीन शासन ने कम्प्यूटर में कोई खास दिलचस्पी नहीं दिखाई, तो बाद में इसने भारत में अपना कारोबार बन्द कर दिया था।

कम्प्यूटरमय देश

करीब दो वर्ष पहले सत्ता से जुड़नेवाले एक समर्थ व्यक्ति ने कम्प्यूटरों में अपनी आस्था और अभिरुचि व्यक्त की। अब यह देश के प्रधानमंत्री की अभिरुचि है। कहने के लिए तो देश में प्रजातंत्र स्थापित हो गया, परन्तु पुरानी अनेक सामन्ती परम्पराएँ अभी समाप्त नहीं हुई हैं। एक राष्ट्र-नायक की कम्प्यूटरों में गहरी दिलचस्पी के कारण थोड़े अरसे में ही सारा देश 'कम्प्यूटरमय' हो गया है। कम्प्यूटरों के उन्मुक्त आयात के लिए सारे दरवाजे खोल दिए गए हैं। जल्दी-से-जल्दी कम्प्यूटर लगाने के लिए शासन के विभिन्न विभागों में जबर्दस्त होड़ मची हुई है। रेल व हवाई यात्रा के आरक्षण में, कल कारखानों में और बैंकों तथा स्कूल-कॉलेजों में कम्प्यूटर प्रणालियाँ स्थापित करने के लिए भव्य योजनाएँ

अस्तित्व में आ रही हैं। देश के लिए नए शासन का नया नारा है–'कम्प्यूटर लगाओ और 21वीं सदी में पहुँचो।

देश के इतिहास में किसी उन्नत टेक्नॉलॉजी को इतनी तेजी से और इतने व्यापक रूप में अपनाने के प्रयास पहले कभी नहीं हुए। अतः कोई आश्चर्य नहीं कि देश में कम्प्यूटरों के इस रेले को, इस बाढ़ को, झेलने में बड़ी कठिनाइयाँ हो रही हैं। फिलहाल, यहाँ हम केवल कम्प्यूटर शिक्षा की समस्याओं पर ही विचार करेंगे।

देश में कम्प्यूटरों को लेकर एक नया माहौल बना है, नए शासन की कम्प्यूटरों में गहरी दिलचस्पी है, इसलिए हर कोई, विद्यार्थी और मैनेजर ही नहीं, प्रशासक, विधायक, सांसद और मंत्रीगण भी कम्प्यूटरों के बारे में जानने के लिए, कम्प्यूटर-शिक्षा प्राप्त करने के लिए उतावला हो उठा है। शासन ने यह देशव्यापी भूख तो पैदा कर दी है, लेकिन इस भूख को मिटाने की कोई समुचित व्यवस्था नहीं की है। नतीजा यह हुआ कि जैसे-तैसे यह भूख मिटाने के लिए देश के बड़े नगरों में कम्प्यूटर-शिक्षा की ढेर सारी दूकानें खुल गई हैं। कम्प्यूटर-शिक्षा के इन ढाबों में तीन या अधिक-से-अधिक छह महीनों तक कुंजी-पटल पर अँगुलियाँ चलाने का अभ्यास कराया जाता है और **कोबोल, फोरट्रान** या **बेसिक** जैसी कम्प्यूटर भाषाएँ सिखा दी जाती हैं। लेकिन कम्प्यूटर विशेषज्ञ भली-भाँति जानते हैं कि इस प्रकार की 'कम्प्यूटर शिक्षा' आज के माहौल में नौकरी भले ही दिला दे, देश में कम्प्यूटर प्रणाली के विकास में कोई योग नहीं दे सकती। शासन को स्वयं देश में कम्प्यूटर-शिक्षा के संस्थान खोलने चाहिए थे, और इनमें एक सुनिश्चित पाठ्यक्रम और परीक्षाओं की व्यवस्था करनी चाहिए थी। लेकिन यह क्षेत्र निजी दुकानों को मनमाना मुनाफा कमाने के लिए खुला छोड़ दिया गया है।

कॉलेजों और विश्वविद्यालयों में भी कम्प्यूटर-शिक्षा के 'कोर्स' स्थापित हुए हैं। लेकिन इन शिक्षा केन्द्रों में भी अभी योग्य शिक्षकों और कम्प्यूटर साधनों की समुचित व्यवस्था नहीं हो पाई है।

हाँ, देश के प्रतिष्ठित आई.आई.टी. संस्थानों में कम्प्यूटर टेक्नोलॉजी की शिक्षा के लिए काफी अच्छी व्यवस्था है। इन संस्थानों के लिए उन्नत किस्म के कम्प्यूटर भी उपलब्ध किए गए हैं। लेकिन हमारे इन संस्थानों में उच्च शिक्षा प्राप्त करने के बाद स्नातक कहाँ पहुँच जाते हैं? ज्यादातर स्नातक अमरीका पहुँच जाते हैं। हमारे आई.आई.टी. संस्थान अमरीका के लिए प्रतिभाओं के आयात का स्रोत

बन गए हैं। बहुराष्ट्रीय कम्पनियों की वितरण व्यवस्था के लिए एक क्रान्तिकारी कम्प्यूटर-अलगोरिथम का आविष्कार करनेवाली अमरीका में निर्वासित भारतीय प्रतिभा डॉ. नरेन्द्र करमरकर आई.आई.टी. की ही देन है।

हमारे शासन ने स्कूल के बच्चों को कम्प्यूटर-शिक्षा देने की भी एक भव्य योजना बनाई है। इलेक्ट्रॉनिकी विभाग तथा राष्ट्रीय शैक्षिक अनुसन्धान और प्रशिक्षण परिषद के अधिकारियों के विचार-मन्थन से अस्तित्व में आई इस योजना का संक्षिप्त नाम है—**क्लास**। लेकिन अंग्रेजी के इस संक्षिप्त शब्द का अर्थ 'कक्षा' नहीं है। यह शब्द **कम्प्यूटर लिटरेसी एंड स्टडीज इन स्कूल्स** (विद्यालयों में कम्प्यूटर साक्षरता और शिक्षा) के आद्याक्षरों से बना है। हमारे वैज्ञानिक प्रशासक देश में कम्प्यूटर-शिक्षा के लिए अंग्रेजी के इस 'सार्थक' क्लास शब्द को जन्म देकर कितने खुश हुए होंगे, इसका सहज ही अन्दाजा लगाया जा सकता है। कम्प्यूटर का जन्म वैसे ही अंग्रेजी के माध्यम से हुआ है। कम्प्यूटर भाषाएँ अंग्रेजी में हैं। कम्प्यूटर के साथ हमें अंग्रेजी के शब्द ज्यों-के-त्यों स्वीकार करने पड़ रहे हैं। फिर भी, देश में कम्प्यूटर-शिक्षा देशी भाषा में नहीं, अंग्रेजियत के साथ शुरू हुई है।

नए अभिजात वर्ग का जन्म

इस 'क्लास' योजना के अन्तर्गत देश के 250 स्कूलों में और 42 स्रोत केन्द्रों (रिसोर्स सेन्टरों) में करीब एक हजार विदेशी कम्प्यूटर लगा दिए गए हैं। लेकिन यह किस तरह के स्कूल हैं? ये बड़े सरकारी स्कूल हैं, केन्द्रीय विद्यालय हैं। इनके अलावा, उन कई पब्लिक स्कूलों में भी कम्प्यूटर स्थापित हो गए हैं जहाँ धनी लोगों के बच्चे भारी फीस देकर अंग्रेजी माध्यम की शिक्षा प्राप्त कर रहे हैं। यह

नई कम्प्यूटर-शिक्षा निश्चय ही देश में एक नए अभिजात वर्ग को जन्म देने जा रही है। देश के एक विशिष्ट समुदाय के लिए सुख-सुविधाओं के साधन जुटाने जा रही है।

क्लास योजना के अन्तर्गत दूसरे दौर में देश के 500 और स्कूलों में कम्प्यूटर लगाए जाएँगे। लेकिन हमें यह भी स्मरण रखना चाहिए कि पूरे देश में करीब छः लाख स्कूल हैं। इन स्कूलों की स्थिति हम भली-भाँति जानते हैं। इनमें से करीब 50 प्रतिशत स्कूलों के अपने पक्के भवन नहीं हैं, इनके पास ब्लैक-बोर्ड, दरियाँ, बेंच तक नहीं हैं। ऐसे स्कूलों में कम्प्यूटर-शिक्षा की सुविधाएँ मुहैया कराना कतई सम्भव नहीं है। कम्प्यूटर धूल के एक कण के व्यवधान को भी सहन नहीं कर सकता। कम्प्यूटर के धूल-रहित और वातानुकूलित कक्ष की आवश्यकता होती है। ऐसी स्थिति में हम 21वीं सदी में पहुँचने पर भी देश के सभी स्कूलों में कम्प्यूटर लागू नहीं कर पाएँगें। कम्प्यूटर निश्चय ही भारतीय समाज का नए सिरे से वर्गीकरण करने में योग देने जा रहा है। सोवियत संघ में भी स्कूलों के लिए आवश्यक कम्प्यूटरों का कुछ अभाव है, लेकिन वहाँ हाल ही में स्कूलों में कम्प्यूटर-शिक्षा शुरू करने की एक व्यापक योजना बनी है। सोवियत संघ में, चाहे नगर हों या कस्बे, बच्चों को लगभग समान स्तर की शिक्षा-सुविधाएँ उपलब्ध हैं। इतना होने पर भी वहाँ सबसे पहले विद्यालयों में बड़े पैमाने पर वातानुकूलित नए कक्ष बनाए जा रहे हैं। साथ ही देशी भाषाओं में कम्प्यूटर-शिक्षा देने के लिए बड़े पैमाने पर कोमलांग (सॉफ्टवेयर) तैयार किया जा रहा है। दूसरी ओर, हमारे देश में न केवल कठोरांग (हार्डवेयर) को आयात किया जा रहा है, बल्कि फिलहाल कम्प्यूटर शिक्षा में अंग्रेजी माध्यम के आयातित प्रोग्रामों का ही इस्तेमाल हो रहा है।

स्कूलों के लिए अब तक जिस तरह का कम्प्यूटर-कठोरांग उपलब्ध हुआ है वह भी कोई खास उपयोगी सिद्ध नहीं हो रहा है। देश के 250 स्कूलों में जो कम्प्यूटर स्थापित किए गए हैं, वे इंग्लैंड से प्राप्त बीबीसी माइक्रो कम्प्यूटर हैं। एक तो ये कम्प्यूटर दूसरों से कुछ महँगे हैं, दूसरे, इनके पूरे इस्तेमाल के लिए जिन अतिरिक्त साधनों की आवश्यकता है उनके लिए पर्याप्त धन उपलब्ध नहीं हुआ है। और फिर, इन कम्प्यूटरों को तैयार करनेवाली एकार्न कम्पनी का दिवाला निकल गया है।

कम्प्यूटरों के आयात के लिए भारत ने अपने द्वार खोल दिए हैं, इसलिए विदेशी कम्पनियाँ इस सुअवसर का लाभ उठाने और भारत में अपने मार्केट

स्थपित करने के लिए हर प्रकार के हथकंडे अपना रही हैं। 1985 में एक निजी जापानी कम्पनी ने अपने 30 इप्सन कम्प्यूटर हमारी सरकार को उपहार में दिए। इसके पीछे इस जापानी कम्पनी का उद्देश्य था–इलेक्ट्रॉनिक विभाग को कम्प्यूटर-साधन खरीदने का लालच देना। सरकार ने वे तीस कम्प्यूटर क्लास योजना के लिए एन.सी.ई.आर.टी. को सौंप दिए। लेकिन इनके लिए मॉनिटर, प्रिंटर आदि साधनों का जुगाड़ न होने के कारण इनका कोई समुचित इस्तेमाल नहीं हो सकता। इप्सन कम्प्यूटरों के लिए ये अतिरिक्त साधन खरीदने के लिए धन भी नहीं मिला।

नई क्लास योजना

तो यह हाल है हमारी क्लास योजना का। देश में जब तक शिक्षा का स्तर नहीं सुधरेगा, नए भवन नहीं बनेंगे, कम्प्यूटर-शिक्षा के लिए योग्य शिक्षक तैयार नहीं किए जाएँगे, देशी भाषाओं के माध्यम से कम्प्यूटर-कोमलांग विकसित नहीं किए जाएँगे, तब तक देश में कम्प्यूटर-शिक्षा प्रभावकारी सिद्ध नहीं हो सकती। इस समय देश में कम्प्यूटर-शिक्षा प्राप्त करीब 40 हजार व्यक्ति हैं। इलेक्ट्रॉनिक विभाग का अनुमान है कि 1990 तक हमें प्रति वर्ष करीब दो लाख कम्प्यूटर-विशेषज्ञों की आवश्यकता होगी। आज ही कम्प्यूटर-विशेषज्ञों का देश में भारी अभाव है। देश में आयातित कम्प्यूटरों को लगाने का सिलसिला जारी रहा, तो कम्प्यूटर-विशेषज्ञों की माँग को हम किस प्रकार पूरा कर पाएँगे? कम्प्यूटर-शिक्षा और कम्प्यूटर लगाने की रफ्तार के बारे में हमारी सरकार को नए सिरे से सोचना होगा, दोनों में सन्तुलन स्थापित करना होगा।

कम्प्यूटर टेक्नॉलॉजी के बारे में एक और महत्त्व की बात है। इस समय यह कम्प्यूटरों की चौथी पीढ़ी का दौर चल रहा है। दूसरे महायुद्ध के बाद वैक्यूम ट्यूबों के 'स्विचों' पर आधारित कम्प्यूटर की पहली पीढ़ी ने जन्म लिया था। फिर ट्रांजिस्टर-स्विचों की दूसरी कम्प्यूटर पीढ़ी ने जन्म लिया। सिलिकन के एक छोटे से चिप्पड़ पर अधिकाधिक संख्या में ट्रांजिस्टर घटक स्थापित करना सम्भव हुआ, तो बीस साल पहले तीसरी पीढ़ी ने और 1971 में माइक्रोप्रोसेसर के आविष्कार के बाद चौथी पीढ़ी ने जन्म लिया। चौथी पीढ़ी के सुपर कम्प्यूटरों की ही भीख माँगने हमारे अधिकारी अमरीका पहुँचते रहते हैं।

लेकिन कम्प्यूटरों की पाँचवी पीढ़ी के जन्म लेने में अब अधिक देर नहीं है। पाँचवीं पीढ़ी के कम्प्यूटर नितान्त भिन्न किस्म के होंगे। यह कम्प्यूटरों की दूसरी क्रान्ति के सूचक होंगे। बहुत सम्भावना यही है कि कम्प्यूटरों की यह दूसरी क्रान्ति अमरीका में नहीं, जापान में होगी।

आगे जाकर कम्प्यूटरों के सिलिकन के स्थान पर अधिक शक्तिशाली **गाल्लियम-आर्सेनाइड** सेमी-कंडक्टर का इस्तेमाल होगा। पाँचवीं पीढ़ी के कम्प्यूटर, इलेक्ट्रॉनों के प्रवाह से नहीं, बल्कि लेसर प्रकाश-पुंज से संचालित होंगे। ये कम्प्यूटर मानव बुद्धि की बराबरी करने में समर्थ होंगे, इसलिए इन्हें 'कृत्रिम बुद्धि' (आर्टिफिशियल इंटेलिजेंस) का नाम दिया गया है। पाँचवीं पीढ़ी के ये कम्प्यूटर हमारी भाषाओं को समझने में समर्थ होंगे, इसलिए इनके लिए प्रोग्रामों की जो प्रणालियाँ (एक्सपर्ट सिस्टम) विकसित की जा रही हैं, वे नितान्त भिन्न किस्म की होंगी। जिस प्रकार चौथी पीढ़ी के कम्प्यूटरों ने पहले की तीनों पीढ़ियों के कम्प्यूटरों को संग्रहालयों में पहुँचा दिया है, उसी प्रकार कम्प्यूटरों की यह पाँचवीं पीढ़ी भी चौथी की वही गत बना देगी। जापान ने

पाँचवीं पीढ़ी के कम्प्यूटरों के साथ ही 21वीं सदी में पहुँचने का दृढ़ निश्चय कर लिया है।

हमें भी पाँचवीं पीढ़ी के इन क्रान्तिकारी कम्प्यूटरों के बारे में गम्भीरता से सोचना होगा, कुछ करना होगा। कम्प्यूटर निश्चय ही एक अत्यन्त उपयोगी साधन है। हम इसकी उपेक्षा नहीं कर सकते, लेकिन जल्दीबाजी से अनेक विकट समस्याएँ पैदा हो सकती हैं।

फिलहाल यदि हम शिक्षा का स्तर ऊँचा उठाने में विद्यालयों में कम्प्यूटर शिक्षा के लिए अत्यावश्यक तर्कशास्त्र और नए गणित की बुनियादी शिक्षा को समुन्नत बनाने में, कम्प्यूटर-शिक्षक तैयार करने में और नई कम्प्यूटर टेक्नोलॉजी को विकसित करने में देश के सीमित साधनों का उपयोग करें, तो 21वीं सदी में कम्प्यूटरों को भारतीय समाज के लिए अपनाने में हमें अधिक कठिनाई नहीं होगी।

कम्प्यूटर और हिन्दी–प्रयोग और सम्भावनाएँ

लेखन के साधनों का इतिहास बहुत पुराना है, काफी दिलचस्प है। वस्तुतः लिपियों और लेखन के साधनों के आविष्कार के साथ ही ऐतिहासिक युग का आरम्भ होता है—करीब छह हजार साल पहले। लेखन के पुराने साधन थे : पत्थर, मिट्टी के फलक, चर्मपट, वस्त्र, पेपीरस, काष्ठ, धातुपत्र, भोजपत्र, ताड़पत्र, छेनी, शलाका, कलम, स्याही इत्यादि।

फिर कागज सुलभ हुआ। लकड़ी व धातु के टाइप बने, छापाखाने का आविष्कार हुआ। लेखन के लिए टाइपराइटरों का इस्तेमाल होने लगा। मुद्रण के अधिकाधिक उन्नत साधन उपलब्ध हुए।

अब, हमारे समय में लेखन का एक नया साधन अस्तित्व में आया है—कम्प्यूटर। यह लेखन का ही नहीं, चित्रण, मुद्रण, गणना, संचार आदि का भी समर्थ साधन है। महत्त्व की बात यह है कि कम्प्यूटर पहले के साधनों से एक नितान्त भिन्न स्तर का साधन है। यह एक सक्रिय व समझदार साधन है, एक बुद्धिसम्पन्न मशीन है। इस नए साधन की सम्भावनाएँ अपार हैं। कम्प्यूटर मानव-जीवन के विभिन्न व्यापारों को बड़े पैमाने पर प्रभावित करने जा रहा है।

लेखन के साधन मानव के, न केवल बौद्धिक जीवन को, बल्कि सामाजिक जीवन को भी प्रभावित करते आ रहे हैं। मुद्रण के साधनों ने लिपियों को स्थायित्व प्रदान किया। कागज और छापाखाने ने साहित्य को सर्वसाधारण के लिए सुलभ बना दिया, ज्ञान-विज्ञान के प्रचार-प्रसार में क्रान्तिकारी भूमिका अदा की।

टाइपराइटर का उदाहरण लीजिए। इस साधन ने लेखनकर्म को सहज, सुगम और सुन्दर बनाने में काफी योग दिया। मगर आज कम्प्यूटर की तुलना में टाइपराइटर की वही स्थिति है, जो वायुयान की स्थिति में बैलगाड़ी की है। फिर भी, हमें स्वीकार करना होगा कि टाइपराइटर ने नारी को घर की चारदीवारी से बाहर निकालने में, आत्मनिर्भर बनाने में, एक महान भूमिका अदा की है। कम्प्यूटर उस भूमिका को अधिक व्यापक और गौरवमय बनाने जा रहा है।

दरअसल, लेखन के सभी पुराने साधनों में और कम्प्यूटर में एक बहुत बड़ा बुनियादी अन्तर है। पुराने साधन लेखक के सक्रिय सहयोग के बिना, स्वयं कुछ भी नहीं कर सकते। टाइपराइटर की एक कुंजी दबाने से कागज पर सिर्फ एक ही संकेत टंकित होता है। परन्तु कम्प्यूटर-कुंजी-पटल की केवल एक कुंजी स्पर्श-टंकित की जाए, तो लेखन व मुद्रण से सम्बन्धित कई तरह के कार्य स्वयमेव सम्पन्न हो सकते हैं—कुशलता से, तीव्र गति से। इसीलिए हम कहते हैं कि कम्प्यूटर एक बुद्धिसम्पन्न साधन है। यह साधन लिपि, लेखन व मुद्रण, भाषा व साहित्य, और समाज को भी, बड़े व्यापक पैमाने पर प्रभावित कर रहा है। कोई भी भाषा, साहित्य या समाज, कम्प्यूटर टेक्नोलॉजी की उपेक्षा करके, अब तेजी से आगे बढ़ने की अपेक्षा नहीं रख सकता।

कम्प्यूटर के लिए संसार की कोई भी भाषा श्रेष्ठ या पिछड़ी, बड़ी या छोटी नहीं है। कम्प्यूटर की अपनी एक स्वतंत्र 'भाषा' है। कम्प्यूटर टेक्नोलॉजी का विकास मुख्यतः अंग्रेजी माध्यम में हुआ है, इसीलिए आज 'अंग्रेजी कम्प्यूटर' का बोलबाला है, और इस भाषा में बहुत सारे कम्प्यूटर साधन उपलब्ध हुए हैं। स्पष्ट है कि कम्प्यूटर टेक्नोलॉजी ने अंग्रेजी भाषा को अधिक प्रभावकारी बना दिया है।

मगर कम्प्यूटर किसी एक भाषा का पक्षपाती नहीं है। यह शक्तिशाली आधुनिक टेक्नोलॉजी जहाँ अंग्रेजी को बलशाली बना सकती है, वहीं हमारी भारतीय भाषाओं को भी मजे से बल प्रदान कर सकती है, अधिक समर्थ बना सकती है। यह सही है कि भारत में कम्प्यूटर की शुरुआत कुछ देरी से हुई, मगर अब कम्प्यूटर साधनों को भारतीय भाषाओं के लिए विशेषकर हिन्दी के लिए, तेजी से अपनाया जा रहा है।

वैसे, गणना के एक यांत्रिक साधन के रूप में कम्प्यूटर का इतिहास काफी पुराना है। मगर आधुनिक इलेक्ट्रॉनिक कम्प्यूटरों का वास्तविक विकास दूसरे महायुद्ध के समय से शुरू हुआ है। कम्प्यूटर टेक्नोलॉजी के तब से आज के विकास को प्रायः पाँच पीढ़ियों में बाँटा जाता है। पहली पीढ़ी (1940-52) के कम्प्यूटरों में निर्वात ट्यूब के सर्किट होते थे। दूसरी पीढ़ी (1952-64 ई.) के कम्प्यूटरों में ट्रांजिस्टरों का प्रयोग हुआ। वे अधिक छोटे और अधिक सक्षम बन गए। तीसरी पीढ़ी (1964-74 ई.) के कम्प्यूटरों के लिए 100 ट्रांजिस्टरों तक के चिप (इंटीग्रेटेड सर्किट) प्रयोग में लाना सम्भव हुआ, तो उनका आकार बहुत छोटा हो गया। चौथी पीढ़ी (1974 ई. से आगे) के कम्प्यूटरों में लाखों ट्रांजिस्टरों वाले चिप प्रयोग में लाना सम्भव हुआ, तो कम्प्यूटर और भी अधिक छोटे हो गए, और

उनकी कीमत भी घटती गई। पाँचवीं पीढ़ी के कम्प्यूटरों का विकास कार्य जारी है। ये कम्प्यूटर डेटा-संसाधन और ज्ञान-संसाधन कर रहे हैं। एक नई संरचना-पद्धति पर आधारित ये कम्प्यूटर 'मशीनी बुद्धि' के नाम से जाने जाते हैं और उनके लिए विशिष्ट प्रकार की भाषाएँ विकसित की जा रही हैं।

भारत में कम्प्यूटर निर्माण का कार्य 1960 के दशक में आरम्भ हुआ। पिछले करीब साढ़े तीन दशकों में भारत ने इस दिशा में काफी प्रगति की है। हिन्दी और अन्य भारतीय भाषाओं के संसाधन के लिए कम्प्यूटरों का अब व्यापक उपयोग हो रहा है। अब तो भारत में समान्तर संसाधन की संरचना पद्धति पर आधारित सुपर कम्प्यूटर भी बनने लगे हैं।

कम्प्यूटर को भारतीय भाषाओं के लिए उपयोगी बनाने की दिशा में 1975 ई. में प्रयास शुरू हुए। भारत सरकार के इलेक्ट्रॉनिकी विभाग की सहायता से देश के करीब एक दर्जन संस्थानों में भारतीय भाषाओं के लिए कम्प्यूटर टेक्नोलॉजी के विकास का कार्य 1980 ई. से आरम्भ हुआ।

हिन्दी जगत में पहली बार कम्प्यूटर की अधिक चर्चा अक्टूबर 1983 में नई दिल्ली में आयोजित तृतीय विश्व हिन्दी सम्मेलन के अवसर पर हुई थी। उस सम्मेलन में हिन्दी के पहले कम्प्यूटर 'सिद्धार्थ' का प्रदर्शन हुआ था। सिद्धार्थ वस्तुतः हिन्दी और अंग्रेजी में काम करनेवाला भारत का पहला द्विभाषी कम्प्यूटर था।

कुछ ही समय बाद सी.एम.सी. (हैदराबाद) ने हिन्दी, अंग्रेजी और एक अन्य भाषा (तमिल, तेलुगु, गुजराती आदि) में काम करनेवाला 'लिपि' नामक एक त्रिभाषी शब्द-संसाधक बनाया। उसी समय आई.आई.टी. कानुपर के एक विशेषज्ञ दल ने उस समय ऐसी टेक्नोलॉजी की नींव रखी जो निरन्तर विकसित होते हुए अब इतनी अधिक सम्पन्न हो गई कि उसके जरिए एक ही कम्प्यूटर पर, न केवल अंग्रेजी तथा हिन्दी में, अपितु अंग्रेजी तथा भारत की सभी प्रमुख भाषाओं में शब्द-संसाधन सम्भव हो गया है। इस क्रान्तिकारी टेक्नोलॉजी का नाम है–**जिस्ट** (ग्राफिक्स एंड इंटेलिजेंस बेस्ड टेक्नोलॉजी)। जिस्ट टेक्नोलॉजी के जरिए भारतीय भाषाओं के संसाधन के लिए कई सारे नए तथा उपयोगी कम्प्यूटर-साधन उपलब्ध हो रहे हैं।

भारतीय लिपियों के अक्षरों के साथ ऊपर-नीचे और दाएँ-बाएँ मात्राएँ लगती हैं। संयुक्ताक्षरों के भी बहुत से झमेले हैं। इसलिए हिन्दी आदि भारतीय भाषाओं के टाइपराइटरों के कुंजी-पटल में सभी स्वराक्षरों तथा व्यंजनाक्षरों को रख पाना

सम्भव नहीं होता। कई तरह की युक्तियों से काम चलाना पड़ता है। उ को ऊ बना देने वाली मात्रा का उपयोग करके प को फ बनाया जाता है, और उस मात्रा को र के साथ जोड़कर रु बनाया जाता है इच्छित संयुक्ताक्षर नहीं बन पाते। तब हार मानकर हलंत के चिह्न (्) का उपयोग किया जाता है।

ऐसे हालात में किसी भारतीय लिपि के सभी प्रकार के संकेतों को कम्प्यूटर की 47 कुंजियों में किस तरह समेटा जा सकता है? क्या भारतीय लिपियों के लिए ज्यादा कुंजियोंवाले बड़े कुंजी-पटल की आवश्यकता है? आज भारत की अलग-अलग भाषा/लिपि के लिए अलग-अलग टाइपराइटर की-बोर्ड हैं। क्या प्रत्येक भारतीय भाषा/लिपि के लिए की-बोर्ड भी उस तरह अलग-अलग बनाने पड़ेंगे?

नहीं, बिलकुल नहीं। रोमन लिपि की अपनी कुछ सहूलियतें हैं, तो भारतीय लिपियों की भी अपनी कुछ विशेषताएँ हैं, जिनके कारण उन्हें वैज्ञानिक पद्धति से बड़े मजे में कम्प्यूटर की-बोर्ड की 47 कुंजियों पर स्थपित कर देना सम्भव हुआ है। भारतीय लिपियों की सबसे बड़ी विशेषता है, इनका काफी अधिक ध्वन्यात्मक होना। अर्थात, जैसा बोला जाता है, वैसा ही लिखा जाता है। कम्प्यूटर के लिए इस विशेषता को अपनाकर कुंजियों पर स्वराक्षर, मात्राएँ और व्यंजनाक्षर स्थापित किए गए हैं। ध्वन्यात्मकता के आधार पर भारतीय वर्णमाला के सभी अक्षर कम्प्यूटर की-बोर्ड पर स्थापित कर दिए गए हैं। इसलिए शब्दकोश के अनुक्रम से शब्द-चयन करना भी सम्भव हो गया है। भारतीय लिपियों की दूसरी बड़ी विशेषता यह है कि, अरबी-फारसी लिपि को छोड़कर, ये सभी प्राचीन ब्राह्मी लिपि से विकसित हुई हैं। इसलिए इन सभी लिपियों का आधार संस्कृत वर्णमाला है, जो मूलतः ध्वन्यात्मक है। भारतीय लिपियों की इन्हीं दो विशेषताओं—एकरूप वर्णमाला और धन्यात्मकता के कारण कम्प्यूटर कुंजी-पटल की 47 कुंजियों पर, न केवल देननागरी के अक्षरों को, बल्कि भारत की दस प्रमुख लिपियों को एक साथ स्थापित कर देना सम्भव हुआ है।

इसके लिए कम्प्यूटर की कुंजियों पर दाईं ओर दो और स्थान बनाए गए हैं—नीचे और ऊपर, जैसे कि अंग्रेजी के छोटे और बड़े अक्षरों के लिए हैं। इस प्रकार नए कुंजी-पटल में, जिसे 'इंस्क्रिप्ट' नाम दिया गया है, कुल चार अक्षरों या संकेतों के लिए स्थान हैं। बाईं ओर के, ऊपर और नीचे के मिलाकर, कुल $47 \times 2 = 94$ संकेत अंग्रेजी के लिए सुरक्षित हैं। दाईं ओर के ऊपर और नीचे के अक्षरसंकेत स्थान एकरूप वर्णमालावाली ध्वन्यात्मक स्वरूप की भारतीय लिपियों के लिए सुरक्षित हैं। (देखिए चित्र)। अब एक ही कम्प्यूटर-कुंजी-पटल पर अंग्रेजी के

अलावा देवनागरी और भारत की सभी प्रमुख भाषाओं-लिपियों में काम कर पाना सम्भव हो गया है।

इंस्क्रिप्ट कुंजी पटल

सभी भारतीय लिपियों को एक ही कम्प्यूटर-कुंजी-पटल पर स्थापित कर देना एक बहुत बड़ी उपलब्धि है। इसके साथ ही लिप्यंतरण का एक बहुत उपयोगी साधन भी उपलब्ध हो गया है। नए इंस्क्रिप्ट की-बोर्ड की एक और विशेषता यह है कि आप जिस क्रम में उच्चारण करते हैं, ठीक उसी क्रम में अक्षर और मात्राएँ स्पर्श-टंकित की जाती हैं।

तिब्बती, सिंहली तथा दक्षिण-पूर्व एशिया की कई लिपियाँ भी ब्राह्मी से ही विकसित हुई हैं। इसीलिए भारतीय लिपियों के साथ तिब्बती, सिंहली, थाई आदि लिपियों को भी उसी कम्प्यूटर-कुंजी-पटल पर स्थापित कर देना सम्भव हुआ है। इस तरह, ब्राह्मी से विकसित लिपियों को अब पुनः एक मंच पर बिठाना सम्भव हुआ है।

जिस्ट टेक्नोलॉजी की इस बुनियादी उपलब्धि के आधार पर, और अन्य अनेक सॉफ्टवेयरों के आधार पर भी, भारतीय भाषाओं के संसाधन के लिए अब कई नए साधन उपलब्ध हो गए हैं। डेस्क टॉप पब्लिशिंग (डीटीपी) अब एक आम चीज बनती जा रही है। देवनागरी तथा अन्य कई भारतीय लिपियों के बढ़िया कम्प्यूटर-फांट बन गए हैं, बन रहे हैं।

अब हिन्दी भाषा के इलेक्ट्रॉनिक शब्दकोश भी बन रहे हैं। साथ ही कुछ हिन्दी स्पेल-चेकर (वर्तनी-संशोधक) भी बन गए हैं। इनके जरिए पाठ संशोधित हो सकते हैं, शब्दों के हिज्जे ठीक किए जा कसते हैं। कम्प्यूटर अब भारतीय भाषाओं के कोश-निर्माण में भी योग दे रहे हैं। वैज्ञानिक और तकनीकी शब्दावली आयोग ने कम्प्यूटर आधारित राष्ट्रीय शब्दावली बैंक की स्थापना की है। बैंक के

डाटाबेस में विभिन्न तकनीकी विषयों के 5 लाख शब्द संचित किए जा चुके हैं। शब्दावली आयोग ने कम्प्यूटर प्रणाली का उपयोग एक बृहद **प्रशासन शब्दावली** प्रकाशित की है। अन्ततः इस शब्दावली बैंक के डाटाबेस को राष्ट्रीय सूचना विज्ञान-केन्द्र की 'निकनेट' उपग्रह-सेवा के साथ जोड़ा जाएगा।

भारतीय भाषाओं में भी कम्प्यूटर प्रोग्राम लिखे जा सकते हैं, पैकेज भी तैयार किए जा सकते हैं। रेलवे सूचना प्रणाली केन्द्र (क्रिस) ने हिन्दी में ऐसा एक पैकेज तैयार किया है। हिन्दी भाषा के शिक्षण के लिए भी पैकेज तैयार हो रहे हैं। पुणे के सी-डैक संस्थान ने हिन्दी सीखने के लिए ऐसा एक पैकेज तैयार किया है।

एक भारतीय भाषा से दूसरी भाषा में मशीनी अनुवाद प्रस्तुत करने के प्रयास भी जारी हैं। कानपुर के आई.आई.टी. संस्थान ने इसके लिए 'अनुसारक' नामक तर्क-प्रणाली विकसित की है। इसके अन्तर्गत कन्नड़ से हिन्दी में कम्प्यूटर अनुवाद करने में काफी सफलता मिली है। उसी संस्थान में अंग्रेजी से हिन्दी में अनुवाद प्रस्तुत करने की दिशा में भी कार्य हो रहा है।

सारांश यह कि, अंग्रेजी के लिए उपलब्ध अनेक कम्प्यूटर साधन अब हिन्दी तथा अन्य भारतीय भाषाओं के लिए बड़ी तेजी से उपलब्ध हो रहे हैं। इन्हें बड़े पैमाने पर अपनाकर ही भारतीय भाषाओं को अधिक समर्थ बनाया जा सकता है। लेखकों, साहित्यकारों, पत्रकारों और सम्पादकों का बौद्धिक वर्ग कम्प्यूटर को सहजता से अपना सकता है; इस बुद्धि सहायक साधन की सबसे ज्यादा ज रूरत इन्हीं को है। कम्प्यूटर जैसे युगान्तरकारी साधन को अपनाकर निज भाषा, साहित्य और संस्कृति को समुन्नत बनाना भी मुख्यतः इसी बौद्धिक वर्ग का दायित्व है।

तीसरी क्रान्ति यानी सुपरकंडक्टर

कोई दो सौ साल पहले **भाप के इन्जन** के आविष्कार से एक नए युग की शुरुआत हुई थी। इसी के कारण यूरोप के देशों में औद्योगिक क्रान्ति हुई और तेजी से दुनिया का नक्शा बदला। 'भाप का इंजन' आधुनिक युग में पहली महान, तकनीकी क्रान्ति का जन्मदाता है।

दूसरी तकनीकी क्रान्ति की शुरुआत हुई मुश्किल से चार दशक पहले एक नन्हे उपकरण के जरिए। 1948 में खोजा गया यह उपकरण है **ट्रांजिस्टर**। सेमी-कंडक्टरों पर आधारित और इलेक्ट्रॉनों से संचालित ट्रांजिस्टर या डायोड, ट्रायोड आदि नन्हें उपकरणों ने फिर एक बार दुनिया का नक्शा बदला। आधुनिक रेडियो, टेलीविजन, कम्प्यूटर और संचार के तमाम साधन इन्हीं इलेक्ट्रॉनिक उपकरणों पर आधारित हैं। ट्रांजिस्टरों के बिना उपग्रहों से संचार-सम्बन्ध स्थापित करना और मानव को अन्तरिक्ष में भेजना सम्भव न होता।

अब तीसरी तकनीकी क्रान्ति मानव समाज के दरवाजे पर दस्तक दे रही है। फिर एक बार विद्युत, चुम्बक और इलेक्ट्रॉनिक्स पर आधारित हमारे तमाम मौजूदा यंत्र-उपकरण तेजी से बदलेंगे, आकार में छोटे होंगे और इनकी क्षमता सैकड़ों-हजारों गुना बढ़ जाएँगी। इस नई तकनीकी क्रान्ति के साधन हैं ऐसे अनेक विशिष्ट पदार्थ, जिन्हें हम **सुपरकंडक्टर** यानी अतिचालक कहते हैं।

सुपरकंडक्टरों पर आधारित इस नई तकनीकी क्रान्ति की सम्भावनाएँ अनगिनत हैं। आजकल के तांबे या अल्यूमिनियम तारों में बिजली के प्रवाह के मार्ग में बाधाएँ पैदा होती हैं, तार गर्म होते हैं, ऊर्जा का अपव्यय होता है। सुपरकंडक्टरों के तारों में कोई प्रतिरोध नहीं होता। सुपरकंडक्टर के एक पतले तार में भी सैकड़ों गुना अधिक बिजली को बिना किसी अपव्यय के दूर-दूर तक भेजना सम्भव होगा। मोटर, जेनरेटर, ट्रांसफार्मर आदि उपकरण भी छोटे और अधिक क्षमतावाले होंगे। दरअसल बिजली से सम्बन्धित सारे उपकरण ही बदल जाएँगे।

यातायात के साधन भी काफी बदलेंगे। **सुपर-चुंबकों** से शक्ति पाकर रेलगाड़ियाँ धरातल के थोड़े ऊपर या भूमिगत सुरंगों में ऐसी दौड़ेंगी जैसे लहरों के ऊपर होवरक्रैफ्ट दौड़ते हैं। जापान में ऐसी एक रेलगाड़ी का सफल परीक्षण भी हो चुका है। सुपर-चुम्बकों पर आधारित ऐसी शक्तिशाली तोपें बनेंगी जो उपग्रहों को अन्तरिक्ष में स्थापित कर देने में समर्थ होंगी।

सुपरकंडक्टर आज के कम्प्यूटरों को भी बदलेंगे। वैज्ञानिकों का कहना है कि आज के सुपरकम्प्यूटर फुटबाल के आकार के हो जाएँगे, पर उनकी क्षमता सौ गुना बढ़ जाएगी। सुपरकंडक्टरों पर आधारित एक नए किस्म के **स्विच** की खोज पच्चीस साल पहले ही हो चुकी है। अब बाल की मोटाई से सौ गुना पतले ऐसे सुपरकंडक्टर चिप्पड़ों को खोजा जा रहा है जिनमें इलेक्ट्रॉनों का प्रवाह सौ गुना अधिक तेजी से होता है। इन नए साधनों से ढेर सारी नई इलेक्ट्रॉनिक टेक्नोलॉजी जन्म लेंगी।

सुपरकंडक्टरों पर आधारित एक ऐसा भी चुम्बकीय साधन खोजा गया है जो मस्तिष्क में घटित होनेवाले बारीक-से-बारीक चुम्बकीय परिवर्तनों को पहचान सकता है। चिकित्सा-विज्ञान के लिए इस आविष्कार की अनगिनत सम्भावनाएँ हैं। सारांश यह है कि सुपरकंडक्टर और सुपर-चुम्बक भविष्य में हमारी अधिकांश टेक्नालॉजियों का सारा नक्शा ही बदल देंगे। सुपरकंडक्टरों ने न केवल वैज्ञानिक जगत में खलबली मचाई है, बल्कि इसकी खोजबीन के मामले में राजनीतिक स्तर पर भी निर्णय लिए जा रहे हैं। हमारे देश में भी सुपरकंडक्टरों से सम्बन्धित खोजबीन को संयोजित करने के लिए एक उच्च स्तरीय समिति का गठन हुआ है।

सुपरकंडक्टरों की बेतहाशा चर्चा के बीच शायद बहुतों को लगे कि यह एक नई खोज है। ऐसा नहीं है। सुपरकंडक्टर की खोज काफी पहले 1911 में हुई थी। पिछले कुछ दशकों में सुपरकंडक्टरों के कुछ उपयोग भी खोजे गए हैं पर सुपरकंडक्टरों का दैनंदिन जीवन में उपयोग करने में अनेक बाधाएँ थीं। साल भर पहले तक वैज्ञानिकों को लगता था कि ये बाधाएँ दूर करना लगभग असम्भव है। पर पिछले साल सितम्बर में दुनिया के कई देशों की प्रयोगशालाओं में उच्च तापमानवाले नए सुपरकंडक्टरों की खोज का सिलसिला शुरू हुआ। वैज्ञानिकों को उम्मीद है कि सुपरकंडक्टर व्यापक इस्तेमाल की चीज बनने जा रहे हैं, उच्च तकनीकी की एक नई दुनिया को जन्म देने जा रहे हैं।

लेकिन सुपरकंडक्टर क्या है? सुपरकंडक्टरों की खोजबीन के सिलसिले को पकड़ते हुए आगे बढ़ें तो इस आविष्कार को ठीक से समझने में काफी सुविधा होती है। सबसे पहले पदार्थों के तापमान को ठीक से समझना जरूरी है।

पानी 100 डिग्री सेन्टीग्रेड पर उबलता है और शून्य डिग्री सेन्टीग्रेड पर बर्फ बनने लग जाता है। लेकिन हाइड्रोजन, हीलियम या ऑक्सीजन जैसी गैसों को तरल बनाना हो तो तापमान को शून्य डिग्री के बहुत नीचे ले जाना होता है। सैद्धान्तिक तौर पर न्यूनतम तापमान शून्य के नीचे लगभग 273 डिग्री सेन्टीग्रेड माना गया है। इसे **परम शून्य** तापमान भी कहते हैं। इसे **शून्य डिग्री केल्विन** भी कहते हैं। तापमान के इस केल्विन पैमाने के अनुसार हिमांक 273 डिग्री केल्विन और क्वथनांक यानी पानी के उबलने का तापमान 373 डिग्री केल्विन होगा। हीलियम करीब 4 डिग्री केल्विन पर तरल बनता है, और हाइड्रोजन करीब 20 डिग्री केल्विन पर तरल बनता है।

सुपरकंडक्टरों को ठीक से समझने के लिए कंडक्टरों यानी सुचालकों की भी पहचान जरूरी है। तांबा और एल्यूमीनियम जैसी जिन धातुओं या पदार्थों में बिजली का अच्छा प्रवाह होता है उन्हें हम **कंडक्टर** या **सुचालक कहते हैं। रबर या लकड़ी जैसी चीजें कुचालक हैं। सुचालकों में भी बिजली के मार्ग में रुकावटें पैदा होती हैं, तार गर्म होते हैं और ऊर्जा का काफी अपव्यय होता है।**

कंडक्टर और सुपरकंडक्टर के मुख्य भेद यही हैं कि जहाँ कंडक्टर में बिजली के प्रवाह में रुकावटें पैदा होती हैं, वहाँ सुपर कंडक्टर में यह प्रतिरोध शून्य होता है। पहली बार यह जानकारी हालैंड की लीडेन प्रयोगशाला में हाइके काम्मेरिलिंघ ओन्नेस ने 1911 में प्राप्त की थी। ओन्नेस ने ही पहली बार 1908 में लगभग 4 डिग्री केल्विन तापमान पर हीलियम गैस को तरल रूप में प्राप्त करने में सफलता पाई।

फिर ओन्नेस ने यह जानना चाहा कि इतने कम तापमान पर किसी पदार्थ में बिजली के प्रवाह के मार्ग में कितना प्रतिरोध होता है। उन्होंने कुछ पारा लेकर उसे द्रव हीलियम रखे एक पात्र में डुबोया और जाँच की कि घटते तापमान के साथ प्रतिरोध किस प्रकार घटता जाता है। उन्होंने देखा कि पारे का तापमान घटता गया, पर उसके साथ-साथ प्रतिरोध में कोई कमी नहीं आई। पर पारे का तापमान जैसे ही 4.12 केल्विन पर पहुँचा, वैसे ही जादू की तरह प्रतिरोध एकदम गायब हो गया। पारे में बिजली की धारा अबाध गति से दौड़ने लगी।

संसार का सबसे शक्तिशाली सुपर कंडिक्टिंग चुंबक

यह एक नई खोज थी। पता चला कि पारे को 4.12 डिग्री केल्विन (शून्य के नीचे 269 डिग्री सेन्टीग्रेड) पर ठंडा किया जाए, तो उसमें बिजली की धारा के लिए सारा प्रतिरोध एकाएक खत्म हो जाता है। दूसरे शब्दों में **4.12 डिग्री केल्विन पर पारा सुपरकंडक्टर यानी अतिचालक बन जाता है**। ओन्नेस ने पारे के एक पतले तार की अंगूठी बनाकर उसमें बिजली की धारा प्रवाहित की। पता चला की अंगूठी में कोई प्रतिरोध न होने के कारण उसमें बिजली की धारा निरन्तर प्रवाहित रहती है। इस महान खोज के लिए **हाइके कामेरिलिंघ ओन्नेस** को 1913 में नोबेल पुरस्कार मिला।

बाद में ओन्नेस और दूसरे वैज्ञानिकों ने ऐसी अनेक धातुएँ, मिश्रधातुएँ और यौगिक खोजे जो परम शून्य तापमान के आसपास के काफी न्यून तापमान पर एकाएक सुपरकंडक्टर बन जाते हैं। महत्त्व की बात यह है कि हर पदार्थ एक निश्चित न्यून तापमान पर एकाएक सुपरकंडक्टर बन जाता है। जैसे टीन, सीसा,

जस्ता, नियोबियम और टीन की मिश्रधातु क्रमशः 3.7, 7.19, 0.87 और 18 डिग्री के केल्विन पर सुपरकंडक्टर बनती हैं। पिछले करीब सात दशकों में ऐसे एक हजार से भी अधिक सुपरकंडक्टर खोजे गए हैं। लेकिन अभी पिछले साल तक ऐसा कोई पदार्थ नहीं खोजा गया था जो 23.3 डिग्री केल्विन से अधिक ऊँचे तापमान पर सुपरकंडक्टर बनता हो। 1973 में पता चला था कि जर्मेनियम और नियोबियम की मिश्रधातु 23.3 डिग्री केल्विन पर सुपरकंडक्टर बनती है। पिछले साल के मध्यकाल तक यही था सुपरकंडक्टरों के मामले में अधिकतम तापमान का रिकार्ड।

इतने कम तापमान का अर्थ है शून्य के नीचे लगभग 250 डिग्री सेन्टीग्रेड तापमान। बड़ी मुश्किल से ही इतना न्यून तापमान प्राप्त किया जा सकता है। हाइड्रोजन गैस करीब 20 डिग्री केल्विन पर तरल बनती है। इसलिए तरल हाइड्रोजन में डुबोकर ही जर्मेनियम और नियोबियम की मिश्रधातु को सुपरकंडक्टर की अवस्था पर पहुँचाया जा सकता था।

पिछले कुछ दशकों में सुपरकंडक्टरों के और भी कुछ अद्भुत गुणधर्मों के बारे में जानकारी मिली। 1933 में पता चला था कि सुपरकंडक्टरों में चुम्बकीय शक्ति की धाराएँ प्रवेश नहीं करतीं, यानी सुपरकंडक्टर एक विशुद्ध प्रतिचुम्बक (डायोमैगनेट) की तरह काम करता है। साथ ही, यह भी पता चला कि एक निश्चित चुम्बकीय शक्ति पर सुपरकंडक्टर का यह गुण भी नष्ट हो जाता है। सुपरकंडक्टरों के इन चुम्बकीय गुणों के भी अनेक उपयोग हैं।

सुपर कंडक्टरों की खोज तो हुई थी, पर कई साल तक वैज्ञानिकों को यह स्पष्ट नहीं हुआ था कि कोई पदार्थ एक निश्चित न्यून तापमान पर पहुँचते ही एकाएक सुपरकंडक्टर कैसे बन जाता है। सुपरकंडक्टिविटी की घटना को स्पष्ट करने के लिए जोन बार्डीन, एन कपूर और जोन श्राइफेर ने 1957 में एक सिद्धान्त प्रस्तुत किया। इस सिद्धान्त के लिए इन वैज्ञानिकों को 1972 में भौतिकी का नोबेल पुरस्कार मिला। कुछ साल बाद सोवियत वैज्ञानिक आब्रिकोसोव ने स्पष्ट किया कि सुपरकंडक्टर दो किस्म के हैं और इनमें से एक किस्म के सुपरकंडक्टर को एक अतिशक्तिशाली चुम्बक में बदला जा सकता है।

सुपरकंडक्टर और सुपर चुम्बक के अनेक उपयोग स्पष्ट दिखाई दे रहे थे, पर उच्च तापमानवाले सुपरकंडक्टर उपलब्ध न होने से निराशाजनक स्थिति पैदा हो गई थी। कुछ वैज्ञानिक तो यहाँ तक कहने लग गए थे कि 23 डिग्री केल्विन

से अधिक ऊँचे तापमानवाले सुपरकंडक्टर प्राप्त करना सम्भव नहीं है। तरल हीलियम या हाइड्रोजन का इस्तेमाल करके ही सुपरकंडक्टरों का उपयोग कर पाना सम्भव था।

लेकिन पिछले साल अप्रैल से स्थिति एकाएक बदल गई। ज्यूरिख स्थित इन्टरनेशनल बिजिनेस मशींस की प्रयोगशालाओं के दो वैज्ञानिकों अलेक्स म्यूल्लेर और जे जार्ज बैइनॉज ने खोज की कि बैरियम, लेथानम और कॉपर-आक्साइड की एक मिश्रधातु करीब 35 डिग्री केल्विन पर सुपरकंडक्टर बन जाती है। यह एक नई खोज थी। वैज्ञानिक जगत में तहलका मचा। जापान और अमेरिका की कई प्रयोगशालाओं में म्यूल्लेर और बैड्नॉज के इस प्रयोग को दोहराया गया। इसकी पुष्टि हुई। इसके बाद अनेक देशों के वैज्ञानिक उच्च तापमानवाले सुपरकंडक्टरों की खोजबीन में जोरशोर से जुट गए। जापान के अनेक वैज्ञानिक अपने बिस्तर प्रयोगशालाओं में ले गए। चीन में भी उच्च तापमानवाले सुपरकंडक्टरों की तेजी से खोजबीन शुरू हुई। मार्च 1987 में अमेरिका के एक वैज्ञानिक दल ने इट्रियम, बैरियम और कॉपर-आक्साइड की एक ऐसी मिश्र धातु की खोज की जो लगभग 90 डिग्री केल्विन पर सुपरकंडक्टर बन जाती है। फिर 100 डिग्री केल्विन के सुपरकंडक्टर प्राप्त करने में भी अधिक देर नहीं लगी।

पहले तरल हीलियम या तरल हाइड्रोजन में डुबोकर सुपरकंडक्टर प्राप्त किये जाते थे। तरल हीलियम बहुत महँगी चीज है और तरल हाइड्रोजन अत्यन्त खतरनाक। लेकिन अब तरल नाइट्रोजन का उपयोग करके सुपरकंडक्टर प्राप्त करना सम्भव हुआ। नाइट्रोजन करीब 77 डिग्री केल्विन पर तरल बन जाता है। इस तरह सुपरककंडक्टरों का दायरा एकाएक विस्तृत हो गया।

लेकिन यह दायरा केवल 100 डिग्री केल्विन तक सीमित नहीं रहा। संसार के कई देशों के वैज्ञानिकों ने दावा किया है कि उन्होंने इससे भी ऊँचे तापमानवाले सुपरकंडक्टर प्राप्त कर लिए हैं। जापानी वैज्ञानिकों का तो यहाँ तक कहना है कि उन्होंने 14 डिग्री सेन्टीग्रेड तापमानवाले सुपरकंडक्टर की खोज कर ली है। तात्पर्य यह है कि सामान्य तापमान पर सुपरकंडक्टर बननेवाले पदार्थों की खोज अब एक सम्भव बात हो गई है। चूँकि इस खोज का आर्थिक दृष्टि से भी बड़ा महत्त्व है, इसलिए अब कई देशों में इस खोजबीन को गोपनीय रखा जा रहा है।

उच्च तापमान वाले सुपरकंडक्टर का परीक्षण करते वैज्ञानिक

भारत भी सुपरकंडक्टरों की खोजबीन के मामले में पीछे नहीं है। भाभा परमाणु शोध संस्थान, टाटा मौलिक शोध संस्थान, बंगलूर के विज्ञान संस्थान और आईआईटी, मद्रास में सुपरकंडक्टरों पर खोजबीन हो रही है। भारतीय वैज्ञानिकों ने भी करीब 100 डिग्री केल्विन तापमानवाले सुपरकंडक्टर प्राप्त कर लिये हैं। देश के विभिन्न वैज्ञानिक संस्थानों में सुपरकंडक्टरों पर हो रही खोजबीन को संयोजित करने के लिए हाल ही में एक उच्चस्तरीय समिति का गठन भी किया गया है।

वैज्ञानिकों को पूरी उम्मीद है कि सामान्य तापमान पर सुपरकंडक्टर बननेवाले पदार्थ जल्दी ही मिल जाएँगे। दिलचस्प बात यह है कि आक्साइड आमतौर पर सुचालक नहीं है, पर इनके मेल से बनी अनेक मिश्रधातुएँ सुपरकंडक्टर बन जाती हैं। आक्साइड या सेरामिक्स पर आधारित पदार्थों के तार बनाने में अनेक कठिनाइयाँ हैं, पर मुलायम धातुओं के तारों पर से सुपरकंडक्टर पदार्थों का लेप लगाया जा सकता है। इस दिशा में भी खोज जारी है।

सामान्य तापमान पर सुपरकंडक्टर बननेवाले पदार्थों की खोज होने पर हमारी अधिकांश मौजूदा टेक्नालॉजियों में आमूल परिवर्तन हो जाएगा। बिजली के

उत्पादन और इसे दूर-दूर तक बिना अपव्यय के पहुँचाने के साधनों में रद्दोबदल होगी। सुपरकंडक्टर तारों से बिजली को दूर-दूर तक बिना अपव्यय के पहुँचाने में कोई कठिनाई नहीं होगी। बिजलीघरों को शहरों से काफी दूर स्थापित करना सम्भव होगा। सुपरकम्प्यूटर सैकड़ों गुना शक्तिशाली होंगे। बिजली के उत्पादन और उपयोग से सम्बन्धित तमाम मौजूदा साधन छोटे और अधिक सक्षम बनेंगे। सुपरकंडक्टरों के जरिए बिजली को दीर्घकाल तक संचित रखना भी सम्भव होगा। संक्षेप में सुपरकंडक्टरों के उपयोग की सम्भावनाएँ बेशुमार हैं। सुपरकंडक्टरों के अनुसन्धान में बहुत ज्यादा धन की जरूरत नहीं है। भारत सुपरकंडक्टरों के मामले में सहज ही एक समर्थ और आत्मनिर्भर देश बन सकता है। हमें सुपरकंडक्टरों के लिए उपयोगी बननेवाले सेरामिक पदार्थों के निर्यात पर भी प्रतिबन्ध लगाना होगा। उदाहरण के लिए इट्रियम युक्त पदार्थों से उच्च तापमानवाले सुपरकंडक्टर बनाए जा सकते हैं। धरती में इट्रियम पर्याप्त मात्रा में मौजूद है, पर इसे शुद्ध रूप में प्राप्त करने में अनेक कठिनाइयाँ हैं। इसीलिए आज इट्रियम की कीमत प्रति किलोग्राम 300 पौंड है। भारत इट्रियम के मामले में काफी सम्पन्न है। हमें अपनी इस खनिज सम्पदा की जतन से हिफाजत करनी होगी।

भविष्य के कम्प्यूटर

आर्थर सी. क्लार्क के प्रसिद्ध कथानक पर स्टेनली कुब्रिक द्वारा बनाई गई फिल्म (1968) 'ए स्पेस आडिसी' (अन्तरिक्ष-भ्रमण) में एक चरित्र है–'हाल' नामक कम्प्यूटर। यह बुद्धिसम्पन्न कम्प्यूटर अन्तरिक्ष-यात्रा की पूरी जिम्मेदारी सँभालता है, अन्तरिक्ष-यात्रियों से बाकायदा बातचीत करता है, लेकिन बाद में इसकी एक गलती के कारण इसे निष्काम कर दिया जाता है।

क्लार्क ने उस समय भविष्यवाणी की थी कि अगले तीस वर्षों में हाल-जैसे बुद्धिसम्पन्न कम्प्यूटर बनाना सम्भव होगा, पर तब अनेक वैज्ञानिकों का मत था कि यह क्लार्क का महज एक कोरा आशावाद है। लेकिन संसार की कई प्रयोगशालाओं में कृत्रिम बुद्धि (आर्टिफिशियल इन्टेलिजेंस) के क्षेत्र में अब जो गवेषणाएँ हो रही हैं, उनसे लगता है कि क्लार्क की भविष्यवाणी सच होने में बहुत देर नहीं है। लगता है कि कृत्रिम बुद्धि के साथ संयुक्त होकर ही अब मानव-बुद्धि ने इक्कीसवीं सदी में प्रवेश कर लिया है।

जापान में, शासन और उद्योग के सहयोग से, कृत्रिम बुद्धि के विकास के लिए 1981 में एक व्यापक राष्ट्रीय योजना अस्तित्व में आ चुकी है। जापानियों ने अपनी इस योजना को नाम दिया है–पाँचवीं पीढ़ी के कम्प्यूटर। इस दस-वर्षीय योजना पर करीब दस अरब रुपए खर्च किए जाएँगे। टोकियो-स्थित कम्प्यूटर तकनीकी संस्थान में कम्प्यूटर-प्रतिभा डॉ. काजुहिरो फूची के निर्देशन में तीस साल से भी कम आयु के करीब तीन दर्जन तरुण वैज्ञानिक कृत्रिम बुद्धि के विकास-कार्य में जुटे हुए हैं, और इस दिशा में उन्हें काफी सफलता भी मिली है।

जापानी विशेषज्ञ पाँचवीं पीढ़ी के अपने कम्प्यूटर को ज्ञान-भंडार संसाधिक करनेवाली प्रणालियाँ मानते हैं। उनका लक्ष्य है–इक्कीसवीं सदी के आरम्भ तक एक ऐसे 'ज्ञान-उद्योग' की स्थापना करना जिसमें अनाज या तेल की तरह ज्ञान भी एक बिक्री योग्य वस्तु बन जाएगा, एक नए किस्म की राष्ट्रीय सम्पदा बन जाएगा। जापान के इस उद्यम ने पश्चिमी राष्ट्रों को, विशेषकर अमेरिका को,

आतंकित कर दिया है। अमेरिकी कम्प्यूटर-विशेषज्ञों का मत है कि पाँचवीं पीढ़ी के कृत्रिम बुद्धियुक्त कम्प्यूटरों से एक नए किस्म के ज्ञान-उद्योग की स्थापना करके जापान जल्दी ही संसार का सर्वाधिक शक्तिशाली राष्ट्र बन गया है।

औद्योगिक क्रान्ति की तरह यह दूसरी कम्प्यूटर क्रान्ति भी भारत-जैसे देशों के लिए नई आर्थिक और सामाजिक समस्याएँ पैदा करेगी। अभी तो हम मौजूदा कम्प्यूटरों को ही ठीक से आत्मसात नहीं कर पाए हैं। पर सोचना जरूरी है कि इक्कीसवीं सदी में पाँचवीं पीढ़ी के बुद्धिसम्पन्न कम्प्यूटर हमारी क्या गत बना देंगे।

कम्प्यूटर वस्तुतः क्या है? बुनियादी तौर पर कम्प्यूटर ऐसे ढेर सारे स्विचों का समूह है जो बिजली के प्रवाह को 'चालू' या 'बन्द' रखने का काम करते हैं। कम्प्यूटर में भरे गए प्रोग्राम के अनुसार ये स्विच बड़ी तेजी से 'चालू' और 'बन्द' होते रहते हैं। 'चालू' और 'बन्द' की इस व्यवस्था के जरिए कम्प्यूटर स्वयमेव, न केवल जटिल गणनाएँ कर सकते हैं, बल्कि तार्किक चिन्तन और सूचनाओं को भी संसाधित कर सकते हैं।

अतः कम्प्यूटर की कार्य-पद्धति के लिये बुनियादी चीज है विद्युत-धारा को 'चालू' या 'बन्द' करनेवाले स्विच या फाटक। पहली पीढ़ी के कम्प्यूटरों में वैक्यूम बल्ब इन स्विचों का काम करते थे। फिर इनका स्थान ट्रांजिस्टरों ने लिया, तो दूसरी पीढ़ी के कम्प्यूटर अस्तित्व में आए। फिर इन ट्रांजिस्टर-घटकों को सिलिकन चिप्पड़ पर अंगीभूत परिपथों (इन्टेग्रेटेड सर्क्यूट्स) द्वारा अधिकाधिक संख्या में जोड़ा गया, तो तीसरी और चौथी पीढ़ी के कम्प्यूटर अस्तित्व में आए। कम्प्यूटरों की इन चारों पीढ़ियों की विशेषता यह है कि इनमें इलेक्ट्रॉनों के प्रवाहों का उपयोग होता है।

लेकिन अब वैज्ञानिक, कम्प्यूटरों के संचालन के लिए इलेक्ट्रॉनों के स्थान पर फोटानों का इस्तेमाल करने के बारे में सोच रहे हैं। इलेक्ट्रॉन विद्युत के कण हैं, तो फोटान प्रकाश के कण हैं। वैज्ञानिकों को यकीन है कि प्रकाश के इन फोटान-कणों पर आधारित नए कम्प्यूटर हजारों गुना अधिक तेजी से काम कर रहे हैं, और सूचनाओं को एक नितान्त नए तरीके से संसाधित करने में समर्थ हो रहे हैं। अन्य शब्दों में, ऐसे कम्प्यूटर 'बुद्धिसम्पन्न' बन गए हैं।

ट्रांजिस्टर इलेक्ट्रॉनों के प्रवाह को 'चालू' और 'बन्द' करता है। वैज्ञानिक अब ट्रांजिस्टर के तुल्य एक ऐसे स्विच की खोज में जुटे हुए हैं जो प्रकाश के फोटान-कणों के प्रवाह को 'चालू' और 'बन्द' करने में समर्थ होगा। इसमें उन्हें

काफी सफलताएँ भी मिल गई हैं। फोटानों के प्रवाह को 'चालू' और 'बन्द' करनेवाले ट्रांसफेजर नामक एक स्विच की खोज हो चुकी है। ये ट्रांसफेजर नए प्रकाशकीय कम्प्यूटरों के आधार-स्तम्भ बन गए हैं।

प्रकाश को कम्प्यूटर का संचालक बनाने के कई लाभ हैं। आदर्श परिस्थितियों में इलेक्ट्रॉन भी प्रकाशतुल्य गति से दौड़ सकते हैं, परन्तु कम्प्यूटर में इनकी गति काफी धीमी हो जाती है। इसलिए कम्प्यूटर के सिलिकन चिप्पड़ों पर स्थापित ट्रांजिस्टर-घटकों को अधिकाधिक नजदीक लाकर ही गति को बढ़ाने के प्रयास किए जाते हैं। लेकिन इन प्रयासों की भी एक सीमा है।

दूसरी तरफ, फोटान-कण प्रकाश की गति (एक सेकंड में 3,00,000 किलोमीटर) से दौड़ते हैं। अतः फोटानों से स्विचिंग की क्रियाएँ इलेक्ट्रॉनों की अपेक्षा करीब 1000 गुना अधिक रफ्तार से सम्पन्न होती है। फोटान की दूसरी विशेषता यह है कि यह आवेश-रहित और द्रव्यमान-रहित कण है, और एक प्रकार की तरंग भी है। अतः इलेक्ट्रॉनों की तरह फोटान एक-दूसरे को प्रभावित नहीं करते, बल्कि एक-दूसरे के भीतर से भी आसानी से गुजर सकते हैं। कम्प्यूटर-वैज्ञानिक प्रकाश के इस गुणधर्म को बड़ा क्रान्तिकारी मानते हैं। इस गुण के कारण नए किस्म के स्विचों में प्रकाश के पुंज एक-दूसरे से पृथक रह सकते हैं।

प्रकाश के इस गुणधर्म का कम्प्यूटर के लिए एक और बड़ा लाभ है। आज जिस योजना के अनुसार कम्प्यूटर के स्विचों की स्थापना की जाती है, उनकी खोज दूसरे महायुद्ध के अन्तिम दौर में प्रसिद्ध गणितज्ञ जोन फोन न्यूमान ने की थी। इस 'फोन न्यूमान स्थापत्य' के अनुसार कम्प्यूटर के केन्द्रीय संसाधक और स्मृति के बीच सूचनाओं का प्रवाह केवल एक चैनल में होता है, यानी किसी भी सवाल का हल कदम-ब-कदम आगे बढ़ते हुए होता है।

लेकिन प्रकाश पर आधारित पाँचवीं पीढ़ी के अपने नए कम्प्यूटरों के लिए जापानी विशेषज्ञों ने एक नितान्त नए स्थापत्य की कल्पना की है। **समान्तर संसाधन** (पैरेलल प्रोसेसिंग) नामक एक स्थापत्य में सवाल को हजारों-लाखों हिस्सों में विभक्त करके एक साथ उनके हल खोजे जाएँगे। इस प्रकार त्वरित गति से जटिल-से-जटिल सवाल का हल प्राप्त करना सम्भव होगा। समान्तर संसाधन के इस नए स्थापत्य के लिए प्रकाश के पुंज बड़े उपयुक्त सिद्ध होंगे।

प्रकाश के पुंजों का एक बड़ा लाभ हो सकता है। इलेक्ट्रॉनिक ट्रांजिस्टर-स्विचों पर आधारित आज के सभी कम्प्यूटर केवल दो स्थितियों ('चालू' या 'बन्द') या

दो अंकों (0 और 1) के सवालों को हल करते हैं। इस द्वि-अंकीय तर्क-प्रणाली से ही कम्प्यूटर अपने सारे काम करता है। लेकिन लेसर प्रकाश-पुंजों की कान्ति को असतत् (डिस्क्रिट) किन्तु वर्द्धमान स्थितियाँ प्रदान की जाएँ, तो 0, 1, 2, 3, आदि की अधिक सम्पन्न तार्किक प्रणालियाँ विकसित की जा सकती हैं। तब तार्किक चिन्तन को व्यक्त करने के लिए दो संकेतों के बीजगणित के स्थान पर तीन, चार या इससे भी अधिक संकेतोंवाला बीजगणित उपयोग में आएगा।

इस प्रकार, प्रकाश-पुंजों पर आधारित नए कम्प्यूटर तीव्र गति, समान्तर संसाधन और व्यापक तर्क-प्रणालियों के जरिए मानव-बुद्धि की बराबरी करने में समर्थ बन जाएँगे। मानव-मस्तिष्क में करीब 10 अरब न्यूरॉन या तंत्रिका-केन्द्र यानी स्विच हैं, जो ज्ञान को संचित (स्मृति) रखने और पूर्वानुभवों के आधार पर इसे संसाधित करने का काम करते हैं। कहा जा सकता है कि मानव-बुद्धि एक ऐसी चीज है जो तथ्यों को ग्रहण करके इनमें तादात्म्य स्थापित करती है और तर्क के जरिए गलतियों को पहचान कर अन्त में सही हल पर पहुँचती है। किसी समस्या का हल खोजने के लिए जब हम सोचते हैं, तो पहले की घटनाओं और अनुभवों से सीखी बातों पर स्मरण करते हैं, यानी सहचारी स्मृति (एसोसियेटिव मेमरी) का इस्तेमाल करते हैं। इसी प्रकार, कम्प्यूटर को भी साहचर्य और तर्क-व्यवस्था के आधार पर शतरंज-जैसे बौद्धिक खेल खेलना सिखाया जा रहा है। नए कम्प्यूटर आज के कम्प्यूटरों से हजारों-लाखों गुना अधिक शक्तिशाली हैं, इसलिए वे लगभग मानव-मस्तिष्क की तरह ज्ञान-भंडार को संचित और संसाधित करने में समर्थ हैं। ये कम्प्यूटर हमारी भाषाओं को समझने, इनका अनुवाद करने तथा मानचित्रों, छायाचित्रों और हस्तलेखों को पढ़ने में भी समर्थ हैं।

प्रकाश-पुंजों पर आधारित नए कम्प्यूटरों के लिए नए स्विचों और स्मृति-भंडार के नए साधन खोजने के प्रयास संसार की अनेक प्रयोगशालाओं में जारी हैं। पोलिथिलिन-जैसी सामान्य चीज पर लेसर-किरणों से आणविक स्तर पर छिद्र बनाकर उसका एक विशाल स्मृति-भंडार के रूप में इस्तेमाल करने के प्रयासों को भी सफलता मिल रही है। दूसरी ओर, ऐसे शक्तिशाली कम्प्यूटरों के लिए नए प्रोग्राम बनाने के भी प्रयास जारी हैं।

पाँचवीं पीढ़ी के नए कम्प्यूटरों के लिए ऐसे प्रोग्राम बनाए जा रहे हैं जिनके आधार पर ये कम्प्यूटर स्वयं अपने प्रोग्राम विकसित करने में समर्थ होंगे, यानी इनके आधार पर स्वयं सोचने या निर्णय करने में समर्थ होंगे। अन्य शब्दों में, ये नए कम्प्यूटर मानव की तरह विशेषज्ञ बन जाएँगे। इसीलिए इन नए प्रोग्रामों को

विशेषज्ञ प्रणालियाँ (एक्सपर्ट सिस्टम्ज) का नाम दिया गया है। इन प्रणालियों का आधार ज्ञान होता है, आँकड़े नहीं। ऐसी कई विशेषज्ञ प्रणालियाँ अब अस्तित्व में आ गई हैं।

बुद्धिसम्पन्न कम्प्यूटरों के निर्माण के लिए संसार के उन्नत देशों में जबर्दस्त होड़ मची हुई है। मुख्य संघर्ष जापान और अमेरिका के बीच है। इस होड़ में भारत की स्थिति क्या होगी, इसके बारे में हमें सोचना होगा। यह भी सोचना परमावश्यक है कि कृत्रिम बुद्धि मानव-बुद्धि के साथ संयुक्त होकर भविष्य के मानव-समाज को कौन-सा रूप प्रदान करेगी।

भारत में कम्प्यूटर विकास एवं अनुसंधान

सन् 1985 के मार्च महीने के एक दिन की बात है। मैं 'साप्ताहिक हिन्दुस्तान' की सम्पादिका श्रीमती शीला झुनझुनवाला के कमरे में पहुँचा, तो वहाँ तीन-चार लेखक पहले से मौजूद थे, भारत में कम्प्यूटरों का जो रेला आ रहा था उसके बारे में बातचीत कर रहे थे। वे स्व. राजीव गांधी के शासन के दिन थे। कम्प्यूटरों के आयात को खुली छूट मिल गई थी। कम्प्यूटरों के नए-नए उपयोग खोजे जा रहे थे। संसद-सदस्यों के चरित्र कम्प्यूटरों में संचित रखने के सुझाव दिए जा रहे थे। दूसरी तरफ, चोर-उचक्कों के रिकार्ड भी कम्प्यूटरों में जमा कर देने की बातें चल रही थीं। अमरीका से एक सुपर-कम्प्यूटर प्राप्त करने के प्रयास भी आरम्भ हो गए थे।

ऐसी स्थिति में चार लेखकों के एकत्र होने पर देश में कम्प्यूटरों के फैलाव और प्रभाव के बारे में चर्चा चलना एक स्वाभाविक बात थी। महसूस किया गया

कि कम्प्यूटर केवल गणना का ही नहीं, केवल सूचनाओं को ग्रहण करके उनका विश्लेषण करनेवाला ही नहीं, यह संचार और नियंत्रण का भी एक शक्तिशाली साधन है। सवाल उठा कि समाज को व्यापक रूप से प्रभावित करने जा रहे इस क्रान्तिकारी साधन के बारे में आम पाठकों को हिन्दी में किस तरह जानकारी दी जा सकती है।

सबकी, सम्पादिका की भी, राय रही कि मुझे यह जिम्मेदारी स्वीकार करनी चाहिए। करीब दो दशकों से 'साप्ताहिक हिन्दुस्तान' में वैज्ञानिक विषयों पर लिखता आ रहा था, इसलिए मुझसे उम्मीद की जा रही थी कि मैं हिन्दी में कम्प्यूटरों का कम-से-कम प्रारम्भिक परिचय अवश्य दे सकूँगा। मगर मेरी कई सारी सीमाएँ थीं। मैं कम्प्यूटर-विज्ञान या इलेक्ट्रॉनिकी का विद्यार्थी नहीं रहा। तब तक मैंने कम्प्यूटर का किसी तरह कोई उपयोग भी नहीं किया था। मैं गणित का विद्यार्थी रहा। हाँ, 'साइबरनेटिक्स' के बारे में कुछ जानकारी थी और इस बात का भी थोड़ा अता-पता था कि कम्प्यूटर के क्षेत्र में क्या प्रगति हो रही है। बस, इतनी ही अल्प-पूँजी के बल पर उस दिन मैंने स्वीकार कर लिया कि कम्प्यूटर के बारे में हिन्दी में एक लेखमाला लिखूँगा।

पहला लेख, जिसका शीर्षक था–'कम्प्यूटर : एक नई क्रान्ति की दस्तक'– 'साप्ताहिक हिन्दुस्तान' के 5 मई, 1985 के अंक में प्रकाशित हुआ। लेख के आरम्भ में सम्पादकीय भूमिका थी–

"कम्प्यूटर की चमत्कारिक, मायावी और जादुई दुनिया आज जीवन के हर क्षेत्र पर असर डाल रही है। घर हो या ऑफिस, उद्योग-धंधे हों या अन्तरिक्ष अनुसंधान, हर जगह कम्प्यूटर एक अहम जगह बना चुका है। आखिर यह कम्प्यूटर है क्या बला? किस तरह काम करता है? क्या-क्या काम करता है? – ऐसे अनेकानेक सवालों के जवाब जानने के लिए हम इस अंक से कम्प्यूटर पर एक विशेष लेखमाला शुरू कर रहे हैं।"

मैं पारिभाषिक शब्दों से परेशान नहीं होता। शब्दकोशों का बहुत कम इस्तेमाल करता हूँ। कम्प्यूटर से सम्बन्धित कई अंग्रेजी शब्दों को, समझा देने के बाद, ज्यों-का-त्यों ही रहने दिया। कुछ नए शब्द भी गढ़े। जैसे, बिट (बाइनरी यूनिट) के लिए मैंने द्विक (द्वि-आधारी अंक) और चिप के लिए चिप्पड़ शब्द चलाने की कोशिश की थी। अब भारत सरकार के लिए शब्दावली आयोग ने 'कम्प्यूटर विज्ञान शब्दावली' और 'कम्प्यूटर विज्ञान परिभाषा कोश' का निर्माण कर दिया है। मुझे ये कोश बहुत बोझिल लगते हैं।

लेखमाला 29 लेखों में समाप्त हुई–22 दिसम्बर, 1985 के अंक में। समापन किश्त का शीर्षक था–'कम्प्यूटर और मानव-समाज'। इसमें मैंने लिखा था–'कम्प्यूटर का जन्म पाश्चात्य संस्कृति में हुआ। आरम्भ में इसका विकास गणित के जटिल सवाल हल करने और खगोल-विज्ञान की सूक्ष्म सारणियाँ तैयार करने के उद्‌देश्य से हुआ। मगर दूसरे महायुद्ध से इसकी युद्धोपयोगी भूमिका स्पष्ट हुई, तो प्रमुख रूप से एक युद्धोपयोगी साधन के रूप में ही पिछले चार दशकों में पाश्चात्य देशों में इसका विकास हुआ है। ... ...अमेरिका में आज सर्वाधिक शक्तिशाली कम्प्यूटरों का विकास महायुद्ध के संचालन के मकसद से किया जा रहा है, और इस उन्नत कम्प्यूटर टेक्नोलॉजी को बड़े जतन से गुप्त रखा जा रहा है। युद्धोपयोगी कम्प्यूटरों के लिए विशिष्ट भाषाएँ और प्रोग्राम बनाए जा रहे हैं।'

अन्त में लिखा था–'हम कम्प्यूटरों का तो उन्मुक्त आयात कर रहे हैं, पर देश में कम्प्यूटर शिक्षा की कोई समुचित व्यवस्था नहीं है। तीन या छह महीने की तुरत-फुरत कम्प्यूटर-शिक्षा देने के लिए देश के बड़े नगरों में बड़ी तादाद में 'दुकानें' खुल रही हैं।...स्कूलों में कम्प्यूटर-शिक्षा के लिए **क्लास** नामक योजना बनी है, वह भी फिलहाल किसी उपयोग की नहीं है। सबसे पहले स्कूलों में शिक्षा के स्तर को, कम्प्यूटर-शिक्षा के लिए गणित और तर्कशास्त्र के अध्ययन को, ऊँचा उठाने की आवश्यकता है। हमारे आई.आई.टी. संस्थानों में कम्प्यूटर टेक्नोलॉजी के अध्ययन की अच्छी सुविधाएँ हैं। लेकिन इन संस्थानों के स्नातक या तो

अमेरिका चले जाते हैं या एशिया के देशों में स्थापित अमेरिका के कम्प्यूटर -कारखानों में नौकरियाँ खोजते हैं। ...सारांश यह कि कम्प्यूटर एक अत्यन्त उपयोगी साधन है, परन्तु पाश्चात्य संस्कृति में विकसित इस टेक्नोलॉजी को हमें अपनी विशिष्ट परिस्थितियों के लिए काफी सोच-समझकर ही अपनाना होगा।''

लेखमाला में मैंने 'कम्प्यूटर की पाँच पीढ़ियाँ', 'कम्प्यूटर गणित', 'कम्प्यूटर कैसे सोचते हैं?', 'कम्प्यूटर का स्मृति-भंडार', 'कम्प्यूटर प्रोग्राम', 'कम्प्यूटर की विभिन्न भाषाएँ', 'ऑफिस कम्प्यूटर', 'कम्प्यूटर नेटवर्क', 'अनुवादक कम्प्यूटर' आदि शीर्षकों के अन्तर्गत कम्प्यूटर विज्ञान का आरम्भिक परिचय देने का प्रयास किया। एक दिलचस्प बात यह रही कि 1985 में लेखमाला आरम्भ हुई तब 'साप्ताहिक हिन्दुस्तान' लाइनो टाइप में छपता था। लेखमाला करीब आधे तक पहुँची, तो 'साप्ताहिक हिन्दुस्तान' 'फोटो-कम्पोजिंग' से तैयार होने लगा! तब मैंने 'फोटो-कम्पोजिंग' पर भी एक लेख लिखा।

लेखमाला में 'देवनागरी कम्प्यूटर' पर भी एक लेख था जिसमें बताया गया कि कम्प्यूटर को देवनागरी और अन्य देशी लिपियों के लिए किस तरह अपनाया जा सकता है। उन दिनों **लिपि** नामक शब्द-संसाधक की काफी चर्चा हो रही थी, इसलिए समापन किस्त के साथ अलग से उसकी भी संक्षिप्त जानकारी दे दी। यह शब्द-संसाधक अंग्रेजी के अलावा दो भारतीय भाषाओं में एक साथ

काम कर सकता था। लिपि में इंटेल के 8088 (16 बिट प्रोसेसर) चिप को अपनाया गया था, इसीलिए एक ही कम्प्यूटर पर त्रिभाषी व्यवस्था सम्भव हुई थी। लिपि का विकास हैदराबाद के कम्प्यूटर मेंटेनेंस कार्पोरेशन (सी.एम.सी.) ने किया था। लिपि का परिचय देते समय आरम्भ में ही मैंने स्पष्ट कर दिया था– ''कम्प्यूटर टेक्नोलॉजी का विकास भले ही अंग्रेजी माध्यम में हुआ हो, लेकिन कम्प्यूटर मशीन किसी भी एक भाषा को श्रेष्ठ नहीं मानती। कम्प्यूटर की दो संकेतों की अपनी एक स्वतंत्र गणितीय भाषा है, और उसी में वह हमारी भाषाओं को ग्रहण करके अपना 'चिन्तन' करता है। इसलिए कम्प्यूटर को मानव की किसी भी भाषा और लिपि के लिए अपनाने में कोई कठिनाई नहीं है।...यह शक्तिशाली आधुनिक टेक्नोलॉजी जहाँ अंग्रेजी को बलशाली बना सकती है, वहीं हमारी भारतीय भाषाओं को भी बल प्रदान कर सकती है। यह सही है कि भारत में कम्प्यूटरों की शुरुआत कुछ देरी से हुई, मगर अब कम्प्यूटर साधनों को भारतीय भाषाओं के लिए, विशेषकर हिन्दी के लिए, तेजी से अपनाया जा रहा है।''

कम्प्यूटर पर हिन्दी में लिखी गई वह पहली लम्बी लेखमाला थी। लेखमाला अभी आधे में ही पहुँची थी, कि दिल्ली के एक प्रकाशक पीछे पड़ गए। शुरू में नहीं सोचा था कि लेखमाला की पुस्तक भी बन सकती है। मगर प्रकाशक के आग्रह पर 18 लेखों को एकत्र करके एक पुस्तक बना दी। पुस्तक सन् 1986 के आरम्भ में प्रकाशित हुई। तब से पिछले साल तक पाँच बार छपी। दूसरे संस्करण में मैंने *सुपरकम्प्यूटर* पर एक प्रकरण जोड़ दिया था। लेकिन अब प्रकाशक को कह दिया है कि 'पुस्तक की बातें पुरानी पड़ गई हैं, हिन्दी में कम्प्यूटर पर कई अच्छी किताबें आई हैं, इसलिए अब इसे मत छापो। बन पड़ा तो कम्प्यूटर के बारे में एक नई पुस्तक तैयार करूँगा।'

कम्प्यूटर सम्बन्धी मेरी लेखमाला के प्रकाशन के बाद, पिछले करीब बारह वर्षों में, कम्प्यूटर टेक्नोलॉजी में, हिन्दी व अन्य भारतीय भाषाओं से सम्बन्धित टेक्नोलॉजी में भी, बहुत बड़ा परिवर्तन आया है। इसी परिवर्तन का यहाँ मुझे थोड़ा परिचय कराना है।

सन् 1948 में अमेरिका की बेल प्रयोगशाला में ट्रांजिस्टर उपकरण की खोज हुई, तब मैं महाराष्ट्र के अमरावती जिले के एक गाँव में मराठी सातवीं कक्षा का विद्यार्थी था–केवल अंग्रेजी से ही नहीं, बिजली, टाइपराइटर, रेडियो आदि से भी अपरिचित! उस समय तक कम्प्यूटर शब्द मेरे सुनने में नहीं आया था। उस

समय निर्वात ट्यूबों के सर्किटों से संचालित पहली पीढ़ी के कम्प्यूटरों का दौर चल रहा था।

छठे दशक के मध्य में जब मैं इलाहाबाद विश्वविद्यालय में पढ़ रहा था, तब ट्रांजिस्टरों पर आधारित दूसरी पीढ़ी के कम्प्यूटरों का दौर शुरू हो गया था। गणित का विद्यार्थी था, तर्कशास्त्र में भी दिलचस्पी थी, इसलिए कम्प्यूटर में भी दिलचस्पी बढ़ती गई। उन्हीं दिनों, अगस्त 1955 में, कलकत्ता के इंडियन स्टेटिस्टीकल इंस्टीट्यूट में भारत का पहला इलेक्ट्रॉनिक कम्प्यूटर स्थापित हुआ। उन्हीं दिनों मुम्बई के टाटा इंस्टीट्यूट ऑफ फंडामेंटल रिसर्च में एक स्वदेशी इलेक्ट्रॉनिक कम्प्यूटर बनाने के प्रयास जारी थे। मगर ट्रांजिस्टरों पर आधारित दूसरी पीढ़ी का आम उपयोगी कम्प्यूटर सन् 1966 में जादवपुर विश्वविद्यालय में स्थापित हुआ। मगर तब अमेरिका में इंटीग्रेटेड सर्किट पर आधारित तीसरी पीढ़ी के कम्प्यूटर बनने शुरू हो गए थे। तब तक भारतीय भाषाओं के लिए कम्प्यूटर के प्रयोग को लेकर कहीं कोई चर्चा नहीं थी।

फिर सन् 1971 में अमेरिका के एक तरुण इंजीनियर *टेड होफ्फ* को डाक-टिकट के आकार के एक छोटे-से सिलिकन चिप पर कम्प्यूटर की केन्द्रीय संसाधक इकाई (सेंट्रल प्रोसेसिंस यूनिट) के समूचे बृहद् अंगीभूत परिपथों (एल. एस.आई.) को स्थापित करने में सफलता मिली। इस नए आविष्कार को

माइक्रोप्रोसेसर का नाम दिया गया। इसी के साथ, सन् 1974 से, चौथी पीढ़ी के कम्प्यूटरों का युग शुरू हुआ।

कम्प्यूटरों की चौथी पीढ़ी की शुरुआत होने के बाद ही इस मशीन से भारतीय भाषाओं के संसाधन की सम्भावनाओं पर विचार किया जाने लगा। सन् 1979 में भारत सरकार के इलेक्ट्रॉनिकी विभाग ने 'कम्प्यूटर-आधारी सूचना-प्रणालियों में भाषायी समस्याएँ' विषय पर एक राष्ट्रीय संगोष्ठी का आयोजन किया। उसके बाद ही, सन् 1980 से, इलेक्ट्रॉनिक विभाग की सहायता से देश के करीब एक दर्जन संस्थानों में भारतीय भाषाओं के लिए कम्प्यूटर टेक्नोलॉजी के विकास का कार्य आरम्भ हुआ।

हिन्दी जगत में पहली बार कम्प्यूटर की सबसे अधिक चर्चा अक्तूबर, 1983 में नई दिल्ली में आयोजित तृतीय विश्व हिन्दी सम्मेलन के अवसर पर हुई थी। उस सम्मेलन में हिन्दी के पहले कम्प्यूटर *सिद्धार्थ* का प्रदर्शन हुआ था। सिद्धार्थ वस्तुतः हिन्दी और अंग्रेजी में काम करनेवाला भारत का पहला द्विभाषी कम्प्यूटर था। साथ ही तमिल और अंग्रेजी में काम करनेवाला *तिरुवल्लुवर* नामक कम्प्यूटर भी बन गया था। कुछ ही समय बाद हैदराबाद के सी.एम.सी. संस्थान ने हिन्दी, अंग्रेजी और एक अन्य प्रमुख भाषा—तमिल, तेलुगु, गुजराती आदि—में काम करनेवाला *लिपि* नामक त्रिभाषी शब्द-संसाधक भी प्रस्तुत कर दिया। इस लिपि शब्द-संसाधक की चर्चा मैंने पहले भी की है।

आरम्भिक दौर में भारतीय भाषाओं के लिए कम्प्यूटर साधनों का विकास प्रमुखतः मद्रास और कानपुर के आई.आई.टी. संस्थानों में हुआ। सबसे पहले एक हिन्दी-तमिल-अंग्रेजी कम्प्यूटर मद्रास के आई.आई.टी. संस्थान ने तैयार किया था। अस्सी के दशक के उसी पूर्वार्ध में कानपुर आई.आई.टी. संस्थान के एक विशेषज्ञ-दल ने एक *पूर्ण देवनागरी कम्प्यूटर* का विकास किया। साथ ही, उसी दल ने उस समय एक ऐसी टेक्नोलॉजी की नींव रखी जो निरन्तर विकसित होते हुए अब इतनी अधिक सम्पन्न बन गई है कि उसके जरिए न केवल अंग्रेजी और हिन्दी सहित भारत की सभी प्रमुख भाषाओं में शब्द-संसाधन किया जा सकता है, अपितु ऐसे कई सारे अन्य काम किए जा सकते हैं जो अंग्रेजी सॉफ्टवेयरों से सम्भव है।

जिस टेक्नोलॉजी के जरिए यह करिश्मा सम्भव हुआ है उसको संक्षेप में *जिस्ट* के नाम से जाना जाता है। आरम्भ में यह *जिस्ट* शब्द *ग्राफिक्स एंड इंडियन स्क्रिप्ट टर्मिनल* के आद्याक्षरों का द्योतक था। फिर यही आद्याक्षरी शब्द *ग्राफिक्स एंड*

इंटेलिजेंस बेस्ड स्क्रिप्ट टेक्नोलॉजी का सूचक बना। मतलब यह कि लिपियों को संसाधित करनेवाली ग्राफिक्स पर आधारित टेक्नोलॉजी अब 'बुद्धिसम्पन्न' भी बन गई। खेद की बात है कि स्वदेश में विकसित इस टेक्नोलॉजी को एक भारतीय नाम देना सम्भव नहीं हुआ!

यहाँ एक बात का जिक्र कर देना जरूरी लग रहा है। मद्रास के आई.आई.टी. संस्थान के तमिल-हिन्दी-अंग्रेजी कम्प्यूटर के विकास में वहाँ के एक हिन्दी-भाषी इंजीनियर श्री विश्वनारायण शुक्ल का प्रमुख योगदान रहा, तो कानपुर के आई.आई.टी. संस्थान की जिस्ट टेक्नोलॉजी के विकास में वहाँ के मराठी भाषी इंजीनियर श्री मोहन ताम्बे ने महत्त्वपूर्ण भूमिका अदा की। इन दोनों इंजीनियरों से और जिस्ट टेक्नोलॉजी से पहली बार मेरा साक्षात्कार सन् 1986 में हुआ।

हिन्दी के जाने-माने कथाकार श्री गिरिराज किशोर ने आई.आई.टी. कानपुर में सन् 1986 में 15 से 17 मार्च तक 'विज्ञान और प्रौद्योगिकी में तकनीकी हिन्दी के प्रयोग' विषय पर एक राष्ट्रीय संगोष्ठी का आयोजन किया था। देशभर से करीब सौ लेखक संगोष्ठी में सम्मिलित हुए थे। मैं भी आमंत्रित था। प्रतिभागियों का पंजीकरण हिन्दी में एक कम्प्यूटर के जरिए होते देखकर बहुत अच्छा लगा था।

संगोष्ठी में एक सत्र कम्प्यूटर पर भी रखा गया था, जिसमें ताम्बेजी और मद्रास से आए शुक्लजी ने भी अपने निबन्ध पढ़े थे। संगोष्ठी के दौरान जिस्ट टेक्नोलॉजी के प्रदर्शन की भी व्यवस्था की गई थी। ताम्बेजी से भी परिचय हुआ। उन्होंने मुझे जिस्ट टेक्नोलॉजी के बारे में सन् 1984-85 में तैयार हुई दो प्रोजेक्ट रिपोर्टें दीं। इन रिपोर्टों से मुझे कम्प्यूटर के हार्डवेयर और सॉफ्टवेयर से सम्बन्धित कई बातें, विशेषकर भारतीय भाषाओं/लिपियों की समस्याओं से सम्बन्धित बातें, पहली बार जानने को मिलीं।

कानपुर की राष्ट्रीय संगोष्ठी के अवसर पर एक जिस्ट टर्मिनल भी प्रदर्शित किया गया था। उपलब्ध अंग्रेजी कम्प्यूटर को बड़े मजे में इस टर्मिनल के साथ जोड़ा जा सकता है। भारतीय भाषाओं के उपयोग के लिए कम्प्यूटर में कुछ भी बदलने की आवश्यकता नहीं पड़ती। अब तो पुणे के *सी-डेक* संस्थान ने इस टर्मिनल को काफी अधिक विकसित कर दिया है।

भारतीय भाषाओं/लिपियों के लिए वैज्ञानिक विचारधारा पर आधारित एक कुंजी-पटल के विकास का आरम्भिक कार्य भी आई.आई.टी. कानपुर में हुआ था। इसका अधिक विकास पुणे के सी-डेक संस्थान में हुआ।

जैसा कि आरम्भ में ही मैंने जिक्र किया है, अस्सी के दशक के मध्य से विदेश से एक सुपरकम्प्यूटर प्राप्त करने के प्रयास शुरू हो गए थे। सन् 1988 में जब यह स्पष्ट हो गया कि अमेरिका से सुपरकम्प्यूटर बाइज्जत प्राप्त करना सम्भव नहीं है, तब देश के तीन-चार संस्थानों में सुपरकम्प्यूटर विकसित करने की योजनाएँ अस्तित्व में आईं। उसी साल प्रमुखतः एक स्वदेशी सुपर कम्प्यूटर को विकसित करने के प्रयोजन से पुणे में *सी-डेक* (सेंटर फॉर डेवलपमेंट ऑफ एडवांस्ड कम्प्यूटिंग) संस्थान की स्थापना की गई, और इसके लिए 37.5 करोड़ रुपयों की व्यवस्था करके तीन साल के भीतर एक स्वदेशी सुपरकम्प्यूटर तैयार करने की योजना बनाई गई।

सी-डेक की स्थापना के कुछ अरसे बाद की बात है। एक दिन दिल्ली में श्री मोहन ताम्बे से भेंट हुई। जानकारी मिली कि सी-डेक में जिस्ट टेक्नोलॉजी के लिए एक विभाग की स्थापना हुई है और ताम्बेजी वहाँ जिस्ट-दल के संयोजक हैं। उन्होंने मुझे जिस्ट सम्बन्धी काम की जानकारी प्राप्त करने के लिए पुणे आमंत्रित किया। मैं गया। आगे दो-तीन साल तक कई बार गया। जिस्ट के कुछ सेमीनारों और संगोष्ठियों में भी भाग लिया। कई सारी नई-नई बातें जानने को मिलीं, सी-डेक में बन रहे 'परम' नामक सुपरकम्प्यूटर के बारे में भी।

उस दौरान जिस्ट टेक्नोलॉजी और 'परम' सुपरकम्प्यूटर के बारे में कुछ लेख भी लिखे।

गणित के अलावा भारतीय पुरालिपियों के अध्ययन में भी मेरी गहरी दिलचस्पी रही है। इसलिए कम्प्यूटर के कुंजी-पटल की व्यवस्था को समझने-समझाने का मैंने कुछ अधिक प्रयास किया है। इस बात को पुनः दोहराना चाहूँगा कि कम्प्यूटर हमारी भाषाओं, लिपियों और दशाधारी संख्याओं को ज्यों-का-त्यों बिलकुल नहीं समझ सकता। इलेक्ट्रॉनिक कम्प्यूटर की केन्द्रीय व्यवस्था में कोई गतिशील कल-पुर्जा नहीं होता। इसमें केवल विद्युत के दो आवेश दौड़ते रहते हैं–लगभग प्रकाश के वेग से। इन आवेशों की केवल दो स्थितियाँ हैं–'चालू' और 'बन्द'। कम्प्यूटर सिर्फ इन्हीं दो स्थितियों से, अर्थात् दो संकेतों से या दो अंकों–0 और 1–से, सारे काम करता है।

चूँकि कम्प्यूटर केवल दो स्थितियों–संकेतों या अंकों–को ही समझ सकता है, इसलिए संख्याओं और अक्षरों को सर्वप्रथम दो संकेतों की योजनाओं में बदलना आवश्यक होता है। यह भी एक दिलचस्प संयोग ही है कि दशाधारी संख्याओं को द्वि-आधारी संख्याओं में और तार्किक कथनों को दो संकेतों के बीजगणित में

आसानी से बदला जा सकता है।

चूँकि कम्प्यूटर केवल दो अंकों से सारे काम करता है, इसलिए अक्षराँकीय प्रतीकों के लिए द्वि-आधारी अंक-पद्धति में एक मानक कोड बनाना आवश्यक हो जाता है। रोमन अक्षरों के लिए 7 बिटों का ऐसा एक मानक कोड है जिसे *आस्की* कोड कहते हैं। इस व्यवस्था से 128 प्रतीकों के लिए सुनिश्चित कोड तैयार हो जाते हैं। जैसे, जब आप कुंजी-पटल पर रोमन के B अक्षर की कुंजी दबाते हैं, तो आस्की कोड के अनुसार B की द्योतक द्वि-आधारी संख्या 1000011 का सृजन होता है और वह कम्प्यूटर की स्मृति में संचित हो जाती है। इस प्रकार, रोमन अक्षरों और आन्तरिक कोडिंग के बीच *एक-एक का सम्बन्ध* स्थापित है। उसी तरह, रोमन अक्षरों के लिए आन्तरिक कोडिंग और उनके दृश्य-प्रदर्शन या मुद्रण के बीच भी एक-एक का सम्बन्ध स्थापित है।

पाठ-प्रेषण, आन्तरिक कोडिंग और पाठ-प्रदर्शन में एक-एक का सीधा सुनिश्चित सम्बन्ध स्थापित किए जाने के कारण ही कम्प्यूटर प्रमुखतः 'अंग्रेजी कम्प्यूटर' बन गए हैं। कम्प्यूटरों का विकास अंग्रेजी माध्यम से हुआ है, इसलिए हार्डवेयर और सॉफ्टवेयर का विकास भी अंग्रेजी के अनुरूप ही हुआ है। और, अंग्रेजी भाषा जिस रोमन लिपि में लिखी जाती है उसकी, दृश्य-प्रदर्शन और मुद्रण की दृष्टि से, अपनी कुछ विशेषताएँ भी हैं।

भारत में 16 प्रमुख भाषाओं की 10 विभिन्न लिपियाँ हैं। ये लिपियाँ रोमन की तरह 'रैखिक' भी नहीं हैं। भारतीय लिपियों के अक्षरों के साथ ऊपर-नीचे और दाएँ-बाएँ मात्राएँ लगती हैं। संयुक्ताक्षरों के भी कई झमेले हैं। ऐसी स्थिति में किसी भारतीय लिपि के सभी प्रकार के संकेतों को कम्प्यूटर की 47 कुंजियों में किस तरह समेटा जा सकता है? क्या प्रत्येक भारतीय भाषा/लिपि के लिए अलग-अलग कम्प्यूटर कीबोर्ड बनाने पड़ेंगे?

नहीं, बिलकुल नहीं। जिस्ट टेक्नोलॉजी के जरिए 10 भारतीय लिपियों को, कई विदेशी लिपियों को भी, एक ही कुंजी-पटल पर स्थापित कर देना सम्भव हुआ है। रोमन लिपि की अपनी कुछ सहूलियतें हैं, तो भारतीय लिपियों की भी अपनी कुछ विशेषताएँ हैं। भारतीय लिपियों की सबसे बड़ी विशेषता है, इनका काफी अधिक ध्वन्यात्मक होना। अर्थात्, जैसा बोला जाता है, लगभग उसी के अनुरूप लिखा जाता है। कम्प्यूटर के लिए इस विशेषता को अपनाकर कुंजियों पर स्वराक्षर, मात्राएँ और व्यंजनाक्षर स्थापित किए गए हैं। दूसरे शब्दों में, एक ही ध्वन्यात्मक कुंजी-पटल का सभी भारतीय भाषाओं/लिपियों के लिए इस्तेमाल हो

सकता है। इस व्यवस्था के द्वारा शब्दकोश के अनुक्रम से शब्द-चयन करना भी सम्भव हो गया है।

भारतीय लिपियों की दूसरी बड़ी विशेषता यह है कि, अरबी-फारसी लिपि को छोड़कर, ये सभी प्राचीन ब्राह्मी लिपि से विकसित हुई हैं। इसलिए इन सभी लिपियों का आधार संस्कृत वर्णमाला है, जो मूलतः ध्वन्यात्मक है। भारतीय लिपियों की इन्हीं दो विशेषताओं–एकरूप वर्णमाला और ध्वन्यात्मकता–के कारण कम्प्यूटर कुंजी-पटल पर, न केवल देवनागरी के अक्षरों को, बल्कि भारत की दस प्रमुख लिपियों को एक साथ स्थापित कर देना सम्भव हुआ है।

तिब्बती, सिंहली तथा दक्षिण-पूर्व एशिया की कई लिपियाँ भी ब्राह्मी से ही विकसित हुई हैं। इसलिए भारतीय लिपियों के साथ तिब्बती, सिंहली, थाई आदि लिपियों को भी उसी कम्प्यूटर कुंजी-पटल पर स्थापित कर देना सम्भव हुआ है। ब्राह्मी से विकसित लिपियों को अब पुनः एक मंच पर बिठाना सम्भव हुआ है।

पूछा जा सकता है : भारतीय लिपियों के इन ध्वन्याक्षरों के लिए और अन्य आवश्यक प्रतीकों या संकेतों के लिए आन्तरिक कोड की व्यवस्था किस प्रकार की गई?

आमतौर पर कम्प्यूटर में आठ बिटों के समूह में ही सूचनाएँ संचित होती हैं। रोमन का प्रत्येक अक्षर, जो सात बिटों के *आस्की* कोड में होता है, वस्तुतः आठ बिटों यानी एक बाइट में ही संचित होता है। ग्राफिक्स के प्रयोग के लिए इस आठवें बिट की आवश्यकता पड़ती है। इसलिए प्रति-अक्षर 8 बिट की व्यवस्था अब मानक बन गई है। सात बिटों का उपयोग करके कुल 128 प्रतीकों को कोडित किया जा सकता है और आठ बिटों का उपयोग करके 256 प्रतीकों को कोडित किया जा सकता है।

अंग्रेजी के लिए सात बिटों का आस्की कोड पर्याप्त है, क्योंकि अंग्रेजी के लिए 26 बड़े अक्षर, 26 छोटे अक्षर, 10 अंक और कुछ विशेष चिह्न ही आवश्यक हैं, जो 128 से ज्यादा नहीं हैं।

लेकिन 8 बिटों के कोड का उपयोग किया जाए, तो 128 अतिरिक्त प्रतीकों को कोडित करना सम्भव हो जाता है। कम्प्यूटरों के लिए मानक कोड 8 बिटों (एक बाइट) का है ही, और अंग्रेजी के 7 बिट वाले अक्षर वस्तुतः 8 बिटों में ही संचित होते हैं, इसलिए 8वें बिट का उपयोग भारतीय लिपियों के लिए करने का निर्णय लिया गया। इस व्यवस्था से भारतीय लिपियों के लिए अंग्रेजी

कम्प्यूटर पर ही, 128 अतिरिक्त प्रतीकों को कोडित करने की सुविधा उपलब्ध हो गई।

भारत की सभी प्रमुख लिपियों के पाठों को संचित करने के लिए केवल 128 संकेतों को कोडित कर देना पर्याप्त है। उदाहरण के लिए, देवनागरी लिपि के लिए करीब 55 कोड पर्याप्त हैं। इसमें अतिरिक्त संकेतों एवं नियंत्रण के लिए आवश्यक कोडों का समावेश करने पर इनकी संख्या 128 से ऊपर नहीं पहुँचती। अतः स्पष्ट है कि 7 बिटों के आस्की कोड को 8 बिटों के इस्की कोड में विस्तृत करके अंग्रेजी कम्प्यूटर पर ही भारत की सभी प्रमुख भाषाओं/लिपियों को स्थापित कर देना सम्भव हुआ है। इस्की (ISCII) का मतलब है–इंडियन स्क्रिप्ट कोड फॉर इन्फार्मेशन इंटरचेंज। इसके साथ ही भारतीय लिपियों के बीच लिप्यंतरण प्रक्रिया सहज सम्भव हो गई। वजह यह है, कि उदाहरण के लिए, अब देवनागरी के *क* अक्षर और बांग्ला, तमिल, कन्नड आदि अन्य सभी भारतीय लिपियों के *क* अक्षर के लिए एक ही कोड है, जिसे इलेक्ट्रॉनिकी विभाग ने सुनिश्चित कर दिया है।

इलेक्ट्रॉनिक विभाग ने सन् 1986 में भारतीय लिपियों के कुंजी-पटल के लिए एक मानक प्रणाली स्वीकार की। यह कुंजी-पटल मौजूदा भारतीय लिपियों

के टाइपराइटरों के कुंजी-पटल से भिन्न है। मगर यह नया कुंजी-पटल वर्णाक्षरों के कम-ज्यादा प्रयोग पर विचार करके और भारतीय लिपियों के ध्वन्यात्मक स्वरूप को ध्यान में रखकर बनाया गया है और यह सभी भारतीय लिपियों को एक पटल पर खड़ा करके उन्हें एकसूत्र में बाँध देता है, इसलिए इसे हमें स्वीकार कर लेना चाहिए। इसे इंस्क्रिप्ट (इंडियन स्क्रिप्ट) कुंजी पटल के नाम से जाना जाता है, इंस्क्रिप्ट कुंजी-पटल पर, उदाहरण के लिए, *जन गण मन अधिनायक जय हे भारत भाग्य विधाता* को देवनागरी में कम्पोज करने के लिए क्रमशः जिन अक्षर-कुंजियों का प्रयोग होता है, ठीक उन्हीं कुंजियों को उसी क्रम से स्पर्श-टंकित करके राष्ट्रगीत की इस पंक्ति को असमिया, बंगाली, उड़िया, पंजाबी गुरुमुखी, गुजराती, तमिल, तेलुगु लिपियों में प्राप्त किया जा सकता है। साथ ही, यह पंक्ति रोमन में भी उपलब्ध हो सकती है।

कई सारी भाषाओं/लिपियों को एक ही कुंजी-पटल पर स्थापित कर देना एक हार्डवेयर व्यवस्था के जरिए सम्भव हुआ है। यह व्यवस्था है–जिस्ट कार्ड। इस जिस्ट कार्ड का मूलाधार रहा है जिस्ट 9000 नामक एसिक चिप, जिसे सी-डेक में मार्च 1990 में डिजाइन किया गया। यह चिप बहुत सारी लिपियों को संसाधित करने की क्षमता प्रदान करता है। इस चिप को आधार बनाकर विभिन्न प्रकार के लिपि-संसाधनों के लिए कई तरह के जिस्ट कार्ड विकसित किए गए हैं।

जिस्ट की और भी कई उपलब्धियाँ हैं। जैसे, शब्द-संसाधन के लिए

सॉफ्टवेयर, डी.टी.पी. के लिए पैकेज, हिन्दी स्पेल-चेकर, भारतीय लिपियों के लिए बढ़िया फांट्स। जिस्ट टेक्नोलॉजी की एक और उपलब्धि है–*इलेक्ट्रॉनिक उप-शीर्षक रिसीवर।* इसके जरिए टी.वी. या वीडियो कार्यक्रम को देश के अलग-अलग प्रदेशों के दर्शक अपनी-अपनी भाषाओं के उप-शीर्षकों में देख सकेंगे। इस टेक्नोलॉजी को लिस्प प्रणाली का नाम दिया गया है। जिस्ट ने विंडोज में प्रयुक्त होनेवाले पैकेजों के साथ भारतीय लिपियों के फांट्स का उपयोग करने के लिए इजम यानी 'इस्फाक स्क्रिप्ट मैनेजर' नामक प्रणाली का भी विकास किया है।

कई सालों से एक बात को मैं बिलकुल समझ नहीं पा रहा हूँ। क्या वजह है कि हम भारत में विकसित टेक्नालाजियों को भी जिस्ट, इस्फाक, इजम, लिस्प जैसे अंग्रेजी नाम प्रदान करते जा रहे हैं? इन्सेट, आई.आर.एस., पी.एस.एल.वी. आदि भी इसी तरह के नाम हैं। स्वदेशी उपलब्धियों के लिए इस तरह के अंग्रेजी शब्दों की संख्या, आजादी के बाद से, कई हजार तक पहुँच गई है और बढ़ती ही जा रही है। किस तरह की मानसिकता से ऐसा हो रहा है, समझना कठिन है।

अब जल्दी ही सी-डेक और नेटकाम इंडिया के सहयोग से देश के महानगरों, शहरों और कस्बों में हिन्दी में कम्प्यूटरी शिक्षा देने की एक व्यापक योजना भी अस्तित्व में आ रही है।

पिछले करीब एक दशक में हिन्दी में शब्द-संसाधन, डी.टी.पी. आदि के लिए कई सारे सॉफ्टवेयर अस्तित्व में आए हैं। आप में से बहुतों को उनकी जानकारी है, इसलिए उनकी चर्चा मैं नहीं करूँगा।

एक भारतीय भाषा से दूसरी भाषा में मशीनी अनुवाद प्रस्तुत करने के प्रयास भी जारी हैं। कानपुर के आई.आई.टी. संस्थान ने इसके लिए अनुसारक नामक तर्क-प्रणाली विकसित की है। इसके अन्तर्गत कन्नड से हिन्दी में कम्प्यूटर-अनुवाद करने में काफी सफलता मिली है। उसी संस्थान में अंग्रेजी से हिन्दी में अनुवाद प्रस्तुत करने की दिशा में भी कार्य हो रहा है। मशीनी अनुवाद का कार्य आई.आई.टी. मद्रास और सी-डेक पुणे में भी हो रहा है।

जैसा कि मैंने आरम्भ में बताया है, कम्प्यूटर से मैं 1985 में जुड़ा तेरह साल पहले। कम्प्यूटर के सन्दर्भ में मेरी चिन्ता भारतीय भाषाओं/लिपियों के बारे में थी प्रमुखतः हिन्दी/देवनागरी को लेकर। इन तेरह वर्षों में स्थिति बहुत बदल गई है। अधिकाधिक शक्तिशाली चिप उपलब्ध हुए। अधिक क्षमतावाली हार्ड डिस्कें बनीं। विंडोज आपरेटिंग सिस्टम के कारण कम्प्यूटर पर काम करना बहुत सुगम हो गया

है। साथ ही, कई सारे हिन्दी शब्द संसाधक तैयार हुए, और भी द्विभाषी शब्द संसाधक भी द्विभाषी प्रकाशन प्रणालियाँ भी उपलब्ध हुई।

इतना सब होने पर भी हिन्दी तथा दूसरी भारतीय भाषाओं में कम्प्यूटरों का उपयोग जोर नहीं पकड़ पा रहा है, तो इसके लिए काफी हद तक हमारी सरकार और हमारे साहित्यकार जिम्मेदार हैं। आरम्भ में हिन्दी के साहित्यकार हिन्दी के लिए इस मशीन की उपयोगिता को लेकर काफी चिन्तित थे। मगर अब यह मशीन अधिक समर्थ बनी है, हिन्दी की सेवा करने में समर्थ है, तो हिन्दी-सेवी इसके प्रति उपेक्षा से देखते प्रतीत होते हैं। हिन्दी कम्प्यूटर की भाषा बने, इसके लिए एक अनिवार्य शर्त यह भी है कि हिन्दी के लेखक अपने लेख व अपनी पुस्तकें स्वयं कम्प्यूटर पर तैयार करें। इस तरह वे हिन्दी के लिए कम्प्यूटर के उपयोग की कई त्रुटियों को दूर करने में भी सहयोग दे सकते हैं। हिन्दी-सेवियों को अब यह अच्छी तरह समझ लेना चाहिए कि अधिकाधिक शक्तिशाली बनती जा रही इस कम्प्यूटर मशीन का भरपूर उपयोग करके ही हम हिन्दी तथा अन्य भारतीय भाषाओं को अधिक समृद्ध बना सकते हैं।

कम्प्यूटर पर अंग्रेजी अभी भी हावी है। कम्प्यूटर के उपयोग के लिए अंग्रेजी का थोड़ा बहुत ज्ञान जरूरी है। मगर अब वह दिन दूर नहीं है जब आप हिन्दी के सहयोग से ही कम्प्यूटर पर बहुत से काम कर सकेंगे। इसके लिए बुनियादी चीज है आपरेटिंग प्रणाली का हिन्दी में होना। बहुप्रचलित डॉस ऑपरेटिंग प्रणाली हिन्दी में बन चुकी है। और, अब जल्दी ही विंडोज ऑपरेटिंग प्रणाली भी। हिन्दी तथा अन्य भारतीय भाषाओं के कुछ अखबार अब इंटरनेट पर उपलब्ध होने लगे हैं। इतना सब होने पर भी हिन्दी में कम्प्यूटर के उपयोग की दिक्कतें कायम हैं। ये मुख्यतः कुंजीपटल से सम्बन्धित हैं। सरकार ने यह नियम तो बना दिया है कि द्विभाषिक कम्प्यूटर ही खरीदे जाएँ, मगर दफ्तरों में जो यांत्रिक टाइपराइटर या इलेक्ट्रॉनिक टाइपराइटर उपलब्ध है उनके कुंजीपटल रेमिंगटन वाले हैं। यह कुंजीपटल दोषपूर्ण है, कम्प्यूटर के लिए उपयुक्त नहीं है। जो लोग इस रेमिंगटन कुंजीपटल के अभ्यस्त हो गए हैं वे इसे त्यागने को तैयार नहीं हैं।

जैसा कि हमने पहले बताया है, कई साल के प्रयासों से भारतीय भाषाओं/लिपियों के लिए एक उपयुक्त कम्प्यूटर कुंजीपटल विकसित किया जा चुका है। इसका नाम इंस्क्रिप्ट कुंजीपटल है। भारतीय मानक ब्यूरो ने इसे मान्यता प्रदान कर दी है। कुछ हद तक इसका इस्तेमाल भी हो रहा है। मगर रेमिंगटन की-बोर्ड के चलते इंस्क्रिप्ट को बढ़ावा नहीं मिल रहा है।

इंस्क्रिप्ट अथवा ध्वन्यात्मक कुंजीपटल की सबसे बड़ी विशेषता यह है कि जिस तरह से देवनागरी में काम किया जा सकता है, ठीक उसी तरह, उसी कुंजीपटल से बांग्ला, गुजराती, तेलुगु आदि अन्य भारतीय लिपियों में भी काम किया जा सकता है। क्योंकि ये सभी लिपियाँ ब्राह्मी से विकसित हुई हैं, उनकी वर्णमाला एक है, सभी ध्वन्यात्मक हैं और सबके लिए एक समान कोड (इस्की) है, इसलिए इनको एक ही कम्प्यूटर-कुंजीपटल पर स्थापित कर देना सम्भव हुआ है। यह एक विशिष्ट उपलब्धि है और राष्ट्रीय एकीकरण की दिशा में एक क्रान्तिकारी कदम है।

वह दिन भी अब बहुत दूर नहीं है जब कम्प्यूटर आपकी बोली (भाषा) के जरिए सूचनाओं को सीधे ग्रहण करेंगे, तेजी से उनका संसाधन करेंगे। तब कुंजीपटल का झमेला भी मिट जाएगा।

अनुसारक : कम्प्यूटर-अनुवाद की भारतीय पद्धति

कई सालों साल पहले कानपुर के आई.आई.टी. संस्थान में एशियाई भाषाओं के कम्प्यूटर-संसाधन से सम्बन्धित एक कार्यशाला में मैं सम्मिलित हुआ था। तब पहली बार पता चला था कि वहाँ के कम्प्यूटर-विभाग के प्रो. विनीत चैतन्य और प्रो. राजीव संगल के नेतृत्व में अनुसन्धानकर्ताओं का एक दल भारतीय भाषाओं के मशीनी अनुवाद के लिए एक विशिष्ट प्रणाली का विकास करने में जुटा हुआ है। यह भी पता चला कि उस प्रणाली को **अनुसारक** नाम दिया गया है और उसके अंतर्गत एक दक्षिण भारतीय भाषा से हिन्दी में मशीनी अनुवाद हासिल करने में आंशिक सफलता भी मिली है।

तब से मशीनी अनुवाद की इस **अनुसारक** प्रणाली के बारे में मेरे मन में सतत उत्सुकता बनी रही। फिर जब यह जानकारी मिली कि आई.आई.टी. कानपुर ने कन्नड़ से हिन्दी में अनुवाद के लिए एक अनुसारक सॉफ्टवेयर तैयार किया है, तो मेरी उत्सुकता और अधिक बढ़ गई। उसके बाद जब आई.आई.टी. कानपुर जाना हुआ, तो वहाँ मशीनी अनुवाद के क्षेत्र में हो रहे कार्य को प्रत्यक्ष देखकर मैं चकित रह गया।

विशेषज्ञ भी स्वीकार करते हैं कि काव्य और व्यंग्य का अच्छा मशीनी अनुवाद फिलहाल लगभग एक असम्भव कार्य है। मगर देखिए यह किस्सा जिसका अनुसारक प्रणाली से कन्नड़ से हिन्दी में मशीनी अनुवाद किया गया : एक वैज्ञानिक ने एक मेंढक पर प्रयोग किया। मेढक को इस तरह सिखलाया गया कि वह 'उठ' कहने पर कूदता था। तब वैज्ञानिक ने मेढक का एक पैर काटा और 'उठ' कहा, तो वह कुछ कम ऊँचा कूदा। तब उस वैज्ञानिक ने अपनी प्रयोग-पुस्तक में लिखा—'मेढक के दोनों पैर काटने से वह बहरा हो जाता है।'

यहाँ हम इस किस्से का मूल कन्नड़ पाठ, हिन्दी में उसका कम्प्यूटर-अनुवाद और उस अनुवाद का कम्प्यूटर-सम्पादित हिन्दी पाठ एक साथ प्रस्तुत कर रहे हैं।

कन्नड़ पाठ देवनागरी में है। अब **जिस्ट-कार्ड** के जरिए एक कम्प्यूटर पर एक ही कुंजीपटल से भारत की सभी प्रमुख भाषाओं/लिपियों के पाठ प्राप्त करना सम्भव हो गया है। अन्य शब्दों में, भारतीय भाषाओं के लिए कम्प्यूटर पर लिप्यंतरण अब सहज सम्भव है। इस **जिस्ट टेक्नोलॉजी** का विकास भी कानपुर के आई.आई.टी. संस्थान में ही हुआ है।

कम्प्यूटर के साथ डेक-दल के दो सदस्य

पाठक देखेंगे कि कन्नड़ पाठ का जो मशीनी हिन्दी अनुवाद प्राप्त हुआ है, वह सुपाठ्य नहीं है। उसे समझने में थोड़ी कठिनाई होती है। मुख्य कारण यह है कि कोष्ठकों में भिन्नार्थ शब्द भी दिए गए हैं, जैसे–'उठ' के बाद कोष्ठक में 'सात'। इसकी वजह यह है कि कन्नड़ के 'एळु' शब्द के 'उठ' और 'सात', दोनों अर्थ सम्भव हैं। कन्नड़ से हिन्दी में अनुवाद के लिए 30,000 मूल शब्दों का एक विशिष्ट कन्नड़-हिन्दी इलेक्ट्रॉनिक शब्दकोश तैयार किया गया है। इस कोश में कन्नड़ के 'एळु' के लिए पहला हिन्दी शब्द 'उठ' है और दूसरा 'सात'। कोष्ठक के अन्य शब्दों के बारे में भी यही बात है।

इस मशीनी अनुवाद में कोष्ठकों के शब्दों को आप छोड़ दें तो किस्से को सहजता से समझा जा सकता है। तब कोष्ठकों के शब्दों को त्यागकर और कुछ शब्दों को पुनः सजाकर आप कम्प्यूटर पर ही हिन्दी अनुवाद का सम्पादित पाठ प्राप्त कर सकते हैं।

यहाँ एक महत्त्वपूर्ण बात को रेखांकित करना जरूरी है। कन्नड़ से हिन्दी में मशीनी अनुवाद प्रस्तुत कर देना पूर्णतः कम्प्यूटर का काम है। मगर जो व्यक्ति उस मशीनी अनुवाद को थोड़ा सजाकर बेहतर हिन्दी में प्रस्तुत करता है, उसके लिए कन्नड़ का जानकार होना जरूरी नहीं है। थोड़े अभ्यास के बाद सजावट का यह काम कोई भी कर सकता है।

अब आप संपादन-सजावट के बाद इस किस्से का हिन्दी पाठ देखिए। यह हिन्दी निश्चय ही आपको कुछ अटपटी-सी लगेगी, मानो फिल्म एक्टर महमूद यह किस्सा सुना रहे हैं। इसे आप हिन्दी की दक्खिनी शैली भी कह सकते हैं। वस्तुतः यह कन्नड़ का अनुसरण करने वाली हिन्दी है।

आई.आई.टी. कानपुर में भारतीय भाषाओं के मशीनी अनुवाद के लिए जो प्रणाली विकसित की जा रही है उसे काफी सोच-समझकर ही **अनुसारक** का नाम दिया गया है। डॉ. विनीत चैतन्य और डॉ. राजीव संगल का यह दावा नहीं है कि उन्होंने कम्प्यूटर अनुवाद की कोई परिपूर्ण प्रणाली विकसित की है, यह सम्भव भी नहीं है। उन्होंने एक भारतीय भाषा से दूसरी भारतीय भाषा में मशीनी अनुवाद प्रस्तुत करने के लिए एक व्यापक प्रणाली का सृजन किया है। इसके अन्तर्गत किया गया अनुवाद काफी हद तक मूल पाठ का अनुसरण करेगा, इसीलिए इसे अनुसारक कहा गया है। **अनुसारक** एक तंत्र है, एक तर्क-प्रणाली है, भारतीय भाषाओं के मशीनी अनुवाद के लिए आयोजित एक व्यापक दर्शन है, जो भारतीय व्याकरण-परम्परा पर आधारित है।

यहाँ शुरू में एक गलतफहमी को दूर कर देना जरूरी है। कन्नड़ से हिन्दी में कम्प्यूटर-अनुवाद का साधन उपलब्ध हो गया है। तेलुगू, उड़िया, मराठी आदि से हिन्दी में कम्प्यूटर-अनुवाद के साधन उपलब्ध कराने की दिशा में भी कार्य जारी है। कुछ लोग शायद सोच सकते हैं कि इन साधनों से तो केवल हिन्दी ही अधिकाधिक समर्थ बनती जाएगी। मगर बात ऐसी नहीं है। आज कन्नड़-हिन्दी कम्प्यूटर-अनुवाद सम्भव हो रहा है, कल हिन्दी-कन्नड़ अनुवाद सम्भव होगा, कन्नड़-तेलुगू और कन्नड़-मराठी अनुवाद सम्भव होगा। स्पष्ट है कि कन्नड़-हिन्दी कम्प्यूटर-अनुवाद में जितनी दिक्कतें हैं, उतनी मराठी-हिन्दी बंगाली-हिन्दी कम्प्यूटर-अनुवाद में नहीं होंगी।

भारतीय भाषाओं में आपस में काफी साम्य है। सबसे महत्त्वपूर्ण तथ्य यह है कि ये भाषाएँ एक निश्चित शब्दक्रम से काफी हद तक मुक्त हैं। मिसाल के लिए 'राम ने मोहन को किताब दी' और 'मोहन को राम ने किताब दी', इन दोनों

वाक्यों का अर्थ लगभग एक ही है। भारतीय भाषाओं में बहुत से शब्द भी समान हैं। मशीनी अनुवाद के लिए ये समानताएँ बड़ी उपयोगी साबित हो सकती हैं। पाश्चात्य देशों में विकसित आधुनिक भाषा-विज्ञान की कई स्थापनाएँ भारतीय भाषाओं के लिए उपयुक्त प्रतीत नहीं होतीं। इसके विपरीत, देखा गया है कि भारतीय भाषाओं के विश्लेषण के लिए **पाणिनि** के विचार और संस्कृत व्याकरण अधिक उपयोगी है। आधुनिक भाषा-विज्ञान के अधिकांश सिद्धान्त यह मानकर चलते हैं कि भाषा में शब्दों का क्रम सुनिश्चित रहता है और उनमें वाक्यांशों को पहचानने पर बल दिया जाता है न कि कारकों की पहचान पर। मगर, जैसा कि हमने बताया है, भारतीय भाषाओं में शब्द क्रम के लिए काफी स्वतंत्रता है और संस्कृत के व्याकरण की तरह इनमें भी कारकों या विभक्ति-प्रत्यक्षों का विशेष महत्त्व है। इसलिए भारतीय भाषाओं के मशीनी अनुवाद के लिए इलेक्ट्रॉनिक शब्दकोशों आदि के साथ-साथ **कारक-चार्टों** का भी बुनियादी महत्त्व है। आई. आई.टी कानपुर के अनुसन्धान-दल के परम्परागत संस्कृत व्याकरण के सिद्धान्तों को अपनाकर ही मशीनी अनुवाद की अनुसारक प्रणाली विकसित की है।

यह ध्यान देने योग्य बात है कि मशीनी अनुवाद का जो सॉफ्टवेयर तैयार हुआ है उसे 'कन्नड़-हिन्दी अनुवादक' नहीं, बल्कि 'कन्नड़-हिन्दी अनुसारक' कहा गया है। इस साधन का मुख्य लक्ष्य है इन दो भाषाओं के बीच के अवरोधों को तोड़ना, एक भाषा में उपलब्ध जानकारी को दूसरी भाषा के पाठक के लिए उपलब्ध कराना। कन्नड़-हिन्दी अनुसारक के जरिए बालकथाओं, लोकप्रिय विज्ञान, संपादकीय, मजाकिया किस्से आदि के कन्नड़ पाठकों के हिन्दी अनुवाद प्राप्त किए गए हैं। मंगु का लट्टू और गधे की अभिलाषा जैसी कुछ रोचक बाल-कहानियों के कन्नड़ से हिन्दी में किए गए कम्प्यूटर-अनुवाद मेरे सामने हैं।

मान लीजिए कि मूल कन्नड़ में लिखी गई बाल-कहानी की एक पुस्तक है और नेशनल बुक ट्रस्ट को उसका हिन्दी (तथा अन्य प्रमुख भाषाओं) में अनुवाद प्रस्तुत करना है, इसके लिए अब कन्नड़ और हिन्दी, इन दोनों भाषाओं के जानकार की जरूरत नहीं पड़ेगी। यह काम कन्नड़-हिन्दी अनुसारक से सीधे कम्प्यूटर पर हो सकता है। प्राप्त मशीनी हिन्दी अनुवाद को सजाने के लिए कन्नड़ का जानकार होना जरूरी नहीं है। यही बात कन्नड़-मराठी, कन्नड़-बंगला आदि पर भी लागू होगी। इस तरह फ्लापी पर उपलब्ध मूल कन्नड़ पाठ के विभिन्न भारतीय भाषाओं में अनुवाद सहज उपलब्ध हो जाएँगे। मगर ऐसी उपलब्धि के लिए अभी काफी प्रयास की जरूरत है।

फिलहाल अनुसारक प्रणाली की स्थिति रेल-व्यवस्था की तरह है, जिसमें सामान और यात्रियों को घर तक नहीं पहुँचाया जाता, केवल स्टेशन तक ही छोड़ा जाता है। अनुसारक द्वारा प्राप्त मशीनी अनुवाद को सजाने और सम्पादित करने की जरूरत है, और आगे भी रहेगी। इस तरह मशीनी अनुवाद में व्यक्ति की भूमिका हमेशा बरकरार रहेगी।

अनुसारक एक ऐसी प्रणाली है जिसका निरंतर विकास होता रहेगा। शब्दकोश-विज्ञान, भाषा-विज्ञान, व्याकरण-विश्लेषण, कम्प्यूटर-विज्ञान आदि में जैसे-जैसे उन्नति होती जाएगी, वैसे-वैसे प्रणाली की नई-नई पीढ़ियाँ उपलब्ध होती जाएँगी।

अनुसारक प्रणाली जैसे मशीनी अनुवाद के साधनों का उपयोग केवल एक भाषा से दूसरी भाषा में अनुवाद प्रस्तुत कर देने तक सीमित नहीं रहेगा। यह एक भाषा-विज्ञानी के लिए एक दूरबीन की तरह का शक्तिशाली साधन बनेगा। जिस तरह दूरबीन के जरिए दूर के आकाशीय पिंडों को साफ-साफ देखा जा सकता है, उसी तरह भाषा-विज्ञानी अनुसारक के जरिए विभिन्न भारतीय भाषाओं को अधिक गहराई से और अधिक स्पष्टता से समझ पाएँगे। इससे परम्परागत संस्कृत व्याकरण के अध्ययन को भी बड़ा प्रोत्साहन मिलेगा।

मशीनी अनुवाद की इस प्रणाली के कई अन्य व्यावहारिक लाभ हैं। इसके अंतर्गत भाषा के अध्ययन में सहायक बनने वाले और व्याकरण की अशुद्धियाँ ठीक करने वाले साधन विकसित किए जा सकते हैं। अनुसारक प्रणाली की सँभावनाएँ बहुत व्यापक हैं।

हमारी भारतीय भाषाओं का अपना विशिष्ट ढाँचा है। इन भाषाओं के व्याकरण की अपनी एक विशिष्ट परम्परा है। इसलिए भारतीय भाषाओं से सम्बन्धित अन्वेषण-कार्य मुख्यतः भारतीयों को ही करना होगा। इस दिशा में कानपुर के आई.आई.टी. संस्थान ने बहुत बड़ी पहल की है, उल्लेखनीय सफलताएँ भी हासिल की हैं। इसी संस्थान ने **जिस्ट टेक्नोलॉजी** को जन्म देकर भारत की सभी प्रमुख भाषाओं/लिपियों को एक ही कम्प्यूटर-कुंजीपटल पर स्थापित कर दिया है। अब इसी संस्थान ने मशीनी अनुवाद की अनुसारक प्रणाली को जन्म देकर एक भारतीय भाषा से दूसरी भारतीय भाषा में अनुवाद प्रस्तुत करने का मार्ग प्रशस्त कर दिया है। भारतीय भाषाओं के लिए यह उपयोगी वरदान है।

सुपरकम्प्यूटर के बड़े-बड़े काम

आज के सभी कम्प्यूटरों का मुख्य प्रयोजन है—आंकड़ों को ग्रहण करना, उन्हें संसाधित या विश्लेषित करना और परिणाम प्रस्तुत कर देना। सुपरकम्प्यूटर भी यही करते हैं, मगर बड़े पैमाने पर। सुपरकम्प्यूटर आंकड़ों के विशाल भंडार को ग्रहण करके उन्हें बड़ी तेजी से परिकलित करता है, इसीलिए इस इंजन को प्रायः **नंबर-क्रंचर** यानी **संख्या-कुट्टक** कहा जाता है।

मगर सुपरकम्प्यूटर का उद्देश्य आंकड़ों का विश्लेषण या परिकलन करके महज 'उत्तर' प्रस्तुत कर देना नहीं है, बल्कि आंकड़ों के बीच के पारस्परिक सम्बन्धों को स्पष्ट करना होता है। अन्य शब्दों में, अधिकांश सुपरकम्प्यूटरों का उपयोग प्रदत्त आंकड़ों या सूचनाओं के बीच के आपसी सम्बन्धों का एक उपयुक्त मॉडल या प्रतिरूप तैयार करने के लिए होता है।

सुपरकम्प्यूटर का उपयोग चाहे मौसम या भूकम्प का स्वरूप जानने के लिए हो, चाहे किसी मोटर-कार या विमान का डिजाइन तैयार करने के लिए हो, चाहे वैज्ञानिक अनुसंधान के लिए हो और चाहे सैनिक उपयोग के लिए किया जाए, सबसे पहले लाखों-करोड़ों आंकड़ों या सूचनाओं के बीच के आपसी सम्बन्धों के आधार पर इनके मॉडल ही तैयार करने पड़ते हैं। मॉडल सही हो, तभी सुपरकम्प्यूटर उपयोगी बनता है। मौसम के अध्ययन के लिए हमारे देश में जो **क्रे एक्स-एमपी/14** सुपरकम्प्यूटर स्थापित हुआ है इसके लिए भी पहले भारतीय उपमहाद्वीप के मौसम का एक मॉडल तैयार हो रहा है। मॉडल-युक्त सूचनाओं को प्रायः दृश्य रूप में प्रस्तुत किया जाता है, कभी-कभी तो तत्क्षण होने वाले अनुरूपण (रियल-टाइम सिम्यूलेशन) में।

परम जैसे समान्तर कम्प्यूटर के उपयोग में साफ्टवेयर का बड़ा महत्त्व है। इसके प्रोग्रामों के लिए समान्तर अल्गोरिथम, उच्चस्तरीय भाषा, उपयुक्त कोड और लक्ष्य (टार्गेट) मशीनों का विकास करना पड़ता है। आइए देखें कि **परम** के

मामले में यह सब किस तरह किया जा रहा है और इस कम्प्यूटर का किन-किन कामों में उपयोग होने वाला है।

सबसे पहले एक ताजा उदाहरण लीजिए। भारतीय सुदूर संवेदन उपग्रह **आईआरएस-1बी** को सोवियत संघ के एक रॉकेट के जरिए ध्रुवीय कक्षा में स्थापित किया गया। आगे के इस प्रकार के उपग्रहों को देश में निर्माणाधीन **पीएसएलवी** रॉकेट के जरिए ध्रुवीय कक्षा में छोड़ा गया। ऐसे रॉकेटों के प्रक्षेप-पथों का अनुरूपण समान्तर कम्प्यूटर से प्राप्त करने में आसानी होती है। इसके लिए विक्रम साराभाई अन्तरिक्ष केन्द्र (त्रिवेन्द्रम) ने ट्रांसप्यूटरों का उपयोग किया है। सी-डैक द्वारा विकसित समान्तर कम्प्यूटर प्रणाली का उपयोग करके पीएसएलवी के उत्थान-काल से ले कर कक्षा में उपग्रह के छोड़े जाने तक के समूचे प्रक्षेप-पथ का तत्क्षणिक अनुरूपण सम्भव हुआ है। स्पष्ट है कि हमारे देश के अन्तरिक्ष अनुसंधान के साधनों के विकास में परम कम्प्यूटर एक प्रमुख भूमिका अदा कर रहा है।

प्रतिबिम्ब संसाधन

सुपरकम्प्यूटर के उपयोग का एक महत्त्वपूर्ण क्षेत्र है प्रतिबिम्ब संसाधन (इमेज प्रोसेसिंग)। सुदूर संवेदन, भूगोलीय मापन, चिकित्सा प्रतिबिम्बन, अंगुलिछाप-विश्लेषण आदि अनेक कार्यों के लिए, सैनिक व सामरिक महत्त्व के कई कार्यों के लिए भी, प्रतिबिम्ब संसाधन परमावश्यक हैं। विशेष बात यह है कि अक्सर विशाल सूचना-भंडार का उपयोग करके अत्यन्त जटिल प्रतिबिम्बों का संसाधन तत्क्षणों में करना पड़ता है। इसके लिए सी-डैक द्वारा एक **समान्तर प्रतिबिम्ब संसाधन प्रणाली** का विकास किया जा रहा है।

इस समय भारत में सुदूर संवेदन के लिए **आईआरएस, लैंडसेट** तथा **स्पॉट** उपग्रहों का उपयोग हो रहा है। इनसे प्राप्त होने वाले अकूत आंकड़ों के संसाधन के लिए फिलहाल **इसरोविजन** कम्प्यूटर प्रणाली का इस्तेमाल होता है। इसके स्थान पर सी-डैक की समान्तर कम्प्यूटर प्रणाली को अपनाने की योजना है।

नए वायुयानों और अन्तरिक्ष-वाहनों के डिजाइन तैयार करने के लिए विक्षोभ, भंवर-गति, अतिध्वनिक प्रवाह आदि अनेक कारकों को समाविष्ट करके इनका द्रव-गतिकीय मॉडल या अनुरूपण प्राप्त करना पड़ता है। इसके लिए

विशेष प्रकार के बड़े जटिल समीकरण हल करने पड़ते हैं। सी-डैक ने ये समीकरण हल करने के लिए साफ्टवेयर विकसित किया है और अपने 64-नोड के समान्तर कम्प्यूटर पर इस तरह की एक जटिल समस्या को सुलझाने का आयोजन किया है।

खगोलीय जानकारी का विश्लेषण

शक्तिशाली दूरबीनों से प्राप्त होने वाली विपुल जानकारी का विश्लेषण करने के लिए वेधशालाओं में सुपरकम्प्यूटर स्थापित करना अब आवश्यक हो गया है। कावलूर (तमिलनाडु) की वेधशाला में एक सामान्य सुपरकम्प्यूटर स्थापित देखने के लिए हमारे खगोलविदों को अमेरिका की लम्बे समय तक याचना करनी पड़ी। पुणे के करीब 80 कि.मी. उत्तर में स्थापित होने वाली मीटर-लम्बाई की तरंगों को ग्रहण करने में सक्षम रेडियो-दूरबीन के लिए भी सुपरकम्प्यूटर की जरूरत पड़ेगी। आधुनिक खगोल-भौतिकी की ऐसी कई समस्याएँ हैं जिनके समाधान सुपरकम्प्यूटर के सहयोग से ही प्राप्त हो सकते हैं। उदाहरण के लिए, **गुरुत्वीय तरंगों** को लीजिए। इन अत्यन्त क्षीण तरंगों के संकेतों को पृथक करके पहचानना एक अत्यन्त जटिल कार्य है। खगोल-विज्ञान और खगोल-भौतिकी का अन्तरविश्वविद्यालय केन्द्र (पुणे), सी-डैक के समान्तर कम्प्यूटर का उपयोग करके, गुरुत्वीय तरंगों को खोजने की समस्या का अध्ययन कर रहा है।

किसी भी समस्या के समाधान के लिए सुपरकम्प्यूटर को आमतौर पर एक गणितीय सवाल का हल खोजना पड़ता है। वस्तुतः सुपरकम्प्यूटर को कई बीजीय समीकरणों या अवकल समीकरणों को त्वरित हल करना पड़ता है। ऐसे गणितीय सवालों के समान्तर हल के लिए आज बहुत कम साफ्टवेयर उपलब्ध है। सी-डैक ने सामान्य अवकल समीकरणों के हल के लिए एक पैकेज तैयार किया है। इस पैकेज का अवकल समीकरणों पर आधारित कई प्रकार के गणितीय सवालों का हल खोजने के लिए उपयोग किया जा सकता है।

जटिल गणितीय सवाल

सुपरकम्प्यूटर का उपयोग और भी कई प्रकार के जटिल गणितीय सवाल हल करने के लिए हो सकता है। अधिकाधिक दशमलव स्थानों तक **पाई** (π) का मान ज्ञात करने के लिए अब सुपरकम्प्यूटरों का इस्तेमाल हो रहा है। कोलंबिया

विश्वविद्यालय के अनुसंधानकर्ता डेविड चुद्नोवस्की और उनके भाई ग्रेगोरी ने 1989 में एक अतिजटिल समीकरण और सुपरकम्प्यूटर का उपयोग करके पाई का मान 1,01,11,96,691 दशमलव स्थानों तक प्राप्त करके एक नया कीर्तिमान स्थापित किया है। पाई के इस तरह के अंकीय मान प्राप्त करना महज एक मनोरंजन नहीं है। पाई के इन विस्तृत मानों में संख्याओं के नए-नए गुणधर्म खोजे जा रहे हैं। अब तो किसी सुपरकम्प्यूटर की क्षमता इस बात से भी आँकी जाती है कि इससे पाई का मान कितने समय में कितने दशमलव स्थानों तक प्राप्त हो जाता है।

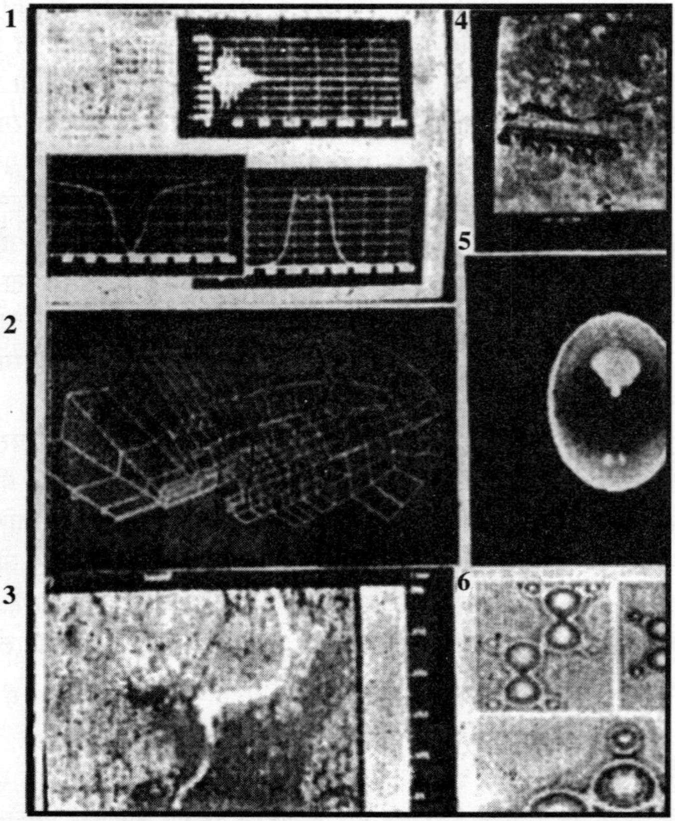

परम समांतर कम्प्यूटर के विविध कार्य : 1. संकेत संसाधन, 2. द्रव-गतिकीय गणना के लिए ग्रिड सृजन, 3. सुदूर संवेदन, 4. प्रतिबिम्ब रजिस्ट्रेशन, 5. चिकित्सा प्रतिबिम्बन और 6. रासायनिक गणना।

संकेत संसाधन (सिग्नल प्रोसेसिंग) का जैवचिकित्सा इंजीनियरी, ध्वनि-विज्ञान, सोवार, रेडार, भूकम्प-विज्ञान, वाणी या बोली की पहचान, संचार-व्यवस्था आदि अनेक क्षेत्रों में उपयोग है। चूँकि इनमें से कई उपयोगों में तत्क्षण परिणाम प्राप्त करने होते हैं, इसलिए बड़ी तेजी से गणनाएँ करना आवश्यक हो जाता है। सी-डैक ने दिल्ली के आईआईटी संस्थान के सहयोग से संकेत संसाधन के लिए एक पैकेज तैयार किया है।

आज प्रमुख रूप से कुंजी-पटल के जरिए कम्प्यूटर में सूचनाएँ प्रेषित की जाती हैं। मगर कम्प्यूटर यदि हमारी बोली को समझने में समर्थ बन जाए, तो यह एक क्रान्तिकारी उपलब्धि है। संसार के अनेक विज्ञान-केन्द्रों में, मुम्बई के टाटा मौलिक शोध संस्थान में भी, इस दिशा में खोजकार्य जारी है। परन्तु वाक्-संकेतों को ग्रहण करना, उनका विश्लेषण करना और वाक्-ध्वनियों को पहचानना एक अत्यन्त जटिल प्रक्रिया है। टाटा मौलिक शोध संस्थान ने इसके लिए जो **श्रवण मॉडल** तैयार किया है उसे समान्तर प्रणाली पर लागू करने के प्रयास हो रहे हैं।

सुपरकम्प्यूटर का एक महत्त्वपूर्ण उपयोग है खनिज-तेल भंडार का मॉडल तैयार करना। ऐसे मॉडल का उपयोग करके तेल के उपलब्ध कुओं से ज्यादा से ज्यादा तेल निकालने की योजना तैयार की जा सकती है। भारत के हाइड्रोकार्बन भंडारों का भरपूर उपयोग करने के लिए भूकम्पी आंकड़ों का व्यापक विश्लेषण करना आवश्यक है, जो एक सुपरकम्प्यूटर से भी सम्भव हुआ है।

विविध उपयोग

दवाइयों तथा वैक्सीनों के विकास, जीन चिकित्सा और जैव-तकनीकी जैसे उपचार के अनेक क्षेत्रों में अणु-मॉडलों के निर्माण का बड़ा महत्त्व है। टॉमोग्राफी तो प्रमुखतः कम्प्यूटर पर ही आश्रित है। रसायन विज्ञान के क्षेत्र की गणनाओं के लिए भी सुपरकम्प्यूटर आवश्यक है। इसके लिए सी-डैक ने पुणे विश्वविद्यालय के रसायन विभाग के सहयोग से साफ्टवेयर के निर्माण की योजना हाथ में ली है।

सुपरकम्प्यूटर के और भी कई सारे उपयोग हैं; जैसे, प्लाज्मा संलयन अनुसंधान, प्रकृति की अन्ध-व्यवस्थाओं (केऑस) का अध्ययन, आधुनिक युद्धास्त्रों सम्बन्धी अन्वेषण, मौलिक अनुसंधान (पोलीमर रसायन, क्वांटम यांत्रिकी आदि), कृत्रिम बुद्धि और विशेषज्ञ प्रणालियों का विकास, सामाजिक-आर्थिक अनुसंधान आदि। यहाँ तक कि विशिष्ट प्रभावों की सृष्टि करने के लिए हालीवुड के

फिल्म-निर्माता अब सुपरकम्प्यूटरों का इस्तेमाल कर रहे हैं।

अमेरिका के कई दर्जन विश्वविद्यालयों में अनुसंधान के लिए सुपरकम्प्यूटरों की सुविधाएँ उपलब्ध हैं। मगर पिछले कुछ वर्षों से, खूब प्रयत्न करने पर भी, कानपुर के आई.आई.टी. संस्थान और बैंगलूर के विज्ञान संस्थान के लिए सुपरकम्प्यूटर मुहैया कराना सम्भव नहीं हुआ है।

अब भारत में **परम** शृंखला के समान्तर कम्प्यूटर बनने लगे हैं, तो हमारे विज्ञान व टेक्नोलॉजी के संस्थान और विश्वविद्यालय, अनुसंधान के इस शक्तिशाली साधन के लिए पराश्रित नहीं हैं।

क्रे सुपरकम्प्यूटर

सुपरकम्प्यूटर का जिक्र आते ही जो नाम सबसे पहले स्मरण आता है वह है **सेमौर रोजर क्रे,** जिन्हें सुपरकम्प्यूटर का पिता माना जाता है। उन्होंने 1976 में जिस पहले **क्रे-1** सुपरकम्प्यूटर को प्रस्तुत किया उसे मार्केट में बड़ी सफलता मिली। उसके बाद **फुजित्सु, हिताची, नेक, एटा** आदि के जो सुपरकम्प्यूटर बने वे काफी हद तक क्रे सुपर के अनुकरण पर बने। क्रे-1 के बाद स्वयं सेमौर क्रे ने, पिछले करीब 15 वर्षों में, अधिकाधिक शक्तिशाली कई तरह के सुपरकम्प्यूटर बनाए।

करीब तीन साल पहले भारत में जो पहला सुपरकम्प्यूटर आया, और जिसे नई दिल्ली के मौसम भवन में स्थापित किया गया, उसका नाम **क्रे एक्स-एमपी/14** है। यहाँ 14 का अर्थ है एक्स-एमपी श्रृंखला का ऐसा क्रे सुपर जिसमें एक केन्द्रीय प्रोसेसर है और जिसके केन्द्रीय स्मृति-भंडार में 64 बीट के 4 दशलक्ष (40 लाख) शब्द संचित रखे जा सकते हैं। तकनीकी शब्दावली में कहें तो यह सुपरकम्प्यूटर **पाइपलाइनिंग** और **वेक्टर प्रोसेसिंग** के जटिल स्थापत्य पर आधारित है। यह व्यवस्था संसाधित होने वाली सूचनाओं को केन्द्रीय प्रोसेसर की विभिन्न इकाइयों या स्तरों में बाँटती है। कोई इकाई जब पहले स्तर को प्रोसेस कर लेती है तब वह दूसरे स्तर को प्रोसेस करने के लिए तैयार हो जाती है। क्रे-1 मशीन एकसाथ 32 अंकगणितीय क्रियाएँ करने में समर्थ है।

गणना-शक्ति व उपयोग

भारत में जिस क्रे एक्स-एमपी/14 सुपर की स्थापना हुई है उसका भार करीब 3. 5 टन है और यह करीब आठ वर्ग-मीटर स्थान घेरता है। इसके आठ स्तम्भों को स्टील की प्लेटों को जमीन में गाड़कर तैयार की गई नींव पर खड़ा किया गया है, ताकि भूकम्प के झटकों से इसको कोई क्षति न पहुँच सके। अमेरिका से बड़ी

मुश्किल से प्राप्त हुए इस सुपरकम्प्यूटर की गणना-शक्ति 500 से 1000 मेगाफ्लाप्स के बीच की है।

क्रे एक्स-एमपी/14 का उपयोग प्रमुख रूप से भारतीय उपमहाद्वीप के मौसम का एक उपयुक्त मॉडल तैयार करने के लिए हो रहा है। यह एक अत्यन्त जटिल कार्य है, क्योंकि धरती का मौसम अन्ध-व्यवस्था (केऑस) के स्वरूप की प्राकृतिक घटना है। नई दिल्ली के मौसम भवन में प्रतिदिन 40 लाख अक्षरों के तुल्य मौसमी सूचनाएँ प्राप्त होती हैं। ये सूचनाएँ इंसैट और कुछ अन्य भूस्थिर उपग्रहों से प्राप्त होती हैं, देश भर के करीब 600 मौसम-केन्द्रों से मिलती हैं। इनके अलावा और कई साधन हैं जिनसे मौसम भवन में निरन्तर सूचनाएँ पहुँचती रहती हैं। इन सब सूचनाओं के आधार पर मौसम को निर्धारित करने वाले वायु-गति, वायु-दिशा, तापमान, आर्द्रता आदि जैसे निरन्तर परिवर्तनशील कारकों के आपसी सम्बन्धों तथा प्रभावों का मापन करना अत्यन्त जटिल कार्य है, जो एक सुपरकम्प्यूटर की गणना-शक्ति से ही त्वरित सम्पन्न हो सकता है।

क्रे एक्स-एमपी/14 का उपयोग न केवल मौसम के निर्धारण के लिए, बल्कि भारतीय कृषि से सम्बन्धित विशेषज्ञ-प्रणालियाँ विकसित करने के लिए भी हो रहा है। कृषि-विज्ञानी, मृदा-विज्ञानी, पौधा-रोगविज्ञानी आदि भी इस सुपरकम्प्यूटर का लाभ उठा सकते हैं। इस सुपरकम्प्यूटर की प्रबल गणनाशक्ति से और भी कई तरह के, सामरिक महत्त्व के भी, काम किए जा सकते हैं, मगर उसके लिए अमेरिका की इजाजत नहीं है।

भारत को जो क्रे एक्स-एमपी/14 सुपरकम्प्यूटर मिला वह अपने समय का सबसे बढ़िया क्रे सुपर नहीं था। उस समय तक **क्रे एक्स-एमपी/48** (जिसके 48 का अर्थ है 4 प्रोसेसर और 80 लाख शब्दों की स्मृति) और **क्रे-2 जैसे अधिक शक्तिशाली सुपरकम्प्यूटर बन चुके थे। क्रे-2 की क्षमता 1.2 गिगाफ्लाप्स हैं।**

अधिक शक्तिशाली सुपर

क्रे-2 के बाद सेमौर क्रे अधिक शक्तिशाली सुपर **क्रे-3 के विकास में जुट गए। अब यह क्रे-3 बन गया है। इसमें 16 प्रोसेसरों का प्रयोग हुआ है। यह क्रे-2 से करीब 12 गुना अधिक शक्तिशाली है और एक सेकंड में 16 अरब गणनाएँ कर सकता है। विशेष महत्त्व की बात यह है कि क्रे-3 में सिलिकन चिप्पड़ (चिप) के**

स्थान पर गाल्लियम-आर्सेनाइड के चिप्पड़ का इस्तेमाल हुआ है। गाल्लियम-आर्सेनाइड के चिप्पड़ में इलेक्ट्रान ज्यादा तेजी से दौड़ते हैं। क्रे-3 की कीमत 3 करोड़ डालर के आसपास बताई जाती है।

क्रे-एक्स एमपी सुपरकम्प्यूटर

सेमौर क्रे कम्प्यूटर-विज्ञान की एक अद्‌भुत प्रतिभा है।

गणित और इलेक्ट्रिक इंजीनियरी में उपाधियाँ प्राप्त करने के बाद सेमौर क्रे 1959 में विलियम नॉरिस द्वारा स्थापित **सीडीसी** कम्पनी में शामिल हो गए और कई प्रकार के कम्प्यूटरों के निर्माण में योग दिया। फिर उन्होंने अपनी **क्रे रिसर्च कम्पनी स्थापित करके क्रे-1, क्रे-2 आदि सुपरकम्प्यूटरों का निर्माण किया। वे पुनः अलग हुए और क्रे-3 के पूर्ण विकास के लिए 1989 में उन्होंने क्रे कम्प्यूटर कॉर्पोरेशन** की स्थापना की।

सेमौर क्रे की प्रतिभा शिथिल नहीं हुई है। सुपरकम्प्यूटर-जगत को उनसे अब भी बड़ी आशाएँ हैं।

परम है हमारा सुपरकम्प्यूटर

आधुनिक विज्ञान के ऐसे कई क्षेत्र हैं जिनमें अनुसंधान-कार्य करने के लिए सुपरकम्प्यूटर अब एक आवश्यक साधन बन गया है। वैज्ञानिक अनुसंधान के दो प्रमुख अंग रहे हैं—**सिद्धान्त** और **प्रयोग**। अब इनके साथ **सुपरकम्प्यूटिंग** का तीसरा अंग भी जुड़ गया है। वस्तुतः सुपरकम्प्यूटिंग अब एक स्वतंत्र विज्ञान बन गया है और भौतिक जगत की अनेक जटिल घटनाओं को सुस्पष्ट करने में सहयोग दे रहा है।

परम का मस्तिष्क

सुपरकम्प्यूटर की तुलना प्रायः दूरबीन की खोज (1609 ई.) के साथ की जाती है। पिछली करीब चार सदियों में दूरबीन के सहयोग से एक नितान्त नए विश्व का उद्घाटन हुआ है। दूरबीनों के जरिए 15 अरब प्रकाश-वर्ष से भी अधिक दूर की ब्रह्मांड की सीमाओं में झाँकना सम्भव हुआ है। दिलचस्प बात यह है कि विविध प्रकार की आधुनिक दूरबीनों से प्राप्त होने वाली विपुल जानकारी का विश्लेषण करने के लिए अब वेधशालाओं में सुपरकम्प्यूटर स्थापित करना आवश्यक हो गया है। कावलूर (तमिलनाडु) की वेधशाला में एक सामान्य सुपरकम्प्यूटर स्थापित देखने के लिए हम लम्बे समय तक अमेरिका से अनुरोध करते रहे। पुणे स्थित खगोल-विज्ञान और खगोल-भौतिकी के अन्तर-विश्वविद्यालय संस्थान के लिए भी सुपरकम्प्यूटर की जरूरत थी।

संक्षेप में, सुपरकम्प्यूटर राष्ट्रीय महत्त्व का साधन है। यह सामरिक महत्त्व का भी एक आवश्यक साधन बन गया है। भारतीय विज्ञान का भविष्य अब काफी हद तक सुपरकम्प्यूटरों की उपलब्धि पर आश्रित है।

सुपरकम्प्यूटर है क्या?

मगर सुपरकम्प्यूटर क्या है?

सुपरकम्प्यूटर के बारे में अनेक भ्रान्तियाँ प्रचलित हैं, जानकारों में भी। इनकी कोई एक सुनिश्चित परिभाषा नहीं दी जा सकती। कम्प्यूटरों के अधिकाधिक शक्तिशाली चार स्तर हैं—माइक्रो, मिनी, मेनफ्रेम और सुपर। मेनफ्रेम और सुपर के बीच कोई स्पष्ट सीमा रेखा नहीं है।

कई साल पहले सुपरकम्प्यूटर की एक परिभाषा यह भी थी कि जिस कम्प्यूटर-मशीन के लिए एक करोड़ डालर से अधिक कीमत चुकानी पड़ती है वह सुपरकम्प्यूटर है। अमेरिका से खरीदे गए **क्रे-एक्स-एमपी/14** सुपरकम्प्यूटर के लिए हमने लगभग इतनी ही कीमत दी है।

सुपरकम्प्यूटरों के बारे में खास बात यह है कि ये बड़ी तेजी से गणनाएँ कर सकता है। सुपरकम्प्यूटर एक सामान्य कम्प्यूटर से लाखों-करोड़ों गुना अधिक तेजी से गणनाएँ कर सकता है। इसलिए सुपर को प्रायः **नम्बर-क्रंचिंग** (संख्या-कुट्टक) मशीन के नाम से भी जाना जाता है। वैसे, गति एक सापेक्ष धारणा है। महत्त्व की बात यह है कि यह मशीन आपकी किस समस्या को, कितनी तेजी से हल कर सकती है।

परम भारत का पहला व्यावसायिक सुपरकम्प्यूटर

राजनीतिक पहलू को ध्यान में रखा जाए तो सुपरकम्प्यूटर की एक और परिभाषा दी जा सकती है : सुपरकम्प्यूटर एक ऐसी मशीन है जिसकी बिक्री पर, चाहे यह जापान में भी क्यों न बनी हो, अमेरिका का एकाधिकार है, और जिसे प्राप्त करने के लिए अमेरिका की अपमानजनक शर्तें स्वीकार करने के अलावा लम्बे समय तक अमेरिकी शासन का मुँह जोहना पड़ता है।

पूरे दो साल तक अमेरिका से ले कर जापान तक लगातार दौड़-धूप करने के बाद अमेरिकी **क्रे-एक्सएमपी** सुपर हमें ऐसी ही अपमानजनक शर्तों के साथ प्राप्त हुआ था। नई दिल्ली के मौसम भवन में स्थापित इस सुपरकम्प्यूटर पर अमेरिका की पहरेदारी है कानपुर का आई.आई.टी. संस्थान, जो कुछ हद तक भारत में अमेरिका का एक शैक्षणिक उपनिवेश है, काफी गिड़गिड़ाने के बाद भी अमेरिका से एक सुपरकम्प्यूटर प्राप्त नहीं कर पाया था।

विवशता से मुक्ति

मगर अब, कम से कम सुपरकम्प्यूटर के मामले में, अमेरिका पर आश्रित रहने की और अमेरिकी शासन की बेहूदा शर्तें स्वीकार करने की हमारी विवशता से हमें

मुक्ति मिल गई है। अब हमने अपना सुपरकम्प्यूटर बना लिया है। पुणे के **सी-डैक** संस्थान द्वारा तीन साल के अथक प्रयास के बाद विकसित किए गए भारत के इस प्रथम व्यावसायिक सुपरकम्प्यूटर का नाम है–**परम**। सचमुच ही यह एक सार्थक नाम है। परम का अर्थ–प्रथम, उत्कृष्ट। **परम-गति,** यानी उच्च गणना-शक्ति और पराश्रय से मुक्ति प्रदान करनेवाला हमारा यह प्रथम सुपरकम्प्यूटर 1991 में सितम्बर महीने में पुणे में आयोजित एक समारोह में राष्ट्र को समर्पित किया गया।

डॉ. विजय भाटकर सी-डेक के कार्यकारी निदेशक और 'परम' के प्रमुख-स्थपति

वस्तुतः यह कहना बेहतर होगा कि हमारा पहला व्यावसायिक सुपर समूचे संसार को समर्पित हो रहा है। सोवियत संघ और इंग्लैंड ने हमारे परम सुपरकम्प्यूटर खरीदने के बारे में पहल की थी।

भारतीय विज्ञान और टेक्नोलॉजी के जो दो क्षेत्र हमारा सबसे ज्यादा ध्यान आकर्षित करते हैं, वे हैं–परमाणु ऊर्जा और अन्तरिक्ष अनुसंधान। सुपरकम्प्यूटर के विकास का क्षेत्र भी अब उतने ही महत्त्व का बनता जा रहा है।

विवश होकर हमें देश के प्रथम तारापुर परमाणु बिजलीघर को पूर्णतः अमेरिकी मदद से स्थापित करना पड़ा था। मगर उसी समय हमारे तरुण इंजीनियरों ने डॉ. भाभा के निर्देशन में, प्रायोगिक स्तर का पहला स्वदेशी रिएक्टर (अप्सरा) बना लिया और उसके बाद आत्मनिर्भरता की ओर तेजी से

आगे बढ़ते गए। उसी तरह, सामरिक महत्त्व की टेक्नोलॉजी होने के कारण शक्तिशाली रॉकेटों का विकास हमें अपने बल-बूते पर ही करना पड़ रहा है, कर रहे हैं।

सुपरकम्प्यूटर के विकास के मामले में अधिक तेजी से सफलता मिली है। 1988 में जब यह स्पष्ट हो गया कि अमेरिका से सुपरकम्प्यूटर बाइज्जत प्राप्त करना सम्भव नहीं है, तब देश के तीन-चार संस्थानों में सुपरकम्प्यूटर विकसित करने की योजनाएँ अस्तित्व में आईं। उसी साल प्रमुखतः एक स्वदेशी सुपर को विकसित करने के उद्देश्य से पुणे में सी-डैक (सेंटर फार डेवलपमेंट ऑफ एडवांस्ड कम्प्यूटिंग) संस्थान की स्थापना की गई और इसके लिए 37.5 करोड़ रुपयों की व्यवस्था करके तीन साल के भीतर एक स्वदेशी सुपरकम्प्यूटर तैयार करने की योजना बनाई गई।

सी-डैक के वैज्ञानिकों और इंजीनियरों ने, डॉ. विजय भाटकर के निर्देशन में, अपने निर्धारित लक्ष्य को प्राप्त कर लिया है। उन्होंने परम सुपरकम्प्यूटर का महज एक आदिप्रारूप (प्रोटोटाइप) ही नहीं बनाया है, बल्कि व्यावसायिक स्तर की बाकायदा एक सुपर-मशीन तैयार करके दी है, संसार भर में बिक्री के लिए।

परम सुपर का अपना एक विशिष्ट स्थापत्य है, जिसे समान्तर (पैरेलेल) स्थापत्य कहते हैं। यह एक ऐसा स्थापत्य है जिसमें सुपरकम्प्यूटर की गणना-शक्ति बढ़ाते जाने की भरपूर गुंजाइश रहती है।

सुपरकम्प्यूटर-निर्माण के मामले में अमेरिका और जापान की कम्पनियाँ सबसे आगे हैं। आज उपलब्ध सबसे शक्तिशाली चार सुपरकम्प्यूटर हैं (इनकी **मेगाफ्लाप** क्षमता को यानी एक सेकंड में **दशलक्ष गणनाएँ** करने की क्षमता को इनके आरम्भ में दर्शाया गया है) :

8600 : इंटेल टचस्टोन डेल्टा

5200 : थिंकिंग मशीन सीएम-2

4231 : नेक एसएक्स-3/12

2144 : क्रे वाई-एमपी/832

मैसेच्यूसेट्स अमेरिका की एक कम्पनी संसार के सबसे शक्तिशाली जिस सुपरकम्प्यूटर का निर्माण कर रही है वह एक सेकंड में 9030 मेगाफ्लाप्स (करीब 9 अरब) गणनाएँ करने में समर्थ होगा और इस मशीन का एकसाथ करीब सौ वैज्ञानिक या इंजीनियर उपयोग कर सकेंगे।

सुपरकम्प्यूटर 'परम'

नए सुपरकम्प्यूटरों में समान्तर प्रणालियों को बड़े पैमाने पर अपनाया जा रहा है। समान्तर सुपरकम्प्यूटर जटिल सवाल को सैकड़ों या हजारों छोटे-छोटे सवालों में विभक्त करता है और फिर माइक्रोप्रोसेसरों की विशिष्ट व्यूह-रचना के जरिए उन्हें हल करता है।

समान्तर कम्प्यूटरों के विकास के मामले में, पिछले कुछ वर्षों में, अमेरिका, जापान और यूरोप के देशों में काफी प्रगति हुई है। अमेरिका ने **एनक्यूब-2** तथा **सीएम-2** और यूरोप के देशों ने **मेइको** तथा **टेलेमैट** समान्तर कम्प्यूटरों का विकास किया है। व्यावसायिक स्तर पर सफल हुए **मेइको** समूह का विशाल सुपरकम्प्यूटिंग केन्द्र एडिनबरा विश्वविद्यालय में है।

सुपरकम्प्यूटिंग की इस जागतिक स्थिति की तुलना में, तीन साल पहले, भारत की दशा बड़ी दयनीय थी। इसलिए तीन सालों में तीन लम्बी 'छलाँगें' लगाकर सुपरकम्प्यूटिंग के मामले में देश को लगभग अग्रिम पंक्ति में पहुँचा देने के प्रयोजन से सी-डैक की स्थापना हुई थी।

ज्योतिष-कम्प्यूटर

आधुनिक कम्प्यूटर के प्रथम सिद्धान्तकार **चार्लेस बैबेज (1792-1871) ने गणित और ज्योतिष की सूक्ष्म सारणियाँ तैयार करने के उद्देश्य से अपने भव्य कम्प्यूटरों की योजना बनाई थी। लेकिन आज यदि वह किसी करिश्मे से हमारे बीच उपस्थित हो जाएँ, तो कम्प्यूटर का हजारों अन्य कामों में इस्तेमाल होते देखकर निश्चय ही चकित रह जाएँगे।**

लेकिन गणितज्ञ बैबेज जल्दी ही समझ जाएँगे कि वस्तुतः गणित ही कम्प्यूटर को बहुमुखी क्षमता प्रदान करता है। कम्प्यूटर केवल गणनाएँ कर सकता है, केवल गणितिय व्यवस्था में प्रस्तुत किए गए सवालों को समझ सकता है, फिर वे सवाल चाहे ज्योतिष के हों, चाहे अर्थशास्त्र के हों या मानव के तार्किक चिन्तन से सम्बन्धित हों। कम्प्यूटर केवल दो अंकों या दो संकेतों से सारी गणनाएँ करता है। कम्प्यूटर उन सभी सवालों को हल कर सकता है जिन्हें दो अंकों के 'प्रोग्राम' या 'गणितीलय सिलसिले' (अलगोरिथम) **में प्रस्तुत करना सम्भव है। कम्प्यूटर के बारे में यह बुनियादी चीज स्पष्ट न हो, तो फिर इसे एक करिश्मा समझने में अधिक देर नहीं लगती।**

करीब डेढ़ सौ साल पहले ज्योतिष की लम्बी-चौड़ी गणनाएँ करने के लिए कम्प्यूटर का निर्माण-कार्य शुरू हुआ था, और आज भी ऐसी गणनाओं के लिए शक्तिशाली कम्प्यूटरों का इस्तेमाल होता है। लेकिन अब ज्योतिष वह नहीं रहा, जो यह प्राचीन काल में था। प्राचीन भारतीय ज्योतिष का विवेचन करते समय हम इसके दो स्पष्ट भाग करते हैं—गणित-ज्योतिष और **फलित-ज्योतिष**। गणित-ज्योतिष विकसित होकर अब **खगोल-विज्ञान** या **खगोल-भौतिकी** के दायरे में पहुँच गया है। फलित-ज्योतिष आकाश के कुछ प्रमुख पिंडों की प्रत्यक्ष स्थितियों और गतियों के आधार पर आदमी का भाग्य भाखने वाली एक 'विद्या' है, और अपनी सदियों पुरानी अंधविश्वासी मान्यताओं पर जहाँ-की-तहाँ अटल खड़ी है।

कम्प्यूटर से फलादेश

फलित-ज्योतिषी भी अपनी इस विद्या को **ज्योतिष** ही मानते हैं और आम जनता भी अक्सर ज्योतिष को फलित-ज्योतिष के अर्थ में ही ग्रहण करती है, इसलिए वैज्ञानिकों ने अब यह परंपरागत **ज्योतिष** शब्द फलित-ज्योतिषियों के इस्तेमाल के लिये छोड़ दिया है। आकाशीय पिंडों के वैज्ञानिक अध्ययन को अब हम **खगोल-विज्ञान** या **खगोल-भौतिकी** कहते हैं। कम्प्यूटर का खगोल-विज्ञान की गणनाओं और खगोल-भौतिकी के विश्लेषणों में तो उपयोग हो ही रहा है, फलित-ज्योतिषी भी अब स्थान-विशेष और समय-विशेष की आकाशीय पिंडों की स्थितियाँ निर्धारित करने में और तदनुसार आदमी का भाग्य बताने में कम्प्यूटर का इस्तेमाल करने लग गए हैं।

पहले हम देखेंगे कि खगोल-विज्ञान के क्षेत्र में कम्प्यूटर किस प्रकार उपयोगी सिद्ध हो रहा है। आजकल आकाश के अतिदूरस्थ पिंडों के अवलोकन के लिए और सूक्ष्म वेधकार्य के लिए बड़ी-बड़ी दूरबीनों का निर्माण हो रहा है। ऐसी दूरबीनों का संचालन और इनसे प्राप्त चित्रों का अंकीय विश्लेषण शक्तिशाली कम्प्यूटर से ही सम्भव है। संसार की बड़ी-बड़ी वेधशालाओं में अब ऐसे कम्प्यूटर स्थापित हो चुके हैं।

हमारे देश में तमिलनाडु के **कवलूर** स्थान में 1986 ई. में 2.34 मीटर (93 इंच) व्यास के दर्पण की एशिया की सबसे बड़ी प्रकाश-दूरबीन पूर्णतः निजी साधनों से स्थापित की गई है। इस दूरबीन के कार्यान्वयन के लिए हमें एक शक्तिशाली कम्प्यूटर की आवश्यकता है। करीब एक करोड़ रुपयों की लागत का यह कम्प्यूटर अमेरिका से प्राप्त होने वाला था। लेकिन विडम्बना यह है कि इलेक्ट्रानिक उपकरणों को आयात करने की हमारे शासन की नई नीति के तहत हमें मनोरंजन और भविष्य भाखने के लिये निजी कम्प्यूटर तो मुक्त रूप से मिल जाते हैं, परन्तु खगोल के वैज्ञानिक अध्ययन के लिये अमेरिका से एक शाक्तिशाली कम्प्यूटर प्राप्त करने में कठिनाई हो रही थी।

जानकारी ही विश्लेषण

आकाश का अध्ययन अब प्रकाश-दूरबीनों तक सीमित नहीं रह गया है। आकाश के अवलोकन के लिए रेडियो किरणों, एक्स किरणों, गामा-किरणों आदि की भी 'खिड़कियाँ' खुल गई हैं। इन किरणों का ग्रहण करने वाले यंत्रोपकरणों ने एक

नए विश्व का उद्‌घाटन किया है। नए किस्म की इस जानकारी के विश्लेषण के लिए कम्प्यूटर परमावश्क है। उदाहरण के लिये, आकाश के एक्स-किरण स्रोतों को खोजने के लिए अभी कुछ साल पहले अंतरिक्ष में **आइंस्टाइन वेधशाला** (वैज्ञानिक उपग्रह) स्थापित की गई थी। इसमें स्थापित यंत्रोपकरणों द्वारा धरती पर प्रेषित तमाम जानकारी का विश्लेषण—जैसे, अलग-अलग रंगों में चित्र तैयार करना—कम्प्यूटरों से हुआ था।

हेली का धूमकेतू 76 साल बाद पुनः प्रकट हुआ है। इसके वैज्ञानिक अध्ययन के लिये दुनिया भर में तैयारियाँ की गई हैं, पाँच साल स्वचालित अंतरिक्ष-यान इस धूमकेतु के नजदीक पहुँच रहे हैं। अब इसी महीने यह धूमकेतु पृथ्वी की कक्षा के भीतर पहुँच रहा है। इस धूमकेतु का प्रतिदिन का मार्ग, वेग, इसकी कान्ति और आकाश में इसकी स्थिति जानना एक अत्यन्त जरूरी है।

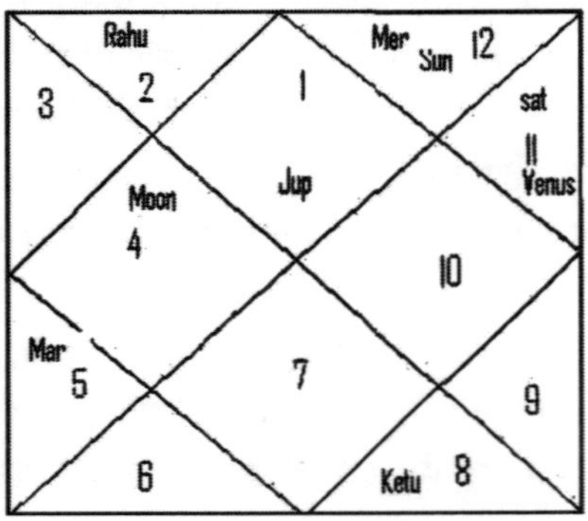

एक कम्प्यूटर कुंडली

यह सारी जानकारी प्राप्त करने के लिए अमेरिका के **प्रो. डोनाल्ड योमान्स** ने एक शक्तिशाली कम्प्यूटर का उपयोग किया है, और इस समूचे विवरण की एक विस्तृत **हेली-सारणी** तैयार कर दी है। हेली के धूमकेतु के अध्ययन में इस कम्प्यूटर-सारणी का बड़ा उपयोग हो रहा है।

ऐतिहासिक काल-गणना

इस प्रकार, प्राचीन ऐतिहासिक घटनाओं की काल-गणना में भी कम्प्यूटर का बड़ा उपयोग हो सकता है। एक उदाहरण लीजिए! गुप्त-नरेश **बुधगुप्त** का मध्य-प्रदेश के सागर जिले के **एरण** स्थानसे एक स्तम्भलेख मिला है। यह लेख **गुप्त-संवत् 165**

अर्थात शक 406 आपाढ़ शुक्ल द्वादशी गुरुवार का है। यह प्राचीनतम उपलब्ध लेख है, जिसमें सप्ताह के एक **वार** का उल्लेख है। प्राचीन काल में हमारे देश मे वारों का प्रयोग नहीं होता था। **होराशास्त्र** के साथ वारों की पद्धति हमारे देश में बाहर से आई है।

अब सवाल है—क्या शक 406 की आषाढ़ शुक्ल द्वादशी को सचमुच ही गुरुवार था? द्वादशी की तिथि ठीक किस प्रकार समाप्त हुई? ग्रेगोरी पंचांग के अनुसार उस तिथि को कौन-सी तारीख थी?

तिथि भारतीय **चांद्र-सौर पंचांग** (पाँच अंग—**तिथि, वार, नक्षत्र, योग** और **करण**) की एक विशिष्ट धारणा है। आकाश में सूर्य और चन्द्र जब एकत्र होते हैं, यानी उनका योग होता है, तब अमावस्या समाप्त होती है। इसके बाद अपनी अधिक गति के कारण चन्द्र और सूर्य के बीच 12 अंशों का अन्तर पड़ने में जो समय लगता है, उसे **तिथि** कहते हैं। इस प्रकार का चांद्रमास में 30 तिथियाँ होती हैं। लेकिन **वार** की गणना सूर्य की गति पर आश्रित है। इसलिए **वार,** और **तिथि** में कोई सुनिश्चित सम्बन्ध नहीं होता। एक तिथि के बाद दूसरी तिथि अहोरात्र के किसी भी समय शुरू हो सकती है।

वार और तिथियों का मेल बिठाने के लिये ही भारतीय चान्द्र-सौर पंचांग में **अधिक** और **क्षय** मासों की व्यवस्था अस्तित्व में आई है। पता लगाया जा सकता है कि अतीत में किस साल अधिक या क्षय मास पड़ा है। इसके लिए सारणियाँ भी बनी हैं। ऐसी सारणियों का इस्तेमाल करके और एक निश्चित पद्धति की गणनाएँ करके जाना जा सकता है कि अतीत में किस तिथि को कौन-सा वार पड़ता था।

गणना करने पर पता चलता है कि शक 406 की आषाढ़ शुक्ल द्वादशी को सचमुच ही गुरुवार था, यह तिथि उस दिन 51 घटी तथा 11 पलों पर समाप्त होती थी, और उस दिन ग्रेगोरी पंचांग के अनुसार **21 जून, 484** की तारीख थी।

कम्प्यूटर के स्मृति-भंडार में भारतीय काल-गणना की सारणियाँ संचित करके और गणनाओं (कोष्ठकों) के लिये समुचित प्रोग्राम बनाकर अतीत के काल-निर्धारण के ऐसे कार्य कम्प्यूटर को सौंप दिए जाएँ, तो इससे इतिहासकारों को बड़ी मदद मिल सकती है। लेकिन स्मरण रहे कि ये गणनाएँ गणित-ज्योतिष के क्षेत्र की हैं।

जन्म कुंडली का गणित

कुंडली बनाने के लिये फलित-ज्योतिषों को भी जानना होता है कि किसी आदमी

के जन्म के क्षण पर सूर्य, चन्द्र और पाँच प्राचीन ग्रहों तथा चन्द्रकक्षा के दो 'नोड्स' यानी पात बिन्दुओं (राहु और केतु) की स्थितियाँ आकाश में किन राशियों में रही हैं। तदनुसार ही वह बारह राशियों के द्योतक कुंडली के बारह घरों में आकाश के इन चन्द पिंडों को स्थापित कर देता है। तब उस कुंडली के आधार पर फलित-ज्योतिषी उस व्यक्ति का भाग्यफल बताता है। भाग्यफल बताना नितान्त व्यक्तिगत या परम्परागत विश्वास है, लेकिन कुंडली बनाना गणित के दायरे की चीज है। यही कारण है कि कुंडलियाँ गणितज्ञों और इतिहासकारों के लिए भी उपयोगी हो सकती हैं। कुंडलियों का गणित कम्प्यूटर को सौंप देने में कोई कठिनाई नहीं है। कम्प्यूटर-ग्राफिक्स से बारह घरों वाली कुंडलियाँ तैयार करके उन्हें प्रिंट कर देने में भी कोई कठिनाई नहीं है। पर **आदमी के भाग्यफल का निर्णय कम्प्यूटर नहीं कर सकता।** फलित-ज्योतिषी भाग्यफलों का जो विवरण कम्प्यूटर से भरेगा, उतना ही वह आदेश पाकर प्रस्तुत कर देगा।

हमारे देश में दिल्ली, बम्बई आदि कुछ बड़े शहरों में फलित ज्योतिषी अब अपने पेशे में कम्प्यूटरों का इस्तेमाल करने लग गए हैं। कोई भी व्यक्ति 500 रु. तक खर्च करके **कम्प्यूतिष** से अपनी कुंडली और भाग्यफल प्राप्त कर सकता है। लेकिन स्मरण रहे कि इस व्यवसाय में कम्प्यूटर महज एक मशीनी माध्यम है। ऐसे कम्प्यूटर के लिए भाग्यफल के सारे आत्मनिष्ठ कार्यक्रम (प्रोग्राम) और आदेश स्वयं फलित-ज्योतिषी ही तैयार करता है।

हमारे देश में एक ऐसी भी 'नामांकित' महिला हैं जो कम्प्यूटर मशीन को कोई महत्त्व नहीं देती, लेकिन खुद कोही 'मानव-कम्प्यूटर' (ह्यूमन कम्प्यूटर) मानती हैं। और इसी दावे के बल पर वह देश के बड़े-बड़े नगरों के पंचतारा होटलों में ऐश-आराम करते हुए भाग्यफल बेचती हैं। इस महिला की तरह अंकगणित के सवाल तुरत-फुरत कर देने वाले गणक संसार में सैकड़ों हुए हैं। मुख्य सवाल है— गणित-विज्ञान के विकास में इस महिला ने क्या योग दिया है? रत्ती भर भी नहीं! रही कम्प्यूटर की बराबरी करने की बात, तो दूसरे महायुद्ध के बाद हाइड्रोजन बम के निर्माण के लिये प्रख्यात गणितज्ञ **डॉ. स्तानिस्लाव उलाम** ने पहली पीढ़ी के **एनियक** कम्प्यूटर के पहले ही अपनी गणनाएँ प्रस्तुत कर दी थीं।

देश में **कम्प्यूतिष** का बोलबाला बढ़ जाए, तो महानगरों के फुटपाथों पर बैठने वाले सैकड़ों 'ज्योतिषों' की रोजी-रोटी छिन जाने में अधिक देर नहीं लगेगी।

होगी कम्प्यूटरों के आदेश से धरती की तबाही

संसार के चोटी के परमाणु-वैज्ञानिक के सहयोग से एक पत्रिका प्रकाशित होती है–'बुलेटिन ऑफ एटमिक सायंटिस्ट।' पत्रिका में एक घड़ी का चेहरा नियमित रूप से छपता है। इसमें समय कभी 12 बजने की 5 मिनट कम दिखाया जाता है, तो कभी केवल 3 या 2 मिनट ही कम। परमाणु-हथियारों के तैयारी की जिस समय जैसी परिस्थति रहती है, उसके अनुसार मिनट का काटा एक-दो मिनट आगे-पीछे किया जाता है। 12 बजने का अर्थ है महाविनाश का समय!

परमाणु-वैज्ञानिकों के अभिमत की सूचक यह घड़ी पिछले कई वर्षों से स्पष्ट सूचित कर रही है कि दुनिया महाविनाश के कगार पर पहुँच गई है। बस, चंद मिनट बाकी है।

ये 'चंद मिनट' अब एक नया अर्थ ग्रहण करते जा रहे हैं। अमरीकी राष्ट्रपति रीगन की 'स्टार वार्स' यानी 'सितारों के युद्ध' की योजना में इन चंद मिनटों का बड़ा महत्त्व है। अन्तरिक्ष में हथियारों के जमाव के सारे प्रयासों का मुख्य मुद्‌दा यह है कि धरती से ऊपर उठ रहे परमाणु प्रक्षेपास्त्रों को दो-तीन मिनट के भीतर कैसे नष्ट कर दिया जाए।

एक ठोस उदाहरण लीजिए। मान लीजिए कि सोवियत संघ के किस स्थल से एक शक्तिशाली अन्तरमहाद्वीपीय प्रक्षेपास्त्र एस.एस.-18 अपने 'सिलो' से ऊपर उठने जा रहा है। सिलो के दरवाजे खुल गए हैं। प्रक्षेपास्त्र के बूस्टर-रॉकेटों के तुंडों से गैसों के जैट दौड़ने लगे हैं। कम से कम दस परमाणु हथियारों से लैस यह प्रक्षेपास्त्र अन्तरिक्ष में करीब एक हजार किलोमीटर की ऊँचाई पर पहुँचकर नीचे उतरेगा और करीब तीस मिनट के अन्दर ही धरती की आधी दूरी पर दूसरे महाद्वीप में पहुँचकर अपने निर्धारित लक्ष्य पर चोट करेगा, अपने दस परमाणु-हथियार दस अलग-अलग स्थानों पर गिराएगा!

सवाल है—उस अन्तरमहाद्वीपीय प्रक्षेपास्त्र को सोवियत भूमि के ऊपर ही वायुमंडल में किस प्रकार नष्ट कर दिया जाए? अमरीकी 'स्टार वार्स' की विविध योजनाएँ इसी सवाल का कारगर हल खोज रही है।

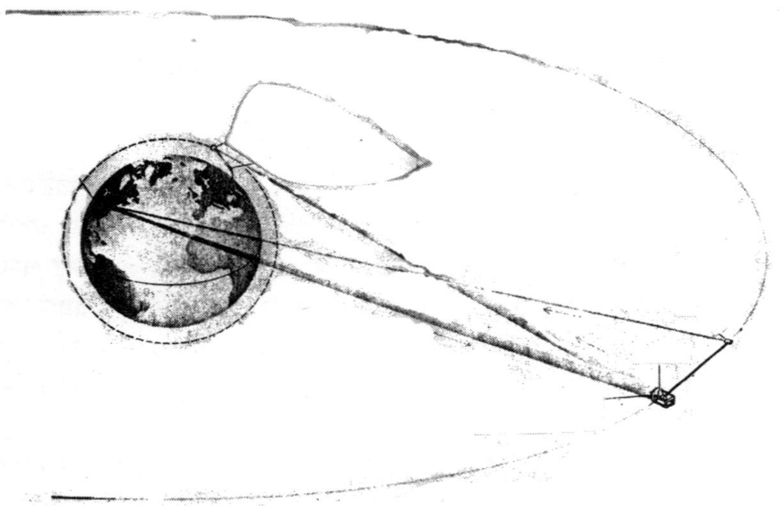

भूस्थिर कक्षा में स्थापित दर्पण का इस्तेमाल करते हुए लेसर-किरणों द्वारा सोवियत प्रक्षेपास्त्र को नष्ट कर देने की एक अमरीकी योजना

वह प्रक्षेपास्त्र एक बार अन्तरिक्ष की ऊँचाई में पहुँच जाए, तो फिर उसे नष्ट कर पाना संभव नहीं है। दूसरे महाद्वीप पर उतरते समय भी उस प्रक्षेपास्त्र को नष्ट कर पाना संभव नहीं है। चकमा देने के लिए उस प्रक्षेपास्त्र में अनेक व्यवस्थाएँ हैं। इसलिए उस प्रक्षेपास्त्र की केवल बूस्ट-अवस्था में ही, उत्थान के आरम्भिक दौर में ही, उसे नष्ट कर दिया जा सकता है।

प्रक्षेपास्त्र का अर्थ है एक बहुखंडीय शक्तिशाली रॉकेट। सोवियत एस.एस.-18 प्रक्षेपासत्र का बजन करीब 220 टन है, और अमरीकी एम.एक्स. प्रक्षेपास्त्र का करीब 100 टन। ऐसे भारी प्रक्षेपास्त्रों को धरातल से ऊपर उठाने के लिए, पृथ्वी के गुरुत्वाकर्षण को तोड़ने के लिए, बड़े शक्तिशाली बूस्टर-रॉकेटों की जरूरत होती है। अपने ठोस ईंधन को बड़ी तेजी से जलाते हुए ये बूस्टर प्रक्षेपास्त्र को जल्दी से तीन-चार मिनट के भीतर ही दो-तीन सौ किलोमीटर ऊपर

अमरीकी एम. एक्स प्रक्षेपास्त्र

पहुँचा देते हैं, और फिर इनके खोल प्रक्षेपास्त्र से पृथक् हो जाते हैं। मिसाल के लिए, एस.एस.-18 प्रक्षेपास्त्र अपनी बूस्ट-अवस्था में 300 सेकेंड में ही करीब 400 किलोमीटर ऊपर पहुँच जाता है। एम.एक्स. प्रक्षेपास्त्र केवल 180 सेकंडों में ही करीब 200 किलोमीटर की ऊँचाई पर पहुँच जाता है।

अब सवाल है इन प्रक्षेपास्त्रों को इनकी बूस्ट-अवस्था में ही नष्ट कर देने का। अन्य शब्दों में, प्रक्षेपास्त्र के धरातल से उठने के बाद इसे नष्ट कर देने के समूचे आयोजन के लिए केवल तीन-चार मिनट का समय मिलता है। काम बहुत कठिन है, पर आधुनिक विज्ञान और तनकीकी के लिए यह असंभव नहीं है।

संसार की दोनों ही महाशक्तियों ने सैकड़ों जासूसी उपग्रह पृथ्वी कक्षा में स्थापित किए हैं। सच्चाई तो यह है कि आज तक अन्तरिक्ष में जितने भी उपग्रह स्थापित किए गए हैं उनमें करीब 75 प्रतिशत उपग्रहों का सम्बन्ध सैनिक व्यवस्थाओं से है। ये धरातल के चप्पे-चप्पे की टोह लेते हैं, सैनिक अड्डे और प्रक्षेपास्त्रों के 'सिलो' पर नजर रखते हैं, युद्धपोतों और पनडुबियों की गतिविधियों पर पहरा रखते हैं। कक्षा में स्थापित उपग्रहों में इतने शक्तिशाली कैमरे स्थापित किए गए

हैं कि उनके जरिए यह जाना जा सकता है कि खुले में बैठकर आप इस समय कौन-सी पत्रिका पढ़ रहे हैं।

अब मान लीजिए कि सोवियत मध्य-एशिया के किसी स्थान से एक अन्तरमहाद्वीपीय प्रक्षेपास्त्र अपने 'सिलो' से ऊपर उठने को है, 'सिलो' के द्वार खुल गए हैं, प्रक्षेपास्त्र के बूस्टर-रॉकैटों से गैसों के जैट निकलने लग गए हैं।

कक्षा में स्थापित अमरीकी उपग्रह फौरन समझ जाते हैं कि सोवियत प्रक्षेपास्त्र अमुक स्थान से ऊपर उठ रहा है। उपग्रह से तत्काल यह सूचना अमरीकी सैनिक-व्यवस्था को भेज दी जाती है। यह सूचना तत्काल अमरीकी राष्ट्रपति के पास अवश्य ही पहुँचती है। पर उस समय राष्ट्रपति किस परिस्थिति में होंगे, इसके बारे में निश्चित रूप से कुछ भी नहीं कहा जा सकता। सूचना मिलते ही तत्काल कोई निर्णय लेकर प्रतिकार के लिए बटन दबाने के लिए राष्ट्रपति सदैव ही तैयार रहते हैं, ऐसी आशा रखना निरर्थक है। यहाँ तत्काल का अर्थ है—मुश्किल से दस-पन्द्रह सेकंड का समय!

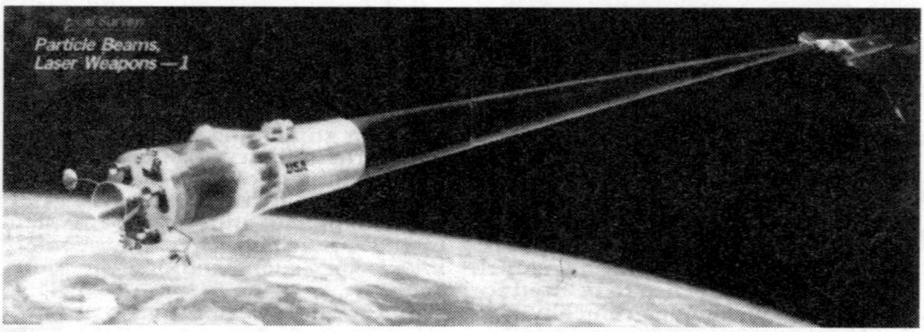

लेसर हथियार

लेकिन राष्ट्रपति द्वारा बटन दबाए जाने की अब जरूरत ही नहीं रह गई हैं। हिन्द महासागर में, दिएगो गार्सिया में अमरीका का जंगी अड्डा है। हिन्द महासागर में ही ऐसी कई अमरीकी पनडुब्बियाँ हैं जो 16 या 24 प्रक्षेपास्त्रों से लैस हैं। इन अमरीकी सैनिक अड्डों में शक्तिशाली कम्प्यूटर स्थापित किए गए हैं।

कक्षा में स्थापित अमरीकी उपग्रहों से इन कम्प्यूटरों को निरन्तर सूचनाएँ मिलती रहती हैं। कौन-सा प्रक्षेपास्त्र कहाँ से उठ रहा है, किस रफ्तार से उठ रहा है, और किधर जा रहा है, इस तमाम जानकारी का तत्काल विश्लेषण एक

शक्तिशाली कम्प्यूअर के लिए ही संभव है। इसलिए सोवियत प्रक्षेपास्त्र के उत्थान की सूचना इन कम्प्यूटरों को मिलते ही असली बटन दबाने का काम भी यहीं कम्प्यूटर करेंगे।

शक्तिशाली कम्पूटर मानव-मस्तिष्क नहीं है, न बन सकते हैं। कम्प्यूटर वैसा ही करते हैं जैसा उनका प्रोगाम तैयार किया जाता है। उपग्रह से सूचना मिलते ही निर्धारित प्रोग्राम के अनुसार कम्प्यूअर काम करेगा। कम्प्यूटर के आदेश से तत्काल एक अमरीकी पनडुब्बी से एक प्रक्षेपास्त्र तीव्र गति से ऊपर जाएगा। यह पनडुब्बी अरब सागर में कहीं पर होगी। उससे छोड़ा गया प्रक्षेपास्त्र करीब एक मिनट के भीतर ही भारतीय उपमहाद्वीप के करीब एक हजार किलोमीटर ऊपर उठ जाएगा।

भारतीय उपमहाद्वीप के ऊपर उतनी ऊँचाई से सीधी रेखा में उस सोवियत प्रक्षेपास्त्र को देख पाना संभव होगा, सीधी रेखा में उस प्रक्षेपास्त्र पर प्रहार करना संभव होगा।

अरब सागर में स्थित पनडुब्बी से छोड़ा गया वह अमरीकी प्रक्षेपास्त्र जब एक हजार किलोमीटर ऊपर पहुँचेगा, तो उसके एक खोल में परमाणु विस्फोट होगा, उसके साथ ही अति शक्तिशाली लेसर किरणों का सृजन होगा। फिर तत्काल उन लेसर किरणों का पुंज वायुमंडल में पहुँच रहे उस सोवियत प्रक्षेपास्त्र की दिशा में प्रकाश के वेग से दौड़ेगा और उस पर प्रहार करके उसे धरातल से करीब 300 किलोमीटर की ऊँचाई पर ही नष्ट कर देगा। यह सारा काम तीन-चार मिनटों में ही पूरा हो जाएगा!

यह हुई 'स्टार वार्स' की योजनाओं में से एक योजना। दूसरी योजना यह है कि लेसर-किरणों के हथियार का निर्माण अमरीका में धरात पर ही होगा। कक्षा में स्थापित अमरीकी जासूसी उपग्रह से सोवियत प्रक्षेपास्त्र के उत्थान के बारे में सूचना मिलते ही **तत्काल** धरातल से शक्तिशाली लेसर किरणों का पुंज करीब 3600 कि.मी. ऊपर की भूस्थितर कक्षा में स्थापित एक विशाल दर्पण के पास पहुँचेगा। उस दर्पण से परावर्तित होकर यह लेसर-पुंज लगभग प्रकाश के वेग (एक सेकेंड में तीन लाख किलोमीटर) से दौड़कर उस सोवियत प्रक्षेपास्त्र पर प्रहार करेगा और उसे नष्ट कर देगा। यह काम भी तीन-चार मिनट के भीतर ही पूरा हो जाएगा।

आज सोवियत संघ और अमरीका के अति शक्तिशाली प्रक्षेपास्त्रों को धरातल से दो-तीन सौ किलोमीटर ऊपर उठने में करीब तीन-चार मिनट का समय

लगता है। लेकिन अब ऐसे भी हल्के पर शक्तिशाली बूस्टर वाले प्रक्षेपास्त्रों के निर्माण का कार्य शुरू हो गया है जो एक मिनट के भीतर ही धरातल के दो-तीन सौ किलोमीटर ऊपर पहुँच जाएँगे। इनका विनाश भी एक मिनट के भीतर ही करना होगा। और अब इसके लिए भी तैयारियाँ हो रही हैं।

तात्पर्य यह कि अमरीकी 'स्टार वार्स' की महाविनाशकारी योजनाओं का संचालन अब किसी व्यक्ति के, यहाँ तक कि अमरीकी राष्ट्रपति के भी जिम्मे नहीं रह गया है। सारा काम कम्प्यूटरों के आदेश से होगा। मान लीजिए कि सोवियत संघ असल में किसी वास्तविक अन्तरमहाद्वीपीय प्रक्षेपास्त्र को नहीं छोड़ता, बल्कि एक नक्ली 'डमी' प्रक्षेपास्त्र को छोड़ता है। अमरीकी जासूसी उपग्रह उसे असली मानकमर कम्प्यूटरों को सूचना देते हैं और कम्प्यूटर आगे की कार्रवाही के लिए बटन दबा देता है, तो क्या होगा?

अमरीकी युद्ध-व्यवस्था ने दुनिया के महाविनाश की जिम्मेदारी कम्प्यूटरों को सौंप दी है, और कम्प्यूटर गलती भी कर सकते हैं, इसलिए अभी कुछ दिन पहले एक ब्रिटिश वैज्ञानिक **डॉ. विलफोर्ड जौन्सन** ने पेंटागन पर मुकदमा ठोक दिया है और अब वह अमरीकी रक्षा सचिव **कैस्पर वाइनबर्गेर** को कोर्ट में खींच रहे हैं। उनका कहना है कि अमरीकी राष्ट्रपति की महायुद्ध में निर्णायक भूमिका लगभग खत्म होती जा रही है, कम्प्यूटरों को बहुत अधिक जिम्मेदारी सौंप दी गई है, और कम्प्यूटर निश्चय ही गलती कर सकते हैं।

देश के एक व्यक्ति को सर्वाधिक महत्त्व देने के, सारी सत्ता सौंप देने के नतीजे सब लोग भुगत रहे हैं। अब अतिमहत्त्व के फैसले मशीनों के जिम्मे, कम्प्यूटरों के जिम्मे सौंप देने का युग शुरू हो गया है। परिणाम निश्चय ही भयावह होंगे, महाविनाशकारी होंगे।

हिन्दी कम्प्यूटर : प्रयोग और सम्भावनाएँ

सन् 1985 के मार्च महीने के एक दिन की बात है। मैं 'साप्ताहिक हिन्दुस्तान' (अब बन्द) की सम्पादिका श्रीमती शीला झुनझुनवाला के कमरे में पहुँचा, तो वहाँ तीन-चार लेखक पहले से मौजूद थे। भारत में कम्प्यूटरों का जो रेला आ रहा था, उसके बारे में बातचीत कर रहे थे। कम्प्यूटरों के नए-नए उपयोग खोजे जा रहे थे। संसद-सदस्यों के चरित्र कम्प्यूटरों में संचित रखने के सुझाव दिए जा रहे थे। दूसरी तरफ, चोर-उचक्कों के रिकॉर्ड भी कम्प्यूटरों में जमा कर देने की बातें चल रही थीं। अमेरिका से एक सुपरकम्प्यूटर प्राप्त करने के प्रयास भी आरम्भ हो गए थे।

ऐसी स्थिति में चार लेखकों के एकत्र होने पर देश में कम्प्यूटरों के फैलाव और प्रभाव के बारे में चर्चा चलना एक स्वाभाविक बात थी। महसूस किया गया कि कम्प्यूटर केवल गणना का ही नहीं, केवल सूचनाओं को ग्रहण करके उनका विश्लेषण करनेवाला ही नहीं, यह संचार और नियंत्रण का भी एक शक्तिशाली साधन है। सवाल उठा कि समाज को व्यापक रूप से प्रभावित करने जा रहे इस क्रान्तिकारी साधन के बारे में आम पाठकों को हिन्दी में किस तरह जानकारी दी जा सकती है?

सबकी, सम्पादिका की भी, राय रही कि मुझे वह जिम्मेदारी स्वीकार करनी चाहिए। करीब दो दशकों से 'साप्ताहिक हिन्दुस्तान' में वैज्ञानिक विषयों पर लिखता जा रहा था, इसलिए मुझसे उम्मीद की जा रही थी कि मैं हिन्दी में कम्प्यूटरों का कम से कम प्रारम्भिक परिचय अवश्य दे सकूँगा। मगर मेरी कई सारी सीमाएँ थीं। मैं कम्प्यूटर-विज्ञान या इलेक्ट्रॉनिकी का विद्यार्थी नहीं रहा। तब तक मैंने कम्प्यूटर का किसी तरह कोई उपयोग भी नहीं किया था। मैं गणित का विद्यार्थी रहा। हाँ, 'साइबरनटिक्स' के बारे में कुछ जानकारी थी और इस बात का भी थोड़ा अता-पता था कि कम्प्यूटर के क्षेत्र में क्या प्रगति हो रही है। बस, इतनी ही अल्प पूँजी के बल पर उस दिन मैंने स्वीकार कर लिया कि कम्प्यूटर के बारे में हिन्दी में एक लेखमाला लिखूँगा।

पहला लेख, जिसका शीर्षक था–'कम्प्यूटर : एक नई क्रांति की दस्तक', 'साप्ताहिक हिन्दुस्तान' के 5 मई, 1985 के अंक में प्रकाशित हुआ। लेख के आरम्भ में सम्पादकीय भूमिका थी :

'कम्प्यूटर की चमत्कारिक, मायावी और जादुई दुनिया आज जीवन के हर क्षेत्र पर असर डाल रही है। घर हो या ऑफिस, उद्योग-धन्धे हों या अन्तरिक्ष अनुसन्धान, हर जगह कम्प्यूटर एक अहम जगह बना चुका है। –आखिर यह कम्प्यूटर है क्या बला? किस तरह काम करता है? क्या-क्या काम करता है? ऐसे अनेकानेक सवालों के जवाब जानने के लिए हम इस अंक से कम्प्यूटर पर एक विशेष लेखमाला शुरू कर रहे हैं।'

मैं पारिभाषिक शब्दों से परेशान नहीं होता। शब्दकोशों का बहुत कम इस्तेमाल करता हूँ। कम्प्यूटर से सम्बन्धित कई अंग्रेजी शब्दों को, समझा देने के बाद, ज्यों-का-त्यों ही रहने दिया। कुछ नए शब्द भी गढ़े। जैसे, बिट (बाइनरी यूनिट) के लिए मैंने द्विक (द्विआधारी अंक) और चिप के लिए चिप्पड़ शब्द चलाने की कोशिश की थी। अब भारत सरकार के शब्दावली आयोग ने 'कम्प्यूटर विज्ञान शब्दावली' और 'कम्प्यूटर विज्ञान परिभाषा कोश' का निर्माण कर दिया है। मुझे ये कोश बहुत बोझिल लगते हैं।

लेखमाला 29 लेखों में समाप्त हुई–22 दिसम्बर, 1985 के अंक में। समापन किस्त का शीर्षक था–'कम्प्यूटर और मानव-समाज'। इसमें मैंने लिखा था :

'कम्प्यूटर का जन्म पाश्चात्य संस्कृति में हुआ। आरम्भ में इसका विकास गणित के जटिल सवाल हल करने और खगोल-विज्ञान की सूक्ष्म सारणियाँ तैयार करने के उद्‌देश्य से हुआ। मगर दूसरे महायुद्ध से इसकी युद्धोपयोगी भूमिका स्पष्ट हुई, तो प्रमुख रूप से एक युद्धोपयोगी साधन के रूप में ही पिछले चार दशकों में पाश्चात्य देशों में इसका विकास हुआ है। अमेरिका में आज सर्वाधिक शक्तिशाली कम्प्यूटरों का विकास महायुद्ध के संचालन के मकसद से किया जा रहा है, और इस उन्नत कम्प्यूटर टेक्नोलॉजी को बड़े जतन से गुप्त रखा जा रहा है। युद्धोपयोगी कम्प्यूटरों के लिए विशिष्ट भाषाएँ और प्रोग्राम बनाए जा रहे हैं।'

अन्त में लिखा था : 'हम कम्प्यूटरों का तो उन्मुक्त आयात कर रहे हैं, पर देश में कम्प्यूटर-शिक्षा का कोई समुचित व्यवस्था नहीं है। तीन या छह महीने की

तुरत-फुरत कम्प्यूटर शिक्षा देने के लिए देश के बड़े नगरों में बड़ी तादाद में 'दुकानें' खुल रही हैं। ...स्कूलों में कम्प्यूटर शिक्षा के लिए क्लास नामक योजना बनी है, वह भी फिलहाल किसी उपयोग की नहीं है। सबसे पहले स्कूलों में शिक्षा के स्तर को, कम्प्यूटर-शिक्षा के लिए गणित और तर्कशास्त्र के अध्ययन को, ऊँचा उठाने की आवश्यकता है। हमारे आई.आई.टी. संस्थानों में कम्प्यूटर टेक्नोलॉजी के अध्ययन की अच्छी सुविधाएँ हैं। लेकिन इन संस्थानों के स्नातक या तो अमेरिका चले जाते हैं या एशिया के देशों में स्थापित अमेरिका के कम्प्यूटर-कारखानों में नौकरियाँ खोजते हैं। सारांश यह कि कम्प्यूटर एक अत्यन्त उपयोगी साधन है, परन्तु पाश्चात्य संस्कृति में विकसित इस टेक्नोलॉजी को हमें अपनी विशिष्ट परिस्थितियों के लिए काफी सोच-समझकर ही अपनाना होगा।'

लेखमाला में मैंने 'कम्प्यूटर की पाँच पीढ़ियाँ', 'कम्प्यूटर गणित', 'कम्प्यूटर कैसे सोचते हैं?', 'कम्प्यूटर का स्मृति-भंडार', 'कम्प्यूटर प्रोग्राम', 'कम्प्यूटर की विभिन्न भाषाएँ', 'ऑफिस कम्प्यूटर', 'कम्प्यूटर नेटवर्क', 'अनुवादक कम्प्यूटर' आदि शीर्षकों के अन्तर्गत कम्प्यूटर विज्ञान का आरम्भिक परिचय देने का प्रयास किया। एक दिलचस्प बात यह रही कि मई, 1985 में लेखमाला आरम्भ हुई तब 'साप्ताहिक हिन्दुस्तान' लाइनो टाइप में छपता था। लेखमाला करीब आधे तक पहुँची, तो 'साप्ताहिक हिन्दुस्तान' 'फोटो-कम्पोजिंग' से तैयार होने लगा। तब मैंने 'फोटो-कम्पोजिंग' पर भी एक लेख लिखा। लेखमाला में 'देवनागरी कम्प्यूटर' पर भी एक लेख था जिसमें बताया गया कि कम्प्यूटर को देवनागरी और अन्य देशी लिपियों के लिए किस तरह अपनाया जा सकता है। उन दिनों लिपि नामक शब्द-संसाधक की काफी चर्चा हो रही थी, इसलिए समापन किस्त के साथ अलग से उसकी भी संक्षिप्त जानकारी दे दी। यह शब्द-संसाधक अंग्रेजी के अलावा दो भारतीय भाषाओं में एक साथ काम कर सकता था। लिपि में इंटेल के 8088 (16 बिट प्रोसेसर) चिप को अपनाया गया था, इसीलिए एक ही कम्प्यूटर पर त्रिभाषी व्यवस्था सम्भव हुई थी। लिपि का विकास हैदराबाद के कम्प्यूटर मेंटेनेंस कार्पोरेशन (सी.एम.सी.) ने किया था। लिपि का परिचय देते समय आरंभ में ही मैंने स्पष्ट कर दिया था : 'कम्प्यूटर टेक्नोलॉजी का विकास भले ही अंग्रेजी माध्यम में हुआ हो, लेकिन कम्प्यूटर मशीन किसी भी एक भाषा को श्रेष्ठ नहीं मानती। कम्प्यूटर की दो संकेतों की अपनी एक स्वतंत्र गणितीय भाषा है, और उसी में वह हमारी भाषाओं को ग्रहण करके अपना 'चिन्तन' करता है। इसलिए कम्प्यूटर को मानव की किसी भी भाषा और लिपि के लिए अपनाने में कोई कठिनाई नहीं है।...यह

शक्तिशाली आधुनिक टेक्नोलॉजी जहाँ अंग्रेजी को बलशाली बना सकती है, वहीं हमारी भारतीय भाषाओं को भी बल प्रदान कर सकती है। यह सही है कि भारत में कम्प्यूटरों की शुरुआत कुछ देरी से हुई, मगर अब कम्प्यूटर साधनों को भारतीय भाषाओं के लिए, विशेषकर हिन्दी के लिए, तेजी से अपनाया जा रहा है।

कम्प्यूटर पर हिन्दी में लिखी गई वह पहली लम्बी लेखमाला थी। लेखमाला अभी आधे में ही पहुँची थी, कि दिल्ली के एक प्रकाशक पीछे पड़ गए। शुरू में नहीं सोचा था कि लेखमाला की पुस्तक भी बन सकती है। मगर प्रकाशक के आग्रह पर 18 लेखों को एकत्र करके एक पुस्तक बना दी। पुस्तक सन् 1986 के आरम्भ में प्रकाशित हुई। तब से पिछले साल तक पाँच बार छपी। दूसरे संस्करण में सुपरकम्प्यूटर पर एक प्रकरण जोड़ दिया था। लेकिन अब प्रकाशक को कह दिया है कि 'पुस्तक की बातें पुरानी पड़ गई हैं, हिन्दी में कम्प्यूटर के बारे में एक नई पुस्तक तैयार करूँगा।'

कम्प्यूटर सम्बन्धी मेरी लेखमाला के प्रकाशन के बाद, पिछले करीब बारह वर्षों में, कम्प्यूटर टेक्नोलॉजी में, हिन्दी व अन्य भारतीय भाषाओं से सम्बन्धित टेक्नोलॉजी में भी, बहुत बड़ा परिवर्तन आया है। इसी परिवर्तन का यहाँ मुझे थोड़ा परिचय कराना है।

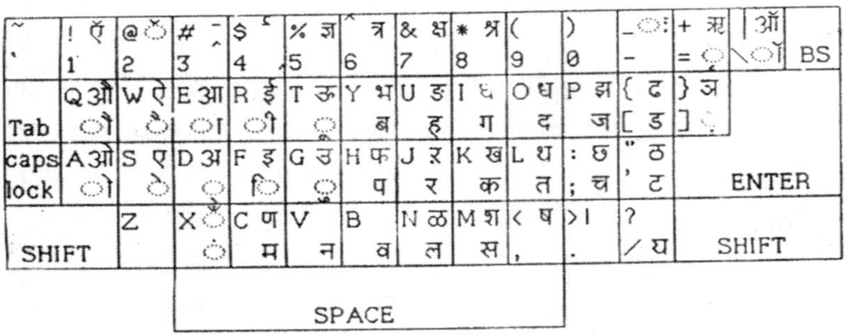

इंस्क्रिप्ट कुंजीपटल

सन् 1948 में अमेरिका की बेल प्रयोगशाला में ट्रांजिस्टर उपकरण की खोज हुई, तब मैं महाराष्ट्र के अमरावती जिले के एक गाँव में मराठी सातवीं कक्षा का विद्यार्थी था—अंग्रेजी से ही नहीं, बिजली, टाइपराइटर, रेडियो आदि से भी अपरिचित! उस समय तक 'कम्प्यूटर' शब्द मेरे सुनने में नहीं आया था। उस समय निर्वात ट्यूबों के सर्किटों से संचालित पहली पीढ़ी के कम्प्यूटरों का दौर चल रहा था।

छठे दशक के मध्य में जब मैं इलाहाबाद विश्वविद्यालय में पढ़ रहा था, ट्रांजिस्टरों पर आधारित दूसरी पीढ़ी के कम्प्यूटरों का दौर शुरू हो गया था। गणित का विद्यार्थी था, तर्कशास्त्र में भी दिलचस्पी थी, इसलिए कम्प्यूटर में भी दिलचस्पी बढ़ती गई। उन्हीं दिनों, अगस्त, 1955 में, कलकत्ता के इंडियन स्टेटिस्टीकल इंस्टीट्यूट में भारत का पहला इलेक्ट्रॉनिक कम्प्यूटर स्थापित हुआ। उन्हीं दिनों मुम्बई के टाटा इंस्टीट्यूट ऑफ फंडामेंट रिसर्च में एक स्वदेशी इलेक्ट्रॉनिक कम्प्यूटर बनाने के प्रयास जारी थे। मगर ट्रांजिस्टरों पर आधारित दूसरी पीढ़ी का आम उपयोगी कम्प्यूटर सन् 1966 में जादवपुर विश्वविद्यालय में स्थापित हुआ। मगर तब अमेरिका में इंटीग्रेटेड सर्किट पर आधारित तीसरी पीढ़ी के कम्प्यूटर बनने शुरू हो गए थे। तब तक भारतीय भाषाओं के लिए कम्प्यूटर के प्रयोग को लेकर कहीं कोई चर्चा नहीं थी।

फिर सन् 1971 में अमेरिका के एक तरुण इंजीनियर टेड होफ्फ को डाक टिकट के आकार के एक छोटे-से सिलिकन चिप पर कम्प्यूटर की केन्द्रीय संसाधक इकाई (सेंट्रल प्रोसेसिंग यूनिट) के समूचे वृहद् अंगीभूत परिपथों (एल.एस.आई.) को स्थापित करने में सफलता मिली। इस नए आविष्कार को माइक्रोप्रोसेसर का नाम दिया गया। इसी के साथ सन् 1974 से, चौथी पीढ़ी के कम्प्यूटरों का युग शुरू हुआ।

कम्प्यूटरों की चौथी पीढ़ी की शुरुआत होने के बाद ही इस मशीन से भारतीय भाषाओं के संसाधन की संभावनाओं पर विचार किया जाने लगा। सन् 1979 में भारत सरकार के इलेक्ट्रॉनिकी विभाग ने 'कम्प्यूटर-आधारी सूचना प्रणालियों' में भाषायी समस्याएँ' विषय पर एक राष्ट्रीय संगोष्ठी का आयोजन किया। उसके बाद ही, सन् 1980 से, इलेक्ट्रॉनिक विभाग की सहायता से देश के करीब एक दर्जन संस्थाओं में भारतीय भाषाओं के लिए कम्प्यूटर टेक्नोलॉजी के विकास का कार्य आरम्भ हुआ।

हिन्दी जगत में पहली बार कम्प्यूटर की सबसे अधिक चर्चा अक्टूबर, 1983 में नई दिल्ली में आयोजित तृतीय विश्व हिन्दी सम्मेलन के अवसर पर हुई थी। उस सम्मेलन में हिन्दी के पहले 'कम्प्यूटर सिद्धार्थ' का प्रदर्शन हुआ था। सिद्धार्थ वस्तुतः हिन्दी और अंग्रेजी में काम करनेवाला भारत का पहला द्विभाषी कम्प्यूटर था। साथ ही, तमिल और अंग्रेजी में काम करने वाला 'तिरुवल्लुवर' नामक

कम्प्यूटर भी बन गया था। कुछ ही समय बाद हैदराबाद के सी.एम.सी. संस्थान ने हिन्दी, अंग्रेजी और एक अन्य प्रमुख भाषा–तमिल, तेलगू, गुजराती आदि–में काम करनेवाला 'लिपि' नामक त्रिभाषी शब्द-संसाधक भी प्रस्तुत कर दिया। इस लिपि शब्द-संसाधक की चर्चा मैंने पहले भी की है।

आरम्भिक दौर में भारतीय भाषाओं के लिए कम्प्यूटर साधनों का विकास प्रमुखतः मद्रास और कानपुर के आई.आई.टी. संस्थानों में हुआ। सबसे पहले एक हिन्दी-तमिल-अंग्रेजी कम्प्यूटर मद्रास के आई.आई.टी. संस्थान ने तैयार किया था। 80 के दशक के उसी पूर्वार्ध में कानपुर के आई.आई.टी. संस्थान के एक विशेषज्ञ-दल ने एक पूर्ण देवनागरी कम्प्यूटर का विकास किया। साथ ही, उसी दल ने उस समय एक ऐसी टेक्नोलॉजी की नींव रखी जो निरन्तर विकसित होते हुए अब इतनी अधिक सम्पन्न बन गई है कि उसके जरिये न केवल अंग्रेजी और हिन्दी सहित भारत की सभी प्रमुख भाषाओं में शब्द-संसाधन किया जा सकता है, अपितु ऐसे कई सारे अन्य काम किए जा सकते हैं जो अंग्रेजी साफ्टवेयरों से सम्भव है।

जिस टेक्नोलॉजी के जरिये यह करिश्मा सम्भव हुआ है, उसको संक्षेप में 'जिस्ट' के नाम से जाना जाता है। आरम्भ में यह जिस्ट शब्द ग्राफिक्स एंड इंडियन स्क्रिप्ट टर्मिनल के आद्याक्षरों का द्योतक था। फिर यही आद्याक्षरी शब्द ग्राफिक्स एंड इंटेलिजेंस बेस्ड स्क्रिप्ट टेक्नोलॉजी का सूचक बना। मतलब यह कि लिपियों को संसाधित करनेवाली ग्राफिक्स पर आधारित टेक्नोलॉजी अब 'बुद्धिसम्पन्न' भी बन गई। खेद की बात है कि स्वदेश में विकसित इस टेक्नोलॉजी को एक भारतीय नाम देना सम्भव नहीं हुआ।

यहाँ एक बात का जिक्र कर देना जरूरी लग रहा है। मद्रास के आई.आई.टी. संस्थान के तमिल-हिन्दी-अंग्रेजी कम्प्यूटर के विकास में वहाँ के एक हिन्दीभाषी इंजीनियर श्री विश्वनारायण शुक्ल का प्रमुख योगदान रहा, तो कानपुर के आई.आई.टी. संस्थान की जिस्ट टेक्नोलॉजी के विकास में वहाँ के मराठीभाषाी इंजीनियर श्री मोहन ताम्बे ने महत्त्वपूर्ण भूमिका अदा की। इन दोनों इंजीनियरों से और जिस्ट टेक्नोलॉजी से पहली बार मेरा साक्षात्कार सन् 1986 में हुआ।

हिन्दी के जाने-माने कथाकार श्री गिरिराज किशोर ने आई.आई.टी. कानपुर में सन् 1986 में 15 से 17 मार्च तक, 'विज्ञान और प्रौद्योगिकी में तकनीकी हिन्दी के प्रयोग' विषय पर एक राष्ट्रीय संगोष्ठी का आयोजन किया था। देशभर से करीब सौ लेखक संगोष्ठी में सम्मिलित हुए थे। मैं भी आमंत्रित था। प्रतिभागियों का पंजीकरण हिन्दी में एक कम्प्यूटर के जरिये होते देखकर बहुत अच्छा लगा था।

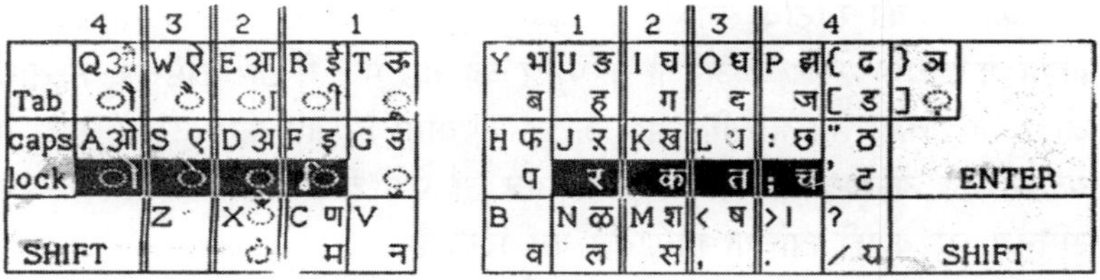

इंस्क्रिप्ट कुंजीपटल पर उँगलियों की स्थिति

संगोष्ठी में एक सत्र कम्प्यूटर पर भी रखा गया था, जिसमें ताम्बे जी और मद्रास से आए शुक्ल जी ने भी अपने निबंध पढ़े थे। संगोष्ठी के दौरान जिस्ट टेक्नोलॉजी के प्रदर्शन की भी व्यवस्था की गई थी। ताम्बे जी से भी परिचय हुआ। उन्होंने मुझे जिस्ट टेक्नोलॉजी के बारे में सन् 1984-85 में तैयार हुई दो प्रोजेक्ट रिपोर्ट दीं। इन रिपोर्टों से मुझे कम्प्यूटर के हार्डवेयर और साफ्टवेयर से सम्बन्धित कई बातें, विशेषकर भारतीय भाषाओं/लिपियों की समस्याओं से सम्बन्धित बातें, पहली बार जानने को मिलीं।

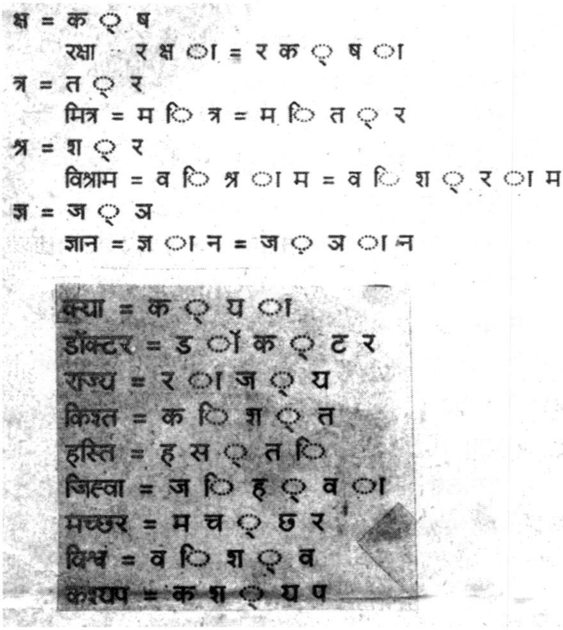

क्ष = क ् ष

रक्षा = र क्ष ा = र क ् ष ा

त्र = त ् र

मित्र = म ि त्र = म ि त ् र

श्र = श ् र

विश्राम = व ि श्र ा म = व ि श ् र ा म

ज्ञ = ज ् ञ

ज्ञान = ज्ञ ा न = ज ् ञ ा न

क्या = क ् य ा

डॉक्टर = ड ॉ क ् ट र

राज्य = र ा ज ् य

किश्त = क ि श ् त

हस्ति = ह स ् त ि

जिव्हा = ज ि ह ् व ा

मच्छर = म च ् छ र

विश्व = व ि श ् व

कश्यप = क श ् य प

इंस्क्रिप्ट कुंजीपटल से शब्दों का सृजन : जैसा बोलना, वैसा लिखना

कानपुर की राष्ट्रीय संगोष्ठी के अवसर पर एक जिस्ट टर्मिनल भी प्रदर्शित किया गया था। उपलब्ध अंग्रेजी कम्प्यूटर को बड़े मजे में इस टर्मिनल के साथ जोड़ा जा सकता है। भारतीय भाषाओं के उपयोग के लिए कम्प्यूटर में कुछ भी बदलने की आवश्यकता नहीं पड़ती। अब तो पुणे के सी-डेक संस्थान ने इस टर्मिनल को काफी अधिक विकसित कर दिया है।

भारतीय भाषाओं/लिपियों के लिए वैज्ञानिक विचारधारा पर आधारित एक कुंजी-पटल के विकास का आरम्भिक कार्य भी आई.आई.टी. कानपुर में हुआ था। इसका अधिक विकास पुणे के सी-डेक संस्थान में हुआ।

जैसाकि आरम्भ में ही मैंने जिक्र किया है, अस्सी के दशक के मध्य से विदेश से एक सुपरकम्प्यूटर प्राप्त करने के प्रयास शुरू हो गए थे। सन् 1988 में जब यह स्पष्ट हो गया कि अमेरिका से सुपरकम्प्यूटर बाइज्जत प्राप्त करना सम्भव नहीं है, तब देश के तीन-चार संस्थानों में सुपरकम्प्यूटर विकसित करने की योजनाएँ अस्तित्व में आईं। उसी साल प्रमुखतः स्वदेशी सुपर को विकसित करने के प्रयोजन से पुणे में सी-डेक (सेंटर फॉर डेवलपमेंट ऑफ एडवांस्ड कम्प्यूटिंग) संस्थान की स्थापना की गई, और इसके लिए 37.5 करोड़ रुपयों की व्यवस्था करके तीन साल के भीतर एक स्वदेशी सुपरकम्प्यूटर तैयार करने की योजना बनाई गई है।

सी-डेक की स्थापना के कुछ अरसे बाद की बात है। एक दिन दिल्ली में श्री मोहन ताम्बे से भेंट हुई। जानकारी मिली कि सी-डेक में जिस्ट टेक्नोलॉजी के लिए एक विभाग की स्थापना हुई है और ताम्बे जी वहाँ जिस्ट-दल के संयोजक हैं। उन्होंने मुझे जिस्ट सम्बन्धी काम की जानकारी प्राप्त करने के लिए पुणे आमंत्रित किया। मैं गया। आगे दो-तीन साल तक कई बार गया। जिस्ट के कुछ सेमीनारों और संगोष्ठियों में भी भाग लिया। कई सारी नई-नई बातें जानने को मिलीं, सी-डेक में बन रहे 'परम' नामक सुपरकम्प्यूटर के बारे में भी। उस दौरान जिस्ट टेक्नोलॉजी और 'परम' सुपरकम्प्यूटर के बारे में कुछ लेख भी लिखे। हिन्दी में सुपरकम्प्यूटर पर पहला लेख शायद मेरा ही था।

गणित के अलावा भारतीय पुरालिपियों के अध्ययन में भी मेरी गहरी दिलचस्पी रही है। इसलिए कम्प्यूटर के कुंजी-पटल की व्यवस्था को समझने-समझाने का मैंने कुछ अधिक प्रयास किया है।

दूसरी कम्प्यूटर क्रान्ति जापान में होगी

हमारे मौजूदा शासन का एक प्रमुख लक्ष्य है—आधुनिक टेक्नोलॉजी के कम्प्यूटर-जैसे साधनों को व्यापक रूप से अपनाकर और समर्थ बनकर 21वीं सदी में कदम रखना। इसके लिए आज कम्प्यूटरों और अन्य इलेक्ट्रॉनिक उपकरणों का विदेशों से बड़े पैमाने पर मुक्त रूप से आयात किया जा रहा है। सभी जानते हैं कि प्रधानमंत्री की कम्प्यूटरों में गहरी दिलचस्पी है, इसलिए प्रशासन का प्रायः प्रत्येक विभाग कम्प्यूटरों की जुगाड़ में जुटा हुआ है। कम्प्यूटर लगाने के लिए एक होड़-सी मची हुई है।

आधुनिक टेक्नोलॉजी को अपनाना अच्छी बात है, लेकिन साथ ही आधुनिकीकरण की इस जल्दबाजी के खतरों को पहचानना भी जरूरी है। देश में बड़ी तेजी से सौ से ऊपर टी.वी. केन्द्र स्थापित करके और बड़े पैमाने पर रंगीन टी.वी. सेटों का आयात करके शासन करनेवाली पार्टी ने जनता तक पहुँचने के साधन तो जुटा लिये हैं, लेकिन देश में ही रंगीन टी.वी. सेटों का निर्माण करने की कोई ठोस व्यवस्था नहीं की।

कम्प्यूटरों के मामले में भी ऐसा ही होने जा रहा है। कोई उम्मीद नहीं है कि पन्द्रह साल बाद हम कम्प्यूटरों के मामले में आत्मनिर्भर हो जाएँगे। 21वीं सदी में पहुंचने पर भी हमें विदेशों से ही उन्नत कम्प्यूटर आयात करने होंगे। इसका बुनियादी कारण यह है कि इलेक्ट्रॉनिक टेक्नोलॉजी में आत्मनिर्भर बनने की दिशा में आज हमारी कोई ठोस योजना नहीं है।

कम्प्यूटरों के बारे में सबसे महत्त्व की बात है—इनका तेजी से हो रहा विकास। दूसरे महायुद्ध के दौरान वैक्यूम बल्बों से काम करनेवाले पहली पीढ़ी के कम्प्यूटरों का निर्माण हुआ था। अब ये कम्प्यूटर संग्रहालयों की शोभा बढ़ाते हैं। करीब बीस साल पहले ट्रांजिस्टरों पर आधारित दूसरी पीढ़ी के कम्प्यूटर बने। लेकिन सिर्फ दस साल बाद ही सिलिकन के एक छोटे चिप्पड़ पर हजारों ट्रांजिस्टर- घटक स्थापित करना सम्भव हुआ और तीसरी पीढ़ी के कम्प्यूटर अस्तित्व में आए, तो दूसरी पीढ़ी

के कम्प्यूटर किसी काम के नहीं रह गए। आगे जाकर सिलिकन चिप्पड़ पर अंगीभूत परिपथों इंटेग्रेटेड सर्क्यूट्स के जरिये भारी संख्या में सूक्ष्म ट्रांजिस्टर-घटकों को जोड़ना सम्भव हुआ और इस प्रकार 1971 में माइक्रोप्रोसेसर का आविष्कार हुआ तो कम्प्यूटरों की चौथी पीढ़ी शुरू हुई। आज हमारे प्रयास हैं–इसी चौथी पीढ़ी के कम्प्यूटरों और इनकी टेक्नोलॉजी का विदेशों से आयात करना।

लेकिन कम्प्यूटरों की इस चौथी पीढ़ी का अवसान होने में भी अधिक देर नहीं है। पाँचवीं पीढ़ी के कम्प्यूटरों के निर्माण के लिए दुनिया के उन्नत देशों में एक जबरदस्त होड़ चल रही है। चौथी पीढ़ी तक के कम्प्यूटरों पर पश्चिमी राष्ट्रों का, खास कर अमेरिका का कब्जा रहा। लेकिन पाँचवीं पीढ़ी के कम्प्यूटरों पर अधिक तेजी से अनुसन्धान-कार्य अब जापान में हो रहा है। जापानी वैज्ञानिकों को पूरा यकीन है कि वे 2000 ई. के पहले पाँचवीं पीढ़ी के कम्प्यूटरों का निर्माण कर लेंगे। जापान में किए जा रहे प्रयासों से अमेरिका भयंकर रूप से आतंकित है। अनेक अमेरिकी कम्प्यूटर-विशेषज्ञों का भी यही मत है कि पाँचवीं पीढ़ी के कम्प्यूटर सर्वप्रथम जापान में बनेंगे। दूसरी कम्प्यूटर क्रान्ति अब जापान में होगी।

पाँचवीं पीढ़ी के कम्प्यूटर सचमुच ही क्रान्ति पैदा करनेवाले होंगे। इन नए कम्प्यूटरों के निर्माण में नितान्त नई टेक्नोलॉजी का, नए साधनों का और नए स्थापत्य का इस्तेमाल होगा। पाँचवीं पीढ़ी के कम्प्यूटर ज्ञान-भंडार को सँभालने और संसाधित करने के मामले में मानव-बुद्धि की बराबरी करने में समर्थ होंगे, इसलिए इन्हें कृत्रिम (बुद्धि आर्टिफिशियल इंटेलिजेंस) का नाम दिया गया है। कृत्रिम बुद्धि वाले कम्प्यूटरों का विकास करके जापान एक नए किस्म के ज्ञान-उद्योग को जन्म देना चाहता है। ज्ञान को अनाज, तेल या चाय-चीनी की तरह एक विक्रय-वस्तु बना देना चाहता है। मशीनी बुद्धि की इस नई क्रान्ति को ठीक से समझने के लिए कम्प्यूटरों की कार्य-प्रणाली के बारे में कुछ बुनियादी बातों को जानना जरूरी है।

वस्तुतः कम्प्यूटर क्या है? बुनियादी दौर पर कम्प्यूटर ऐसे ढेर सारे स्विचों का समूह है जो बिजली की धारा को चालू या बन्द रखने का काम करते हैं। चालू और बन्द की इस व्यवस्था के जरिये कम्प्यूटर स्वयमेव न केवल जटिल गणनाएँ कर सकते हैं, बल्कि तार्किक चिन्तन और सूचनाओं को भी संचालित कर सकते हैं।

पहली पीढ़ी के कम्प्यूटरों में स्विचों या फाटकों का काम करते थे वैक्यूम बल्ब। दूसरी पीढ़ी में इनका स्थान ट्रांजिस्टरों ने ले लिया। तीसरी और चौथी पीढ़ी के कम्प्यूटरों के सिलिकन चिप्पड़ पर अधिकाधिक संख्या में सूक्ष्म ट्रांजिस्टर घटक

स्थापित करना सम्भव हुआ। कम्प्यूटरों की इन चारों पीढ़ियों की विशेषता यह है कि इनमें बिजली यानी इलेक्ट्रॉनों के प्रवाह का इस्तेमाल होता है।

लेकिन पाँचवीं पीढ़ी के कम्प्यूटर संचालन, स्थापत्य और संसाधन के मामले में नितान्त भिन्न किस्म के होंगे। इनके संचालन में बिजली का नहीं, बल्कि प्रकाश का इस्तेमाल होगा। इलेक्ट्रॉन बिजली के कण हैं, तो फोटान प्रकाश के हैं। वैज्ञानिकों को यकीन है कि प्रकाश के फोटान-कणों पर आधारित कम्प्यूटर हजारों गुना अधिक तेजी से काम कर सकेंगे।

प्रकाश को कम्प्यूटर का संचालक बनाने के अनेक लाभ हैं। आदर्श परिस्थितियों में इलेक्ट्रॉन भी प्रकाशतुल्य गति 300000 किलोमीटर प्रति सेकंड से दौड़ सकते हैं, लेकिन कम्प्यूटर में इनकी गति काफी धीमी हो जाती है। इसलिए कम्प्यूटर के सिलिकन चिप्पड़ों पर स्थापित ट्रांजिस्टर-घटकों को अधिकाधिक नजदीक लाकर ही गति को बढ़ाने के प्रयास किए जाते हैं। लेकिन इनकी भी एक सीमा है।

फोटान-कण प्रकाश की गति से दौड़ते हैं, इसलिए इनसे स्विचिंग क्रियाएँ इलेक्ट्रॉनों की अपेक्षा करीब 1000 गुना अधिक रफ्तार से सम्पन्न होती हैं। दूसरी विशेषता यह है कि फोटान-कण भार-रहित और आवेश-रहित होते हैं। इसलिए इलेक्ट्रॉनों की तरह ये एक दूसरे को प्रभावित नहीं करते बल्कि एक-दूसरे के भीतर से भी आसानी से गुजर जाते हैं। प्रकाश यानी फोटान-कणों के पुंजों के इस गुण-धर्म के कम्प्यूटर के लिए अनेकानेक लाभ हैं।

पाँचवीं पीढ़ी के कम्प्यूटरों का स्थापत्य भी नितान्त भिन्न किस्म का होगा। मौजूदा स्थापत्य की खोज दूसरे महायुद्ध के अन्तिम दौर में प्रसिद्ध गणितज्ञ जौन फौन न्यूमान ने की थी। इन फौन न्यूमान स्थापत्य के कम्प्यूटर के केन्द्रीय संसाधक और स्मृति के बीच सूचनाओं का प्रवाह केवल एक चैनल में होता है।

लेकिन जापानी विशेषज्ञों ने पाँचवीं पीढ़ी के अपने प्रकाश पर आधारित कम्प्यूटरों के लिए एक नए क्रान्तिकारी स्थापत्य की कल्पना की है। समान्तर स्थापत्य पैरेलल प्रोसेसिंग नामक इस स्थापत्य में सवाल को हजारों हिस्सों में विभक्त करके एक साथ उनके हल खोजे जाएँगे। इस प्रकार तीव्र गति से जटिल से जटिल सवाल का हल प्राप्त करना सम्भव होगा। समान्तर संसाधन के इस नए स्थापत्य के लिए प्रकाश के पुंज बड़े उपयुक्त सिद्ध होंगे।

प्रकाश के पुंजों का एक और बड़ा लाभ हो सकता है। इलेक्ट्रॉनिक ट्रांजिस्टर स्विचों पर आधारित आज के सभी कम्प्यूटर केवल दो स्थितियों—चालू और बन्द या दो अंकों—0 और 1 से सवालों को हल करते हैं। परन्तु प्रकाश-पुंजों के आधार

पर दो से अधिक स्थितियों या अंकों वाली तर्क-प्रणाली की व्यवस्था करना सम्भव है। तब सवालों या तार्किक चिन्तन को व्यक्त करने के लिए दो संकेतों के बीजगणित के स्थान पर तीन, चार या इससे भी अधिक संकेतों वाला बीजगणित उपयोग में आएगा।

इस प्रकार, प्रकाश-पुंजों (लेसर-किरणों) पर आधारित पाँचवीं पीढ़ी के नए कम्प्यूटर तीव्र गति, समान्तर संसाधन और व्यापक तर्क-प्रणाली के जरिये मानव-बुद्धि की बराबरी करने में समर्थ होंगे। प्रकाश-पुंजों को चालू और बन्द करनेवाले ट्रांसफेजर नामक एक नए स्विच की खोज हो चुकी है। ये ट्रांसफेजर नए प्रकाशकीय कम्प्यूटरों के आधारस्तम्भ होंगे।

पाँचवीं पीढ़ी के नए कम्प्यूटरों के स्मृति-भंडार भी भिन्न किस्म के होंगे। पोलिथिलिन-जैसी सामान्य चीज पर लेसर-किरणों से आणविक स्तर पर अतिसूक्ष्म छिद्र बनाकर कम्प्यूटरों के लिए एक विशाल स्मृति-भंडार खड़ा करने के प्रयासों में सफलता मिल रही है। दूसरी ओर, इस नए शक्तिशाली कम्प्यूटरों के लिए नए प्रोग्राम बनाने के भी प्रयास जारी हैं। काफी हद तक हमारी रोजमर्रा की भाषा पर आधारित इन नए कम्प्यूटर-प्रोग्रामों की विशेषज्ञ प्रणालियों को एक्सपर्ट सिस्टम्ज का नाम दिया गया है। इन प्रणालियों का आधार तार्किक ज्ञान होता है, आँकड़े नहीं।

पाँचवीं पीढ़ी के नए कम्प्यूटर आज के कम्प्यूटरों से हजारों-लाखों गुना अधिक शक्तिशाली होंगे, इसलिए ये लगभग मानव-मस्तिष्क की तरह ज्ञान-भंडार को संचित और संसाधित करने में समर्थ होंगे। ये कम्प्यूटर हमारी भाषाओं को समझने, इनका अनुवाद करने तथा मानचित्रों, छायाचित्रों और हस्तलेखों को पढ़ने में समर्थ होंगे। इसीलिए इन्हें कृत्रिम बुद्धि (आर्टिफिशियल इंटेलिजेंस) नाम दिया गया है।

जापान बड़ी तेजी से इन कृत्रिम बुद्धियों के विकास में जुट गया है। जापान में शासन और उद्योग के सहयोग से कृत्रिम बुद्धि के विकास के लिए 1981 में एक व्यापक राष्ट्रीय योजना अस्तित्व में आ चुकी है। जापानियों ने अपनी इस योजना को नाम दिया है—पाँचवीं पीढ़ी के कम्प्यूटर। इस दसवर्षीय योजना पर करीब दस अरब रुपए खर्च किए जाएँगे। टोकियो स्थित नए कम्प्यूटर संस्थान में कम्प्यूटर-प्रतिभा डॉ. काजुहिरो फूची के निर्देशन में तीस साल से भी कम आयु के करीब तीन दर्जन तरुण वैज्ञानिक कृत्रिम बुद्धि के विकास-कार्य में जुटे हुए हैं, और इस दिशा में उन्हें काफी सफलताएँ भी मिली हैं।

जापान के इस नए उद्यम ने पश्चिमी राष्ट्रों का, विशेष कर अमेरिका को, आतंकित कर दिया है। कई अमेरिकी कम्प्यूटर विशेषज्ञों का मत है कि पाँचवीं पीढ़ी के कृत्रिम बुद्धियुक्त कम्प्यूटरों का निर्माण करके और इनके जरिये एक नए किस्म के ज्ञान-उद्योग की स्थापना करके जापान जल्दी ही संसार का सर्वाधिक शक्तिशाली राष्ट्र बन जाएगा। इसलिए अब फ्रांस, इंग्लैंड जैसे पश्चिमी देश भी पाँचवीं पीढ़ी के कम्प्यूटरों के विकास में जुट गए हैं। पाँचवीं पीढ़ी के कम्प्यूटरों के विकास के लिए जापान और पश्चिमी राष्ट्रों में जबरदश्त होड़ मची हुई है।

और हम क्या कर रहे हैं? हम करीब एक अरब रुपए खर्च करके अमेरिका से पुरानी सिलिकन टेक्नोलॉजी खरीद रहे हैं, जबकि जापान और अमेरिका दस गुना अधिक क्षमतावाले गाल्लियम आर्सेनाइड के चिप्पड़ों का इस्तेमाल करने जा रहे हैं। हमारे वैज्ञानिक प्रशासक चौथी पीढ़ी के सुपरकम्प्यूटरों की भीख माँगने अमेरिका पहुँच रहे हैं, जबकि जापान पाँचवीं पीढ़ी के कम्प्यूटरों के विकास में जी-जान से जुटा हुआ है। हम चौथी पीढ़ी के कम्प्यूटरों के लिए कोमलांग साफ्टवेयर तैयार करके इसका निर्यात करने के ख्वाब देख रहे हैं, जबकि पाँचवीं पीढ़ी के कम्प्यूटरों के लिए इस कोमलांग की कोई उपयोगिता नहीं रह जाएगी। हम पाँचवीं पीढ़ी के कम्प्यूटरों की एक ठोस योजना भी नहीं बना पाए हैं, जबकि जापान का दृढ़ संकल्प है मानव बुद्धि के साथ कृत्रिम बुद्धि को संयुक्त करके 21वीं सदी में पहुँचना। 21वीं सदी में तो हम भी पहुँचेंगे, लेकिन पुरानी आयातित टेक्नोलॉजी के साथ। हमारी नीयत आज-जैसी ही रही, तो यही है हमारी नियति!

आर्यभट और आधुनिक कम्प्यूटर

थोड़ी देर के लिए कल्पना कीजिए कि किसी करिश्मे से प्राचीन भारत के गणितज्ञ-ज्योतिषी आर्यभट, ब्रह्मगुप्त और भास्कराचार्य आज हमारे बीच उपस्थित हो जाते हैं। तब इन्हें एक मोटर-कार और एक इलेक्ट्रॉनिक कम्प्यूटर के सामने खड़ा कर दिया जाता है, और कहा जाता है–'बताइए, ये दोनों चीजें कैसे काम करती हैं? आप चाहें तो इनके कल-पुर्जे भी खोलकर देख सकते हैं।'

थोड़ी देर के लिए यह भी मान लीजिए कि हमारे इन पुराने वैज्ञानिकों को यांत्रिक कल-पुर्जों से अपने हाथ मैले करने में कोई आपत्ति नहीं है, हालाँकि प्राचीन भारत में ऐसा नहीं हुआ है। प्राचीन भारत में ब्राह्मण-पंडितों ने सिर्फ सिद्धान्तकारों की ही भूमिका अदा की है, और शिल्पकार प्रमुखतः ब्राह्मणेतर समाज के रहे हैं। पर मान लीजिए कि आज आर्यभट या ब्रह्मगुप्त को कल-पुर्जे खोलने-जोड़ने में कोई आपत्ति नहीं होगी।

आर्यभट या ब्रह्मगुप्त या भास्कराचार्य को मोटर-गाड़ी की संचालन-प्रणाली को समझने में कुछ देर लग सकती है, पर अन्त में प्राचीन भारत के ये वैज्ञानिक जान जाएँगे कि मोटर-गाड़ी का इंजन किस तरह काम करता है।

लेकिन यकीन के साथ कहा जा सकता है कि आधुनिक इलेक्ट्रॉनिक कम्प्यूटर किस तरह काम करता है, इस बात को ये वैज्ञानिक बिलकुल नहीं समझ पाएँगे। आर्यभट या ब्रह्मगुप्त ही नहीं, न्यूटन या गैलीलियो भी अपने प्रयास से नहीं जान पाएँगे कि आजकल के इलेक्ट्रॉनिक कम्प्यूटर किस प्रकार तेजी से गणनाएँ करने में समर्थ हैं, किस तरह संचार और नियंत्रण के काम सँभालते हैं।

बात यह है कि इलेक्ट्रॉनिक कम्प्यूटर की केन्द्रीय संसाधक इकाई (सेंट्रल प्रोसेसिंग यूनिट) में कोई गतिशील कल-पुर्जा नहीं होता। कम्प्यूटर के केन्द्रीय हिस्से में ऐसी कोई चीज नहीं होती जो हिलती-डुलती या घुमती-फिरती दिखाई दे। कम्प्यूटर में केवल एक ही चीज गतिशील रहती है और वह है–इलेक्ट्रॉनों का प्रवाह। इलेक्ट्रॉनों के प्रवाह को हम अपनी आँखों से नहीं देख सकते। आर्यभट

या न्यूटन भी इन्हें देख नहीं पाएँगे। सिलिकन के एक छोटे-से चिप्पड़ पर आधारित 'माइक्रो प्रोसेसर' पर अंकित हजारों 'फाटक' नियोजित प्रोग्राम के अनुसार खुलते और बन्द होते रहते हैं। सिलिकन चिप्पड़ पर अंकित इन 'फाटकों से इलेक्ट्रॉनों का प्रवाह गुजरता है, तो तेजी से गणनाएँ सम्पन्न होती हैं। अतः आधुनिक कम्प्यूटर की बुनियादी चीज है—एक छोटे-से सिलिकन चिप्पड़ पर स्थापित इलेक्ट्रॉनिक परिपथ (सर्क्यूट)। इन परिपथों में इलेक्ट्रॉनों के प्रवाह के जरिए गणनाएँ किस प्रकार होती हैं, इस बात को आर्यभट या न्यूटन स्वयमेव बिलकुल नहीं समझ पाएँगे।

तब कोई यह कैसे कह सकता है कि 'प्राचीन भारतीय गणितज्ञ कम्प्यूटर के बिना कम्प्यूटर-विज्ञानी थे? लेकिन अमेरिका में जाकर बसे हुए एक भारतीय वैज्ञानिक प्रो. सुभाष काक ने ठीक यही दावा किया है (नवभारत टाइम्स, 31 दिसम्बर, 1985)। प्रो. काक का कहना है कि आर्यभट के पास कम्प्यूटर नहीं था, लेकिन उन्होंने जटिल गणितीय समस्याओं को हल करने के लिए कुछ ऐसे सूत्रों का प्रयोग किया था जो आधुनिक कम्प्यूटरों के लिए अपनाए जा सकते हैं।

यह बहुतों को चकित कर देनेवाला एक संदिग्ध कथन है। हमारे देश में ऐसे कथनों से बहुतों की बड़ी आत्मतुष्टि होती है। ऐसे मंतव्य पढ़कर बहुत-से लोग कहने लग जाते हैं—'देखो, प्राचीन भारत में सब कुछ था। कम्प्यूटर भी था। आर्यभट-जैसे हमारे गणितज्ञ-ज्योतिषी कम्प्यूटरों के लिए सूत्र तैयार करने में समर्थ थे। आज अमेरिका वाले भी प्राचीन भारत की प्रतिभाओं का गौरव करते हैं... ।' इत्यादि।

वस्तुस्थिति को स्पष्ट करना अत्यावश्यक है। वर्ना, जैसे कई लोग यह समझते हैं कि वेदों में एटम-बम के निर्माण के तरीके बताए गए हैं या वेदों में आधुनिक उच्च-गणित के सूत्र मौजूद हैं, वैसे ही कुछ लोग यह भी कहने लग जाएँगे कि आर्यभट के जमाने में हमारे देश में कम्प्यूटर बनते थे। अतः जानना जरूरी है कि आर्यभट ने गणनाओं के लिए कौन-सा तरीका अपनाया था।

आज आर्यभट की केवल एक पुस्तक 'आर्यभटायम्' उपलब्ध है। पुस्तक के चार भाग हैं—दशगीतिका, गणितपाद, कालक्रियापाद और गोलपाद। पूरी पुस्तक पद्य में है। पहला भाग गीतिका छंद में है, और शेष तीन भाग आर्या छंद में।

चूँकि पुस्तक पद्य में है, इसलिए इसमें संख्याओं को अंकों में लिखना सम्भव नहीं था। केवल 23 साल की अल्पायु में, 499 ई. में, आर्यभट जब अपने ग्रन्थ की रचना करने बैठे, तो उनके सामने सवाल था—संख्याओं को अक्षरों या शब्दों में किस तरह व्यक्त करें?

आर्यभट से पहले हमारे देश में शब्दों से संख्याएँ व्यक्त करने की परम्परा रही है। जैसे–0 के लिए 'ख', 'व्योम', 'अंतरिक्ष' आदि शब्दों का; 1 के लिए 'शशि', 'पृथ्वी' आदि का; 3 के लिए 'गुण', 'लोक', 'काल' आदि का; 6 के लिए 'ऋतु', 'राग', 'रस' आदि का इस्तेमाल होता था। 'अंकानां वामतो गतिः' (अंकों की गति बाईं ओर से रहती है) नियम के अनुसार इन शब्दांकों से संख्याएँ बनाई जाती थीं। जैसे–'ख-पंच-इन्द्रिय' का अर्थ होगा 550, और 'त्रि-व्योम-ऋतु' का अर्थ होगा 603।

आर्यभट को लगा कि अंकों के लिए शब्दों का उपयोग करने से संख्या-शब्द काफी लम्बे बनते हैं। उन्होंने सोचा–'क्यों न शब्दों की बजाय अक्षरों का अंकों के लिए उपयोग किया जाए?' वह जानते थे कि पाणिनि ने अपनी 'अष्टाध्याय' में भी 1, 2, 3 आदि के लिए क्रमशः अ, इ, उ आदि अक्षरों का उपयोग किया था। उन्हें शायद यह भी जानकारी थी कि यूनानी लोग अपनी वर्णमाला के अक्षरों से ही संख्याओं को व्यक्त करते थे।

आर्यभट ने भी संख्याओं के लिए संस्कृत की वर्णमाला का उपयोग करने का निर्णय लिया। उन्होंने वर्णमाला के प्रत्येक अक्षर के लिए एक संख्यामान निश्चित कर दिया। सब कुछ नियमबद्ध हो गया, तो फिर उसके लिए सूत्र बना दिया :

वर्गाक्षराणि वर्गेऽवर्गे वर्गाक्षराणि कात् ङ्मौ यः।
खद्विनवकै स्वरा नव वर्गेऽवर्गे नवान्त्यवर्गे वा॥

यह सूत्र संस्कृत व्याकरण के नियमों पर आधारित है। संक्षेप में, कहा जा सकता है कि उन्होंने स्वरों को 1, 10, 100, 1000 आदि दशगुणोत्तर संख्या के मान दिए; क से म तक के वर्गीय अक्षरों को 1 से 25 तक की संख्याओं के मान दिए और य, र, ल...ह को क्रमशः 30, 40, 50...100 के मान दिए। पूरे सूत्र की व्यापक व्याख्या और इसका सही उपयोग एक काफी जटिल प्रयास है।

आर्यभट ने अपनी पुस्तक में आरंभ में ही यह श्लोकबद्ध सूत्र लिख दिया है। आगे पूरी पुस्तक में उन्होंने अपनी *अक्षरांक पद्धति* में सारी संख्याएँ दी हैं। कुछ उदाहरण देखिए–

ङिशिबुण्तृख्तृ = 1582237500
ख्युघृ = 4320000
जषबिखुछृ = 7022388
बुफिनच = 232226

स्पष्ट है कि आर्यभट की इस अक्षरांक पद्धति में संख्याएँ छोटी बनती हैं।

लेकिन यह भी स्पष्ट है कि इस अक्षरांक पद्धति में काफी झमेले हैं। कुछ अक्षरांकों का तो उच्चारण कर पाना भी सम्भव नहीं है। यही सब कारण थे कि आर्यभट के बाद के किसी भी दूसरे भारतीय गणितज्ञ ने उनकी इस अक्षरांक पद्धति को नहीं अपनाया। दूसरे गणितज्ञों ने अपनी-अपनी अक्षरांक पद्धतियाँ तैयार कीं। भास्कराचार्य (1150 ई.) ने अपनी 'लीलावती', 'बीजगणित' आदि पुस्तकों में शब्दांकों का ही उपयोग किया है।

अब हमें देखना है कि आर्यभट आधुनिक कम्प्यूटरों के साथ कैसे जुड़ सकते हैं। हम बता चुके हैं कि कम्प्यूटर बिजली यानी इलेक्ट्रॉनों के प्रवाह से चलते हैं। इस प्रवाह की केवल दो स्थितियाँ सम्भव हैं–'चालू' और 'बन्द'। सिलिकन के चिप्पड़ पर स्थापित ट्रांजिस्टरों के 'फाटकों' की भी केवल दो ही स्थितियाँ हैं– 'चालू' और 'बन्द'। संक्षेप में, इलेक्ट्रॉनिक कम्प्यूटर केवल दो स्थितियों को समझता है–'चालू' और 'बन्द'।

हमारी मौजूदा अंक-पद्धति में '0' सहित कुल दस अंक-संकेत हैं। इन्हीं दस संकेतों से हम सारी संख्याएँ व्यक्त करते हैं। परन्तु केवल दो संकेतों–'0' और '1'–से भी सारी संख्याएँ व्यक्त की जा सकती हैं। इतना ही नहीं, गणित की सारी क्रियाएँ केवल इन दो संकेतों से सम्पन्न हो सकती हैं। इस द्वि-आधारी अंक-पद्धति की खोज प्राचीन चीन में हुई थी, और यूरोप में जर्मन दार्शनिक-गणितज्ञ ला इबनिट्ज भी इससे परिचित थे। ऐसा कोई सबूत नहीं मिलता जिसके आधार पर कहा जा सके कि भारतीय गणितज्ञों को इस द्वि-आधारी अंक-पद्धति की जानकारी थी।

आधुनिक कम्प्यूटरों में '0' और '1' की इसी द्वि-आधारी अंक-पद्धति का इस्तेमाल होता है। कम्प्यूटर केवल दो स्थितियों को समझता है, इसलिए '0' और '1' की यह द्वि-आधारी अंक-पद्धति कम्प्यूटर के लिए उपयोगी सिद्ध हुई है।

एक बात और। न केवल समूचे गणितज्ञ को, बल्कि हमारे तार्किक कथनों को भी दो संकेतों के बीजगणित में व्यक्त किया जा सकता है। दो संकेतों का यह बीजगणित इंग्लैंड के गणितज्ञ जॉर्ज बूले ने तैयार किया था। कम्प्यूटर न केवल गणनाएँ करने में, बल्कि तार्किक चिन्तन करने में भी समर्थ बनते जा रहे हैं।

कम्प्यूटर केवल दो संकेतों की भाषा को समझ सकता है, फिर भी उसमें 'शब्द' या 'पाठ' भरने में कोई कठिनाई नहीं है। कम्प्यूटर के कुंजी-पटल पर जब आप कोई शब्द टंकित करते हैं, तो वह कम्प्यूटर की इलेक्ट्रॉनिक व्यवस्था में '0'

और '1' की द्वि-आधारी व्यवस्था में बदल जाता है। रोमन वर्णमाला के 26 अक्षरों को बड़ी आसानी से '0' और '1' के सिलसिले में बदला जा सकता है। इसी प्रकार, भारतीय लिपियों के अक्षरों को भी बड़ी आसानी से '0' और '1' की एक निश्चित व्यवस्था में बदला जा सकता है। कम्प्यूटरों में ठीक यही होता है।

और, यही है आर्यभट की अक्षरांक-पद्धति और आधुनिक कम्प्यूटर की अंक-पद्धति के बीच का तथाकथित साम्य। आर्यभट ने पद्य में ग्रंथ रचने के लिए एक नई अक्षरांक पद्धति का आविष्कार किया था। आधुनिक कम्प्यूटर में शब्दों या पाठों को अंकों में बदलने के लिए '0' और '1' की द्वि-आधारी अंक-पद्धति का उपयोग होता है। आर्यभट ने अपनी अंक-पद्धति के लिए एक श्लोकबद्ध सूत्र तैयार किया था। कम्प्यूटर की द्वि-आधारी अंक-पद्धति की गणनाओं के लिए जो नियम तैयार किए जाते हैं, उन्हें हम 'अलगोरिथम' कहते हैं। आर्यभट की व्यवस्था और आधुनिक कम्प्यूटर की व्यवस्था में जमीन-आसमान का अन्तर है।

इसमें सन्देह नहीं कि प्राचीन भारत की अनेक उपलब्धियाँ अपने समय के लिहाज से श्रेष्ठ थीं, पर उनमें आधुनिक उपलब्धियों के दर्शन करना कोरा मिथ्याभिमान है। आर्यभट अपने समय के संसार के एक सर्वश्रेष्ठ गणितज्ञ-ज्योतिषी थे। वह प्राचीन भारत के एकमात्र वैज्ञानिक हैं जिन्होंने कहा था कि पृथ्वी अपने अक्ष पर घूमती है। बाद के भारतीय ज्योतिषियों ने उनकी इस सही मान्यता को भी स्वीकार नहीं किया!

विज्ञान के इतिहास में आर्यभट का स्थान सुरक्षित है। उनकी उपलब्धियों को आधुनिक कम्प्यूटर के साथ जोड़ने से कोई लाभ नहीं है। ऐसे अतिरेक से प्राचीन भारतीय विज्ञान गौरवान्वित नहीं होगा। बहुतों को तो अभी आर्यभट के सही नाम की भी जानकारी नहीं है। उनका सही नाम आर्यभट ही है, आर्यभट्ट नहीं!

शब्दावली

द्वि-आधारी (बाइनरी) : दो अंकों (0 और 1) पर आधारित अंक-पद्धति। कम्प्यूटर भी दो ही स्थितियों में काम करता है–'चालू' और 'बन्द'। इन्हीं दो अंकों से कम्प्यूटर में सारी सूचनाएँ भरी जाती हैं।

बिट : 'बाइनरी यूनिट' के आरम्भिक और अन्तिम अक्षरों से बना संक्षिप्त शब्द। '0' या '1' को 'बिट' कहते हैं। बिट सूचना की सबसे छोटी इकाई है।

बाइट : आम तौर पर आठ बिटों से सूचित होनेवाले एक अक्षर को 'बाइट' कहते हैं। 1024 बाइटों का एक **किलोबाइट** और 10,48,576 बाइटों का एक **मैगाबाइट** होता है। कम्प्यूटर के 'स्मृति-भंडार' को मैगाबाइट में मापा जाता है।

स्मृति (मेमरी) : कम्प्यूटर के वे साधन जिन पर सूचनाएँ और प्रोग्राम संचित रहते हैं।

रेम (रैंडम ऐक्सस मेमरी) : यह स्मृति तात्कालिक उपयोग के लिए होती है, बदली जा सकती है और लुप्त हो सकती है।

रोम (रीड ओन्ली मेमरी) : यह स्मृति-भंडार है, और बिजली बन्द होने पर भी लुप्त नहीं होता।

कठोरांग (हार्डवेयर) : कम्प्यूटर मशीन की धातु आदि के ठोस अंगों के लिए प्रयुक्त होनेवाला व्यापक शब्द।

कोमलांग (सॉफ्टवेयर) : वे प्रोग्राम जिनके आधार पर कम्प्यूटर काम करते हैं।

माइक्रो प्रोसेसर : कम्प्यूटर की **केन्द्रीय संसाधक इकाई** (सेंट्रल प्रोसेसिंग यूनिट) के सारे काम सँभालनेवाला सिलिकन चिप्पड़। यह कम्प्यूटर का 'मस्तिष्क' या एक पूर्ण लघु-कम्प्यूटर होता है।

अलगोरिथम : किसी सवाल या समस्या को हल करने की विधि को एक क्रमिक सिलसिले में प्रस्तुत करने की योजना।

चिप्पड़ (चिप) : सिलिकन की एक छोटी-सी पपड़ी, जिस पर ट्रांजिस्टर, कैपेसिटर आदि हजारों-लाखों इलेक्ट्रॉनिक घटक स्थापित किए जाते हैं।

प्रोग्राम : कम्प्यूटर के प्रोसेसर में संचित होनेवाला सूचनाओं का सिलसिला, जिसके अनुसार किसी नियोजित समस्या का हल खोजा जाता है। इन प्रोग्रामों के लिए **कोबोल, बेसिक** और **पास्कल**-जैसी सैकड़ों कम्प्यूटर-भाषाएँ अस्तित्व में आई हैं।

चकती (डिस्क) : चुम्बकीय सतहवाली सपाट गोलाकार प्लेट, जिस पर जानकारी और सूचनाएँ अंकित की जाती हैं।

अंकीय (डिजिटल) कम्प्यूटर : किसी चीज की गणना करने के लिए '0' और '1' का प्रयोग और गणितीय एवं तार्किक क्रियाएँ करनेवाला कम्प्यूटर।

अनुरूपी (ऐनलाग) कम्प्यूटर : किसी चीज की मात्रा का मापन करनेवाला कम्प्यूटर। यह मापन 'तुलना' या 'सादृश्य' के जरिए होता है। मोटर-कार का **गतिमापी** (स्पीडोमीटर) ऐसा ही एक उपकरण है। अनुरूपी कम्प्यूटर उतना सही-सही जानकारी नहीं देते जितने कि अंकीय कम्प्यूटर।

निवेश (इनपुट) : कम्प्यूटर-प्रणाली में भरी जानेवाली सूचनाएँ।

निर्गत (आउटपुट) : कम्प्यूटर-प्रणाली से प्राप्त होनेवाली सूचनाएँ या हल।